# Colette Portelance

# La liberté dans la relation affective

• Collection Psychologie •

**Du même auteur, chez le même éditeur:**
*Relation d'aide et amour de soi*
*La communication authentique*
*Helping relationships through self-love*
*Authentic Communication*

**Révision et correction linguistique**
Louise Chevrier et François Lavigne

**Conception graphique et mise en pages**
Guillaume P.-Lavigne

**Conception de la couverture**
Claudia Baillargeon

**Photographie de l'auteur**
Laforest et Sabourin

**Illustration**
*Le déjeuner des canotiers,* d'Auguste Renoir (détail)

**Distribution et diffusion**

*Pour le Québec:*
Québec-Livres
2185, autoroute des Laurentides
Laval (Québec)
H7S 1Z6
Téléphone       (514) 687-1210
Télécopie       (514) 687-1331

*Pour la France:*
M.D.E. Diffusion
34, rue du 4 septembre
24290, Montignac
Téléphone       53.50.76.31
Télécopie       53.51.05.69

*Pour la Suisse:*
Diffusion Transat SA
Route des Jeunes, 4ter
Case postale 125
1211, Genève 26
Téléphone       022/342.77.40
Télécopie       022/343.46.46

*Pour la Belgique:*
Vander SA
Avenue des Volontaires 321
B-1150, Bruxelles
Téléphone       032/2/762.98.04
Télécopie       032/2/762.06.62

© LES ÉDITIONS DU CRAM INC. 1996

Les Éditions du Cram Inc.
1030, rue Cherrier Est, bureau 205
Montréal, Québec, Canada,  H2L 1H9
Téléphone       (514) 598-8547
Télécopie       (514) 598-8788
http://www.cram-eif.org

Dépôt légal - 3ᵉ trimestre 1996
Bibliothèque nationale du Québec
Bibliothèque nationale du Canada
ISBN 2-9801489-6-2
Imprimé au Canada

À ma mère, qui a semé en moi les germes de la liberté, et à François avec qui je les ai chaleureusement cultivés.

«Au sein de chacun de nous se trouve
le pouvoir de consentir (...) à la liberté
et à l'esclavage. C'est nous qui maîtri-
sons cela et nul autre».

Richard Bach

# *INTRODUCTION*

Le désir d'écrire un livre sur la liberté dans la relation affective m'a habitée pendant plusieurs années à tel point que je me suis demandé un jour : pourquoi écrire et pourquoi sur un tel sujet ?

L'acte d'écrire est essentiellement un acte créateur, un acte dialectique, au sens hégélien du terme, qui résulte d'une synthèse de la connaissance et de l'expérience, de la recherche et de l'inspiration et qui sollicite par le fait même la participation de la tête et du coeur. L'écriture est une forme d'expression qui force l'auteur à recueillir ses idées avant qu'elles ne deviennent évanescentes et à dégager son vécu de la trivialité auquel trop souvent il est destiné en raison de son caractère subjectif et non scientifique. On ne peut avoir une écriture véritablement humaine et profitable que si on structure ses pensées et habite son coeur et ce, quel que soit le genre par lequel on choisit de s'exprimer : roman, poésie, essai ou autre. L'écriture est donc facteur d'harmonisation de la raison et du sentiment tout autant que facteur d'harmonisation du passé, du présent et de l'avenir. Écrire c'est d'abord et avant tout se créer par l'élaboration d'une oeuvre qui participe à la création du monde.

Chaque fois que j'écris, je me découvre en rassemblant toutes les parties morcelées de mon être ; je me construis. J'accomplis ainsi un acte d'unification qui me rend plus cohérente, plus solide, plus novatrice. Par conséquent, l'écriture a, au sens large du terme, un effet thérapeutique incontesté. Elle est un des principaux facteurs de connaissance de soi et de libération de la personne humaine. Cette conviction résulte non seule-

1

ment de mon expérience personnelle, mais aussi de celle de tous les étudiants qui, dans le cadre de leur formation avancée en psychologie au Centre de Relation d'Aide de Montréal, font une recherche systématiquement fondée sur l'expérience et la connaissance, recherche qui les a amenés au coeur de leur monde intérieur et a donné à tous des outils pour améliorer leur relation avec eux-mêmes et avec les autres, des outils pour cerner la voie de leur réalisation personnelle et professionnelle, des outils pour se connaître et pour devenir de plus en plus libres.

L'écriture, véhicule de cheminement accéléré, est le reflet et l'expression de celui qui l'utilise. Lire une œuvre, c'est non seulement connaître, mais c'est aussi se connaître et connaître celui ou celle qui l'a écrite.

Le professeur Michel Lobrot, qui fut mon directeur de recherche au doctorat à l'université de Paris, m'a fort impressionnée lorsque, au début de son premier séminaire, il a demandé à tous les chercheurs que nous étions, cette question que je me pose maintenant chaque fois que j'entreprends un travail d'écriture : «Quel est le lien entre votre sujet de recherche et vous ?»

Lobrot, qui avait bien compris le rapport indissociable entre la création et le créateur, a posé ce jour-là une question fondamentale parce qu'elle m'a axée sur l'essentiel et m'a empêchée de me perdre, comme le font de nombreux chercheurs, dans les méandres du pouvoir stérile de la théorie pour la théorie et du savoir pour le savoir. Au lieu de nous laisser planer dans des concepts abstraits et dispersés qui placent au-dessus des autres, du monde extérieur et de nous-mêmes, il nous a, dès le départ, canalisés, centrés, connectés à la réalité, c'est-à-dire à nous-mêmes et à notre relation avec le monde. Plutôt que de favoriser les discussions où chacun prend sa valeur dans l'étalage de ses connaissances, il a donné à chacun son importance en alliant connaissance et expérience. Notre langage avait ainsi un écho, une résonance pour les autres qui écoutaient vraiment plutôt que de chercher à intervenir en faisant étalage d'un savoir impressionnant ; ainsi les auditeurs ne moisissaient pas dans l'ennui chaque fois qu'on discourait. En réalité, l'expérience subjective individuelle est à l'origine de toutes les découvertes théoriques dans le monde des sciences humaines et, dissocier l'objectif du subjectif, c'est privilégier une approche dichotomique de l'être humain qui risque de perturber son équilibre psychique. D'ailleurs n'avez-vous jamais remarqué que celui qui s'exprime à partir de généralisations abstraites ne rejoint généralement que peu de personnes alors que celui qui s'exprime à partir de lui-même rejoint à peu près tout le monde ? C'est le paradoxe de la communication, ce paradoxe qui m'amène à me poser la question suivante : pourquoi écrire un livre sur la liberté dans les relations affectives ? Autrement dit, quel est mon propre rapport à la liberté ?

Quand j'ai commencé à prendre des notes sur ce sujet, je ne me suis pas demandé ce que je savais de la liberté, mais quelle était mon expérience de la liberté dans mes relations affectives.

Cette question m'a permis de comprendre pourquoi j'avais connu une adolescence difficile et de découvrir que ma souffrance d'enfant, d'adolescente et d'adulte était en grande partie causée par le fait que je donnais inconsciemment aux autres le pouvoir de m'enlever la liberté d'être moi-même. Cette souffrance dont je ne connaissais pas la source m'a maintenue dans un emprisonnement psychique qui a contribué à réprimer pendant de nombreuses années non seulement mes émotions et mes besoins, mais aussi mes potentialités créatrices.

C'est parce que j'ai appris dans ma famille à tirer un apprentissage de chacune de mes difficultés et de chacun de mes problèmes que mon expérience personnelle a été ma meilleure école de formation. Des théories sur le sujet, je n'ai retenu que celles qui m'ont rejointe de l'intérieur. Je crois d'ailleurs que la théorie n'atteint que ce qui est déjà vécu et expérimenté par ceux qui l'entendent ou la lisent. Elle est, de fait, le reflet de l'expérience d'une autre personne et c'est en cela, et en cela seulement, qu'elle peut rejoindre la nôtre et nous ouvrir de nouvelles portes sur la compréhension de nous-mêmes et du monde.

Ce livre sur la liberté dans la relation affective ne sera toutefois pas un long témoignage. Il sera surtout le résultat d'expériences personnelles et professionnelles. Mon histoire personnelle, ma carrière d'enseignante auprès d'adolescents, ma carrière de psychothérapeute, de créatrice d'une nouvelle approche de psychothérapie, l'approche non directive créatrice, et de formatrice internationale de psychothérapeutes non directifs créateurs serviront, avec mes connaissances en psychologie et en pédagogie, de principales ressources dans l'élaboration de cet ouvrage où, dans un premier temps, le sens donné aux mots «liberté» et au mot «relation» sera précisé.

Comme le manque de conscience de ce qui se passe en soi est souvent à l'origine de la dépendance et de l'asservissement, le deuxième chapitre abordera la notion d'inconscient et présentera une théorie de cette instance psychique qui tiendra compte de l'expérience présente et passée de la personne et qui permettra d'énoncer et de comprendre pourquoi et comment elle perd sa liberté dans ses relations affectives. Nous verrons ensuite quels sont ce que j'appelle les écueils qui l'empêchent d'être libre dans une relation et quels sont les facteurs qui lui donneront accès à la liberté personnelle et relationnelle.

Afin de donner à ce livre une dimension qui permette au lecteur intéressé, et ce, au-delà de la seule lecture, une réflexion plus personnalisée, j'ai intercalé des exercices de réflexion et d'application qui lui fourniront la possibilité de mettre en pratique, sur-le-champ ou plus tard dans sa vie affective, les principes naturels d'un fonctionnement sain et satisfaisant, gage d'une plus grande liberté.

À qui s'adresse ce livre ?

J'ai écrit cet ouvrage en pensant à tous ceux qui vivent des relations affectives avec leurs enfants, leurs parents, leur conjoint ou leurs amis dans lesquelles ils se sentent privés de liberté et aussi à ceux qui ne réussissent pas à connaître des relations affectives satisfaisantes et durables parce qu'ils ont peur de perdre leur liberté. Je l'ai écrit pour tous les gens qui s'aiment et qui n'arrivent pas à exister pleinement, à s'affirmer simplement ou à se dire authentiquement dans leur vie relationnelle. Je l'ai aussi écrit pour ceux qui prêtent aux besoins, aux désirs, aux idées et aux opinions des autres plus d'importance qu'à leurs propres besoins et pour ceux qui, par amour de l'autre, négligent «l'amour de soi».

En écrivant ces pages, j'ai aussi beaucoup pensé à toutes ces personnes qui, grâce à une éducation fondée sur le respect ou à un long cheminement intérieur et relationnel, ont trouvé la voie de la liberté profonde. Ceux-là trouveront dans ce livre un écho de leur expérience et un outil de confirmation et d'approfondissement. J'adresse aussi cette œuvre à toutes les personnes qui font de la relation d'aide et de la psychothérapie sous quelque forme que ce soit auprès des gens qui souffrent physiquement ou psychiquement, auprès de ceux qui vont mourir ou qui ne veulent plus s'accrocher à la vie, auprès de tous ceux qui cherchent à donner un sens à leur vie et auprès de ceux qui veulent apprendre à communiquer et à vivre des relations affectives propulsives et libératrices de potentialités. Je l'adresse aussi à tous les éducateurs qui travaillent auprès des jeunes et des moins jeunes, de ces enfants, élèves ou étudiants qui ont besoin de beaucoup plus que d'une ingurgitation de connaissances rationnelles et que d'une profusion de conseils, de leçons de morale et d'avertissements.

Aider ou éduquer quelqu'un c'est, à mon sens, lui permettre, par la relation même que nous avons avec lui, de connaître et de trouver les clés de sa propre liberté et non, par inconscience, d'entretenir les chaînes d'une dépendance malsaine. Le rôle de tous les aidants, parents, enseignants ou spécialistes de la santé physique et psychique, étant fondamental quant à leur contribution à l'épanouissement de la personne par l'éclosion du sentiment de liberté, je consacrerai la dernière partie de ce livre à ces personnes dont la mission est d'éduquer ou d'apporter une aide psychologique ou physiologique à ceux qui en ont besoin.

J'encourage tous les lecteurs de ce livre à aborder la lecture des pages qui vont suivre en portant leur regard sur eux-mêmes plutôt que de le lire en essayant d'utiliser son contenu pour changer les autres. La meilleure façon de créer un sentiment réel de liberté dans nos relations affectives et dans nos sociétés est de consacrer notre énergie à la recherche de liberté personnelle et intérieure. Aussi je souhaite que la lecture de cet ouvrage vous atteigne dans vos propres expériences, dans votre propre histoire et qu'elle éclaire, en vous signalant de nouvelles avenues, votre labyrinthe intérieur. Je souhaite surtout qu'elle vous rende la liberté dont a besoin toute relation affective qui se veut heureuse et réussie.

*CHAPITRE 1*

# LA LIBERTÉ
# ET LA RELATION AFFECTIVE

Commencer l'écriture de ce chapitre a été difficile pour moi. J'étais habitée par l'insécurité du chaos et de la nébuleuse dont parle Paul Valéry dans le processus créateur, de cet «état flottant» où j'étais à la recherche de pistes et surtout de portes d'entrée sur ce sujet que je voulais traiter. Sans m'en rendre compte, j'ai cherché à fuir ce malaise. Je me suis activée et me suis levée pour me faire un thé, pour téléphoner à mon fils, pour entendre chanter «La liberté» par Nana Mouskouri et pour relire le poème d'Éluard. Je suis revenue à ma table de travail, j'ai repris mon plan et me suis rendu compte que mes idées étaient bien structurées, ordonnées, prêtes à être énoncées mais que je ne savais pas comment les introduire. Parce que je n'étais pas attentive à ce qui se passait en moi, je me suis perdue dans toutes sortes d'actions qui anesthésiaient la confusion désagréable dans laquelle me plongeait la page blanche que je n'arrivais pas à remplir. Je n'étais pas consciente que plus je m'activais, moins j'avais de liberté pour trouver le chemin que je cherchais.

Cette expérience rejoint celle de presque tous les créateurs. La création comprend, en effet, des moments intenses de malaises non identifiés qui font fuir certains auteurs dans l'hyperrationalité, ce qui leur fait trop souvent écrire des ouvrages complètement désincarnés que nous ne pouvons lire et saisir qu'en fragmentant notre propre globalité. Elle les fait aussi fuir dans le monde extérieur ou se perdre dans des émotions désagréables qu'ils n'arrivent pas à gérer, ce qui, par conséquent, les amène à bloquer leur processus créateur et à pri-

7

ver ainsi l'humanité d'apports considérables. Créer, par quelque canal que ce soit, c'est accueillir ces périodes de trouble, de doute, de désordre intérieur, c'est accepter de connaître le chaos qui précède les naissances créatrices et qui rappelle le fameux chaos symbolique de la création du monde.

L'accueil de ses propres nébuleuses a pour avantage de ramener l'auteur au coeur de lui-même, ce qui favorise le passage de la dispersion à la «centration». Au lieu de se perdre dans le monde extérieur, il se retrouve à l'intérieur de lui-même, là où loge le vécu, empreinte de l'expérience, là où existe l'inspiration et là d'où jaillit la source de la véritable liberté, de cette seule forme de liberté que l'on puisse connaître dans le contexte de relations affectives. C'est précisément l'objet de ce chapitre que de situer le lecteur par rapport au sens qui sera attribué au mot «liberté» et au mot «relation» dans ce livre.

La conception que l'homme a de la liberté se limite fréquemment à la liberté extérieure, à celle que recherchent d'ailleurs beaucoup d'adolescents. Je me souviens, quand j'étais enseignante au secondaire, avoir entendu des étudiants me dire à quel point ils avaient hâte de quitter l'école et d'aller sur le marché du travail pour enfin «faire» ce qu'ils voulaient. Ces jeunes, qui se sentaient à l'étroit par rapport aux exigences pédagogiques et disciplinaires, croyaient naïvement qu'en sortant de l'école, ils ne rencontreraient plus de limites. Ils ne savaient pas qu'ils se heurteraient un jour ou l'autre, comme tous ceux qui veulent des relations affectives sans contrainte, à des déceptions et à des frustrations bien désagréables à vivre. La seule façon de les préparer aux exigences inhérentes à la vie de groupe, à l'apprentissage et à la vie relationnelle fut d'écouter non seulement leurs espoirs mais aussi et surtout les malaises qu'ils vivaient à ce moment, là où ils étaient. C'est le fait entre autres d'être écoutés sans être jugés qui les ouvrait progressivement aux vicissitudes de la réalité. Deux attitudes les caractérisaient : ou ils se repliaient dans une attente oisive, ou ils s'adonnaient à la confrontation, à la provocation pour obtenir une liberté sans contrainte, sorte de liberté illusoire qui ne tient pas compte d'une réalité incontournable : la présence des autres.

C'est d'ailleurs à cette forme extérieure de la liberté que donnent priorité la plupart des dictionnaires. D'une part le Petit Robert la définit, entre autres, comme l'«état d'une personne qui n'est pas sous la dépendance absolue de quelqu'un». Il ajoute qu'elle est l'«état de ce qui ne subit pas de contrainte» ou l'«état d'une personne qui n'est pas liée par un engagement». Quand on analyse bien ces trois définitions, on remarque d'abord que la liberté y est définie par la négative et ensuite qu'elle est exempte de contrainte, de dépendance et d'engagement.

D'autre part, le même Petit Robert définit la relation comme étant «un lien de dépendance ou d'influence réciproque entre des personnes». Au mot «relation» on peut lire aussi : «tout ce qui, dans l'activité d'un être vivant implique une interdépendance, une interaction». Si la relation est un lieu d'interdépendance et que la liberté est l'état d'une personne qui n'est pas sous la dépendance de quelqu'un, on pourrait en déduire que la liberté et la relation sont incompatibles.

C'est donc dire que la mère qui est en relation affective avec son enfant ne serait pas libre, que l'homme qui vit une relation amoureuse ne serait pas libre, que celui qui s'attache à un ami ne serait pas libre. Impossible donc de parler de liberté dans ce contexte de relations affectives limité à la liberté extérieure, cette forme de liberté qui, comme le souligne Krishnamurti, consiste à «agir selon notre fantaisie, voyager, pouvoir librement nous exprimer de façons diverses, penser ce qu'il nous plaît»[1]. Bien sûr que cet aspect de la liberté n'est pas négligeable. Il est important, voire essentiel, dans le cadre de nos relations affectives, d'avoir une certaine liberté d'action dans nos loisirs, notre vie personnelle et relationnelle. Mais si nous limi-

---

[1]  Krishnamurti, *Le vol de l'aigle*, Neuchâtel-Paris, Delachaux Niestlé, 1988, p. 8.

tons notre conception de la liberté à ce seul aspect, s'ensuivra la croyance qu'être entièrement libre dans une relation c'est faire tout ce que nous voulons, quand nous voulons et comme nous voulons. Absolument irréaliste, cette conception de la liberté exclut toute possibilité de relation véritable. Elle devient l'expression de l'hypertrophie d'un ego qui fait complètement abstraction des autres et de la réalité de la relation affective, laquelle n'existe pas sans contrainte, sans interdépendance, sans engagement.

Pour comprendre ce qu'est la réalité de la relation affective au sens où je l'entends, il faut savoir que **la relation est l'établissement d'un lien entre deux ou plusieurs personnes et qu'un lien sert précisément à unir, à rapprocher, à attacher**. La relation affective se caractérise donc par l'union, le rapprochement, l'attachement. Elle est en fait le pont qui relie deux rives, l'arc intentionnel entre deux personnes différentes, engagées dans la construction et l'entretien de ce même pont sans lequel chacun ne pourrait rencontrer l'autre en profondeur. La relation affective comporte donc une contrainte fondamentale sans laquelle elle n'existerait pas. Cette contrainte est de créer de part et d'autre un lien, de le maintenir et de l'entretenir par l'investissement personnel réciproque. C'est un engagement que doivent prendre les personnes concernées par le processus relationnel sans quoi leur relation est destinée à l'insatisfaction, aux conflits ou à l'échec.

Une relation affective ne peut être empreinte de bonheur s'il n'y a qu'une seule personne qui s'occupe du pont, qu'une seule personne qui participe, qui s'engage et qui s'attache. Entrer dans une véritable relation c'est prendre un chemin où existent trois composantes indissociables : l'autre, soi-même et la relation. Sans cette dernière composante symbolisée par le pont, il n'existerait que deux individus isolés, chacun devant traverser l'espace qui les sépare chaque fois qu'il veut établir un lien avec l'autre. Cette façon de faire, laborieuse, peut entretenir l'illusion d'une plus grande liberté. Elle est trop souvent l'expression de l'esclavage des peurs qui retiennent les protagonistes sur leur propre rive et les empêchent de satisfaire leur besoin, souvent inconscient, d'attachement.

Mais si la relation affective n'existe pas sans contrainte, sans attachement, sans engagement, comment peut-on y trouver satisfaction au besoin profond de liberté qui nous habite tous ?

La liberté est un besoin psychique fondamental chez l'être humain, un besoin aussi fort et puissant que le besoin d'amour, de reconnaissance et de sécurité. Pour être aimé, reconnu, sécurisé et libre, l'homme développe un fonctionnement psychique qui exerce un impact sur toutes ses relations affectives. Il est d'ailleurs consciemment ou, le plus souvent, inconsciemment déchiré entre ses besoins, ce qui lui fait adopter, à son insu, des comportements contradictoires et incohérents, comportements qui entraînent parfois des difficultés relationnelles chroniques parce qu'il cherche indubitablement à l'extérieur de lui-même les réponses à ses questionnements et les solutions à ses problèmes. Dans sa recherche de liberté, il ne se rend pas compte qu'il s'emprisonne parce que la véritable liberté, celle qui permet de s'engager sans se sentir étouffé, est intérieure.

La liberté dont il est question ici n'exclut pas la peur et ne se limite pas à la seule dimension immatérielle. Il ne s'agit pas de cette sorte de liberté désincarnée dans laquelle la personne ne ressent plus ses émotions et ses besoins et est complètement détachée de la réalité pour se perdre dans la dépersonnalisation. Il ne s'agit pas non plus d'une liberté paradisiaque qui n'admet pas la souffrance et qui arrache l'être humain à sa vraie nature en lui retirant son corps, son coeur, son âme ou sa tête.

Quelle est alors cette sorte de liberté qui n'exclut pas la relation affective mais qui, au contraire, l'entretient et la nourrit ? Que veut dire l'expression «être libre» dans le contexte de relations affectives?

**Être libre, c'est être entièrement soi-même, totalement responsable de sa vie et en mesure de faire des choix, de prendre des décisions et d'en assumer les conséquences.**

Plusieurs personnes croient que ce qui les emprisonne dans leurs relations affectives ce sont les événements et surtout «les autres». En réalité, ce qui les empêche de se sentir libres, c'est d'abord le fait qu'elles ne sont pas authentiques et aussi le fait qu'elles donnent aux autres tout le pouvoir sur leur vie en leur attribuant la responsabilité de leurs besoins comme de leurs problèmes, de leurs malaises, de leurs échecs. Elles perdent aussi leur liberté dans une relation parce qu'elles n'arrivent pas à faire de choix. Elles laissent les autres choisir à leur place, ce qui ne leur donne le sentiment d'exister que si elles sont seules. Dans le cas où elles arrivent à choisir, elles peuvent perdre aussi leur sentiment de liberté quand elles n'en assument pas les conséquences. Aussi sont-elles prêtes à choisir de vivre une relation affective faite exclusivement de moments de plaisir. Dès qu'une douleur naît ou dès qu'elles ont à assumer la contrainte de leur participation à l'entretien du pont, elles réagissent par la fuite, le blâme, le rejet, la fermeture ou la culpabilisation.

D'autre part, ces mêmes personnes ont autant de mal à assumer les conséquences de la solitude parce qu'elles ne sont pas conscientes de ce qui les fait choisir et de ce qui les fait agir. Habituées par l'éducation à garder le regard toujours à l'extérieur d'elles-mêmes, elles ne connaissent pas les mécanismes internes qui les font constamment tomber de Charybde en Scylla dans leurs relations affectives et qui les privent de la liberté qu'elles recherchent avec tant d'ardeur. Ce sont donc les labyrinthes de l'inconscient qu'il nous faut d'abord explorer pour tenter d'éclairer ce que Jung appelle l'Ombre, cette partie de nous-même qui peut être accessible à celui qui prête attention à son intérieur pour entendre puis démystifier la voix mystérieuse qui préside à l'élaboration de nos actions.

## CHAPITRE 2

# LA LIBERTÉ
# ET L'INCONSCIENT

D'aucuns peuvent se demander pourquoi introduire un chapitre sur l'inconscient dans un livre consacré à la liberté dans la relation affective. Quel lien peut-il exister entre l'inconscient et la liberté ?

La connaissance de cette instance psychique qu'est l'inconscient et la compréhension de son rôle et de son fonctionnement à l'intérieur du psychisme humain sont essentielles pour saisir comment se créent les obstacles internes qui empêchent une personne d'être libre dans une relation. Le contenu de ce chapitre est donc nécessaire pour comprendre les chapitres suivants et présente l'intérêt de jeter des bases qui pourront devenir des éléments de réponses à des questions fondamentales que se posent plusieurs personnes quand elles se retrouvent toujours dans les mêmes impasses relationnelles et répètent des fonctionnements qui les emprisonnent.

Pour traiter ce sujet, je ferai un bref historique de la notion d'inconscient pour ensuite apporter, dans une perspective de globalité, ma propre théorie de l'appareil psychique, laquelle m'amènera à expliquer comment se forme le fonctionnement psychique d'une personne et quel est son impact sur ses relations affectives. Les dialectiques du rationnel et de l'irrationnel, du passé et du présent, de l'imaginaire et de la réalité y seront aussi développées parce qu'elles sont inhérentes à la réalité psychique et que les pièges inconscients qui nous conduisent à une certaine forme d'asservissement dans nos relations sont souvent issus d'une approche dichotomique qui oppose ces polarités plutôt que de les laisser travailler en synergie. Comme la première étape du processus de changement est la prise de conscience, ce chapitre vous offrira des éléments pour faire plus de lumière sur vos zones d'ombres intérieures. Il vous ouvrira les portes d'une libération profonde et vous donnera des clés pour que vous découvriez pourquoi et comment vous vous emprisonnez.

## L'historique de la notion d'inconscient

La notion d'inconscient, nous dit Jean-Claude Filloux dans son livre intitulé *L'inconscient*, est apparue au début du XIXe siècle en Allemagne avec les recherches des philosophes Carus, Von Hartmann et Schopenhauer. C'est ensuite la médecine, ajoute le même auteur, qui la fit évoluer avec la découverte de l'hypnose et de la suggestion. À ce sujet, les expériences et les travaux de Charcot et de Janet, à l'école de la Salpêtrière à Paris, et celles de Bernheim et Liébault, à l'école de Nancy, n'ont certainement pas été sans influencer les recherches de Lozanov, le créateur de la suggestologie, et celles de Freud qui profita de plusieurs semaines de stages d'études dans chacun de ces milieux français, reconnus à l'époque comme bastions de la médecine moderne. À ces influences sur le médecin autrichien s'ajoutèrent les expériences de l'éminent neurologue viennois Breuer auprès de Bertha Pappenheim connue sous le nom d'Anna O., expériences qui servirent de base expérimentale à l'élaboration théorique de la psychanalyse.

Bien que les écrits de Freud servent encore de référence principale en cette matière, même chez ses adversaires les plus virulents, d'autres chercheurs, plus ou moins dissidents du mouvement psychanalytique freudien, tels Jung, Reich, Adler, Lacan, Winnicott, Assagioli, et plus récemment Michel Lobrot, pour n'en nommer que quelques-uns, ont élaboré des théories non moins intéressantes et tout aussi révélatrices du mystère qui entoure le psychisme.

Toujours en matière d'inconscient, il ne faut pas oublier les recherches réalisées par les chercheurs soviétiques, en particulier
Ouznadzé, Bassine et Pavlov qui, depuis le «dégel» des années 1960
dans les pays de l'Est, ont non seulement fait évoluer la psychologie
soviétique, mais participé à l'avancement de la psychologie mon-
diale. Leurs contributions importantes ont intéressé le chercheur bulgare Georgui Lozanov dont les recherches sur l'influence de la
suggestion sur l'inconscient sont à l'origine de la création de la
suggestologie.

Vu le nombre croissant de spécialistes en ce domaine, nous ne
pouvons nier l'intérêt grandissant de l'homme pour le psychisme et
l'inconscient. Devant de si nombreuses théories, nous pouvons toutefois nous demander quelle est la meilleure, la plus plausible, voire
la bonne ? Quelle est surtout la plus révélatrice du psychique humain ?
Je crois que chacune d'elles apporte un éclairage différent sur ce monde
irrationnel en présence duquel nous ne pouvons que proposer des
hypothèses. En effet, tout ce qui a été écrit au sujet de la vie psychique ne peut être présenté comme des certitudes parce qu'il s'agit d'un
monde immatériel et invisible dont l'existence nous est révélée par
des images, des symboles, des émotions, des intuitions et non par
des manifestations concrètes. Ceux qui malheureusement prennent
ces théories pour des absolus peuvent faire l'erreur de s'en servir pour
se montrer supérieurs, exercer du pouvoir sur la vie des autres et leur
enlever ainsi leur liberté.

En réalité, l'inconscient est encore un mystère à propos duquel
nous pouvons émettre des centaines d'hypothèses sans toutefois ne
jamais pouvoir le fixer définitivement dans une vérité absolue. Ceci
dit, nous devons reconnaître que Freud avec ses deux topiques[1], l'inconscient, le préconscient et le conscient (1900) ainsi que le ça, le
moi, le surmoi (1920), Jung avec l'inconscient collectif, Assagioli

---

[1] «Mode théorique de représentation du fonctionnement psychique comme un
appareil ayant une disposition spatiale.» Sillamy.

15

avec la notion du «Soi» et Lerède avec le surconscient apportent des éléments qui facilitent la compréhension de notre monde intérieur. Ce qui importe à propos de toutes ces théories, ce n'est pas de chercher la meilleure, mais de trouver celle qui a la plus grande résonance à l'intérieur de nous parce qu'elle rejoint notre expérience profonde de la vie intérieure, parce qu'elle représente non pas la vérité mais notre propre vérité. C'est dans cet esprit que j'apporte les développements qui suivent sur le psychisme et l'inconscient tirés de ma propre expérience du monde irrationnel, développements que j'ai présentés de façon plus élaborée dans *Relation d'aide et amour de soi* (1990) dans le but de favoriser la prise de conscience des mécanismes internes qui font obstacle à la recherche de liberté dans les relations affectives.

## Le psychisme et l'inconscient

Le psychisme humain est formé de deux instances indissociables : le conscient et l'inconscient. J'abonde dans le sens de Jung qui, dans *Psychologie de l'inconscient*, identifie le conscient à la raison et aux fonctions des puissances rationnelles et considère que l'irrationnel est d'abord et avant tout de l'ordre de l'inconscient[2]. Ainsi conçus, le conscient est le siège de l'observation, de la réflexion, de l'analyse, de la classification, de la structure, de l'organisation des idées, des prises de conscience, alors que l'inconscient est le monde de l'intuition, de la vie spirituelle, de l'inspiration créatrice, des perceptions sensitives et émotionnelles, des réactions directes, spontanées, automatiques, du langage non verbal et de l'attitude.

Je fais l'hypothèse que l'activité inconsciente précède toujours l'activité consciente. L'irrationnel influence le rationnel tout comme les facultés attribuées au néocortex sont influencées par les influx en provenance de celles attribuées au paléocortex. Il en découle donc, d'une part, que dans nos relations affectives, nous sommes d'abord

---

[2] Carl-Gustave JUNG, *Psychologie de l'inconscient*, Genève, Librairie de l'Université Georg, 1978, p. 132.

affectés par des impressions sensorielles et émotionnelles avant qu'elles ne soient saisies par la conscience claire. D'autre part, nous constatons que notre vie psychique est très fréquemment touchée, bouleversée, ébranlée par l'existence de la personne aimée qui, par ce qu'elle est ou n'est pas, par ce qu'elle fait ou ne fait pas, par ce qu'elle dit ou ne dit pas, déclenche en nous des émotions, des sensations et des besoins.

Ces sensations, ces besoins et ces émotions sont d'abord perçus globalement par l'inconscient qui, s'ils sont refoulés, les garde en réserve. Par exemple, l'enfant privé par son père d'une récompense à cause de sa mauvaise conduite (déclencheur) peut être affecté par des émotions de frustration, de déception, de colère ou de ressentiment et ressentir simultanément un besoin d'être aimé. De la même façon, l'épouse dont le mari arrive deux heures en retard pour le repas du soir (déclencheur) risque de vivre de l'inquiétude, de la jalousie, la peur de le perdre et un grand besoin de sécurité. Elle peut identifier ce qu'elle ressent et l'exprimer ou le refouler et rester dans l'inconscience par rapport à ce qu'elle vit. Dans ce cas, elle laisse cette charge émotionnelle s'additionner à toutes celles qui, dans le passé, n'ont pas été dites et qui, par conséquent, se sont accumulées et ont fait grossir chaque jour davantage son chaos intérieur. Cette réalité se produit chez tous les êtres humains sans exception et personne ne peut choisir d'être affecté ou non par les paroles, les gestes ou l'attitude de ceux qui les entourent. Nous sommes fréquemment interpellés par les autres, que nous le voulions ou non, et le problème qui se pose est que trop souvent notre inconscience par rapport à notre vie intérieure nous entretient dans un manque de liberté et un manque de pouvoir sur notre vie.

Devant ce phénomène naturel incontournable, deux manifestations peuvent s'observer : ou la personne affectée prend conscience de ce qui l'affecte et l'exprime à l'autre, ou, pour ne pas souffrir, elle s'en défend. Dans le premier cas, l'harmonie du rationnel et de l'irrationnel est source de liberté intérieure, alors que, dans le deuxième cas, la relation entre les instances psychiques étant brisée, cette personne perd les clés de sa liberté profonde dans sa relation avec l'autre. Pour mieux faire saisir ce que j'avance, voyons en quoi l'harmonie du conscient et de l'inconscient est libératrice et en quoi la dysharmonie de ces instances emprisonne.

## L'harmonie et la dysharmonie du rationnel et de l'irrationnel

La partie irrationnelle ou inconsciente du psychisme fonctionne toujours globalement. C'est dire que, lorsque dans nos relations affectives nous sommes touchés agréablement ou désagréablement par la personne aimée, nous sommes affectés par un ensemble global d'émotions et de sensations qui se présentent un peu comme le chaos ou la nébuleuse des créateurs. Cette impression globale se manifeste dans la relation par l'attitude. La notion d'attitude a été abondamment développée par la suggestologie lozanovienne et lerédienne. Il s'agit d'une disposition psychologique qui se dégage inconsciemment d'une personne et qui révèle ses émotions, ses intentions et ses pensées réelles. Elle est, en quelque sorte, un état intérieur qu'on communique, à notre insu, dans toutes nos relations par notre langage non verbal : l'intonation, le débit, le volume de la voix, les mimiques et les gestes. L'attitude est l'expression extérieure du chaos intérieur inconscient. Elle est le langage par excellence de l'authenticité et a toujours sur l'inconscient de l'autre un impact qui influence de façon déterminante la relation affective ; l'attitude est souvent source d'incommunicabilité, de sentiments d'emprisonnement, d'insécurité, d'impuissance et de conflits.

Pourquoi l'attitude a-t-elle tant d'influence sur la relation affective ? Elle est cause de malaises ou de plaisirs parce qu'elle déclenche des émotions agréables ou désagréables. Lorsqu'elle est l'expression d'un chaos intérieur non identifié et qu'elle provoque le chaos chez l'autre, les deux personnes en relation n'ont aucun pouvoir sur leur vie relationnelle parce qu'elles sont inconscientes de ce qui se passe en elles. Dans ce cas, elles n'ont aucune liberté psychique. Elles sont emprisonnées par leurs réactions automatiques inconscientes et sont incapables de sortir du tourbillon qui risque de les entraîner vers le fond.

L'exemple de la relation affective entre Gilbert et son fils Frédéric illustre bien ce qui précède. Lui-même fils d'un père violent, Gilbert a connu une enfance et une adolescence difficiles. Il avait toujours peur des colères de son père qui le frappait fréquemment pour tout et pour rien. Rempli de ressentiment et de rage envers cet homme très agressif, Gilbert a toujours refoulé ses émotions pour se protéger contre la foudre. Adolescent, il s'est promis que s'il avait des enfants un jour il n'élèverait jamais le ton à leur endroit. Mais la réalité fut tout autre. Quand son fils Frédéric est né, il était l'homme le plus heureux du monde. Comme il s'agissait d'un enfant très éveillé, très intelligent et très vivant, Frédéric n'était pas le fils qui obéissait au doigt et à l'oeil. Ses comportements déclenchaient chez Gilbert une impatience et une agressivité qui le poussaient malgré lui à le rudoyer et même à le frapper. Il n'arrivait pas à avoir de contrôle sur ses comportements même s'il le désirait de tout son être. Quelque chose lui échappait qui lui enlevait toute sa liberté, tout son pouvoir sur sa vie. Il avait le sentiment d'être dirigé par une force profonde qu'il ne connaissait pas et qui avait une emprise sur lui. Même lorsqu'il tentait d'adoucir le ton, son fils avait peur de lui et le fuyait instantanément parce que son chaos intérieur inconscient se manifestait par son attitude.

L'attitude a donc une grande importance dans les relations affectives spécialement dans la communication, en ce sens qu'elle peut contredire la parole ou la confirmer. Comme elle est le reflet de l'inconscient et que la parole reflète le conscient, il se produit fréquemment une dichotomie entre ce qui est dit et ce qui est dégagé par une personne, dichotomie qui a pour conséquence de créer la confusion chez ceux qu'elle aime. Si le langage non verbal (l'attitude) contredit le langage verbal (parole), il s'ensuit la transmission de doubles messages. Quand des personnes engagées dans une relation affective s'expriment par doubles messages, il n'y a pas possibilité de rencontre parce que la parole (véhicule du conscient) ne reflète pas l'attitude (véhicule de l'inconscient). Il y a donc dysharmonie entre le rationnel et l'irrationnel, absence de relation à l'intérieur de soi, donc impossibilité de relation avec l'autre.

Pour mieux saisir ce que j'avance ici, il faut se rappeler que, dans la relation affective, l'autre est souvent un déclencheur d'émotions et de sensations et que le psychisme perçoit globalement toutes ces émotions avant même d'en prendre conscience. Ce qui cause la dysharmonie intérieure, c'est précisément le fait que le conscient tente de prendre le pouvoir sur l'inconscient en contrôlant les émotions et les sensations de sorte que la personne touchée ne puisse pas les sentir. C'est un moyen que son psychisme utilise pour l'empêcher de souffrir. Dans ce cas, le conscient détourne son attention du monde intérieur et son fonctionnement est perturbé par le fait qu'il n'y a plus de relation entre la tête et le coeur ou entre l'hémisphère droit et l'hémisphère gauche. Lorsque le rationnel est exploité en niant l'irrationnel, il y a nécessairement une perturbation de la pensée qui entraîne un manque de discernement. Les moyens défensifs que la personne utilise alors sont, entre autres, le reproche, l'accusation, la rationalisation, la justification, l'explication, la banalisation, la dramatisation, le «positivisme», l'agression ou encore la fuite dans le travail, dans l'imaginaire, dans le sommeil et dans la toxicomanie. La relation entre le conscient et l'inconscient à l'intérieur de cette personne est donc brisée et elle ne sait pas ce qui se passe en elle. Par contre, comme elle ne peut se débarrasser de ce qui a été refoulé, elle est dominée par des forces intérieures qu'elle ne connaît pas et qui lui enlèvent sa liberté comme ce fut le cas pour Gilbert. C'est alors qu'elle s'exprime sans s'en rendre compte par des doubles messages ou qu'elle manifeste des réactions défensives incontrôlables. Elle se crée ainsi des insatisfactions relationnelles dont elle ne comprend pas la cause réelle.

Pour s'en sortir elle doit rétablir l'équilibre intérieur en harmonisant ses forces rationnelles et ses forces irrationnelles. Cet équilibre est possible si, au moment où elle est affectée émotivement, son conscient n'intervient pas pour contrôler mais pour identifier les composantes du chaos intérieur. Dans ce cas, la raison n'intervient pas pour prendre le pouvoir sur l'émotion mais pour établir une relation avec elle, l'identifier, lui donner un nom de façon à pouvoir l'exprimer à l'autre par la parole. Le respect de ce fonctionnement psychique est fondamental dans la recherche de liberté intérieure. Quand le conscient est dépourvu d'informations par rapport à ce qui se passe dans le monde inconscient, la parole devient confuse, défensive et source de déchirement, d'incompréhension et de conflits. Nous assistons alors au spectacle de deux personnes qui se disent n'importe quoi, qui ont complètement perdu le sens du discernement et dont les réactions verbales et non verbales découlent de pulsions incontrôlables parce qu'elles sont menées par une force intérieure qui leur échappe et qui contribue à envenimer leur communication et à leur enlever leur liberté.

Pour mieux me faire comprendre je vais apporter le cas de Pierrette et de Jean. Mariés depuis plus de dix ans, leur relation était marquée par des périodes de crise de plus en plus fréquentes. Issue d'une famille où le conflit devait être évité à tout prix, Pierrette avait appris à refouler ses malaises pour sauvegarder leur ménage. Elle n'en était pas moins remplie de ressentiment envers Jean qui ne se gênait pas pour exprimer ses colères et ses frustrations et qui le faisait de façon accusatrice en lui reprochant d'être une femme froide et distante. Comme cette dernière n'avait jamais appris à porter attention à son monde émotionnel et à ses besoins, elle réagissait aux colères de Jean par la fermeture, le silence et la fuite. Ses rares interventions verbales se limitaient à des phrases contrôlantes et culpabilisantes telles : «Quel bel exemple tu donnes à tes enfants !»

De son côté, Jean, qui n'était pas non plus conscient que ses colères défensives cachaient une peine, un manque affectif profond, ne déchargeait que plus intensément ses malaises inconscients sur le dos de sa femme. Je me suis donc retrouvée au cours des séances de psychothérapie en présence de deux personnes dont les réactions étaient dominées par leur monde intérieur qui leur échappait. Pour les aider, il fallait faire la lumière sur leur chaos inconscient pour, d'abord, leur faire prendre conscience de sa présence et ensuite pour identifier les émotions qui le composaient et les fonctionnements psychiques qui en résultaient.

La démarche psychothérapeutique que j'ai faite avec eux a éclairé leurs zones d'ombres intérieures et leur a progressivement redonné leur liberté psychique. Ils n'étaient plus alors dirigés par une force qu'ils ne connaissaient pas parce que j'avais mis les mots justes sur leurs besoins, leurs émotions, leurs mécanismes de défense, leurs systèmes relationnels et que je ne les avais pas interprétés. Ils avaient alors apprivoisé ce monstre inconnu qui les habitait et provoquait à leur insu des comportements qui contribuaient à détruire leur relation par la répétition des mêmes réactions incontrôlables et insatisfaisantes. Cette répétition qui est cause de nombreux échecs relationnels naît de l'héritage psychique qui a façonné leur fonctionnement intérieur inconscient. Seule la prise de conscience de ce fonctionnement psychique peut ouvrir les portes de la véritable liberté dans la relation affective. Mais avant d'apporter d'autres développements sur ce sujet, je vous propose ce premier exercice de réflexion et d'application.

### ••• *Réflexion et application* •••

L'exercice qui suit, comme tous ceux qui seront suggérés dans ce livre, a été préparé pour vous permettre de transférer dans votre expérience personnelle ce que vous aurez lu dans ces pages ; vous pourrez ainsi en retirer quelque profit pour vous-même qui ne soit pas uniquement d'ordre théorique et cognitif. Aussi, je vous encourage fortement à faire les exercices proposés, individuellement avec un journal de bord, en couple ou en petits groupes. Ils peuvent être intégrés dans des ateliers, des séminaires de lecture ou des cours. Ils sont conçus pour favoriser la connaissance et l'acceptation de votre fonctionnement psychique par le biais de votre expérience personnelle des relations affectives plutôt que par le biais de la seule connaissance rationnelle. Ils vous placeront aussi dans des situations pour passer à l'action, pour vous permettre non seulement d'appliquer dans votre vie ce que vous avez découvert mais surtout d'apprendre de vos propres expériences, c'est-à-dire de vos erreurs comme de vos réussites. Il se peut que, à certains moments, vous atteigniez une satisfaction totale et que, à d'autres moments, vous soyez déçus et insatisfaits de vos essais pour passer à l'action. Si vous savez vous servir de vos déceptions, de vos insatisfactions, de vos erreurs et de vos difficultés pour apprendre, si vous poursuivez la lecture de ce livre et si vous faites les exercices proposés jusqu'au bout, vous aurez intégré une approche qui vous aidera à vous sentir plus libres dans vos relations affectives. Toutefois, vous pourrez très bien poursuivre votre lecture sans faire les exercices. Dans ce cas, je vous encourage à les lire parce que plusieurs d'entre eux contiennent un enseignement important.

Voici donc le premier exercice de réflexion et d'application.

Comme Gilbert ou comme Pierrette et Jean, il vous arrive sûrement d'avoir des réactions sur lesquelles vous n'avez pas de pouvoir dans vos relations affectives.

Il existe certainement une personne avec laquelle vous perdez votre liberté de réagir avec satisfaction. Sauriez-vous dire quels sont les déclencheurs de vos réactions avec elle ?

Déclencheurs de réactions

- ses jugements ☐
- ses retards ☐
- ses insinuations ☐
- son indépendance ☐

- ses accusations ☐
- ses plaintes ☐
- ses mensonges ☐
- ses limites ☐
- son silence ☐
- son insouciance ☐
- ses colères ☐
- son indifférence ☐
- ses généralisations ☐
- sa tendance à se montrer supérieur ☐
- ses relations ☐
- ses critiques ☐
- ses absences ☐
- ses leçons de morale ☐
- ses recherches ☐
- sa dépendance ☐
- ses refus ☐
- autres ☐
  précisez_____

Le but de cette question n'est pas surtout de vous faire trouver la faille de l'autre pour le blâmer, mais de vous fournir les moyens d'avoir une meilleure connaissance de tous les éléments qui vous privent de votre liberté dans vos relations affectives.

Il est possible que vous réagissiez à ces déclencheurs. Quand votre insatisfaction est réactivée par cette personne, des mécanismes défavorables se mettent en place, ont une emprise sur vous et vous envahissent malgré votre volonté. Sauriez-vous les identifier ?

Mécanismes de défense

- l'agression verbale ☐
- l'agression physique ☐

- le mensonge ☐
- le repliement ☐
- la banalisation ☐
- le jugement ☐
- le rejet ☐
- le reproche ☐
- la culpabilisation ☐
- la manipulation ☐
- la rationalisation ☐
- l'interprétation ☐
- le contrôle ☐
- la tentative de changer l'autre ☐
- la fuite dans le travail ☐
- la fuite dans la télévision ☐
- la fuite dans le sommeil ☐
- la fuite dans la spiritualité ☐
- la fuite dans la lecture ou la musique ☐
- autres ☐
  précisez_____

Après avoir réagi de cette façon avec cette personne, vous ressentez sûrement des émotions désagréables. Il est possible que ces émotions se transforment et que vous ressentiez d'abord, par exemple, de la haine ou de l'indifférence pour ressentir un peu plus tard du regret, de la peur ou une autre émotion. Si c'est le cas, vous inscrivez le chiffre 1 dans la case qui correspond aux premières émotions ressenties, le chiffre 2 dans la case qui correspond aux suivantes. Ne cherchez surtout pas la réponse idéale mais bien celle qui correspond à votre réalité.

Émotions

- la peur de perdre son amour ☐
- la peine ☐
- le regret ☐

- l'insécurité ☐
- la culpabilité ☐
- le ressentiment ☐
- la colère ☐
- la haine ☐
- la peur de perdre votre liberté ☐
- la peur de blesser ☐
- la peur du jugement ☐
- la peur du rejet ☐
- le sentiment d'abandon ☐
- le chaos intérieur ☐
- autres ☐
  précisez_____

Maintenant que vous savez ce qui, chez la personne choisie, déclenche en vous des réactions généralement incontrôlables, que vous savez comment vous réagissez et ce que vous ressentez après vos interventions compulsives, vous avez un peu plus de pouvoir sur votre vie. Pour aller plus loin dans votre démarche, je vous encourage, la prochaine fois que cette personne adoptera avec vous l'attitude ou le comportement qui vous fait réagir, à essayer d'identifier les émotions qu'elle déclenche en vous au moment où cela se passe :

Émotions

- la peine ☐
- la jalousie ☐
- l'impuissance ☐
- l'insécurité ☐
- la confusion ☐
- le doute ☐
- la honte ☐
- le sentiment d'abandon ☐
- le sentiment de rejet ☐

- le sentiment de culpabilité ☐
- le sentiment d'infériorité ☐
- le sentiment d'envahissement ☐
- la peur de le perdre ☐
- la peur du jugement ☐
- la peur du ridicule ☐
- la peur de perdre votre liberté ☐
- autres ☐
  précisez_____

Si vous réussissez à identifier ce que vous vivez et si vous vous sentez prêt à le faire, je vous encourage à l'exprimer à cette personne.

Il est bien probable que vous n'arriviez pas toujours à identifier ce que vous ressentez, particulièrement lorsque vous êtes envahi par l'émotion, et que vos réactions impulsives prennent encore le pouvoir sur vous. Il est possible aussi que la personne à qui vous vous adressez réagisse défensivement à ce que l'expression de votre vécu déclenche en elle sur le plan émotionnel. Dans ce cas, vous pouvez lui proposer qu'elle vous parle d'elle plutôt que de vous. Vous pouvez aussi lui dire que vous souhaiteriez qu'elle vous exprime aussi son vécu, ou encore, dites-lui qu'elle vous manque et ce, sans lui faire de reproche et sans essayer de la changer. Le but de cette démarche n'est pas de gagner un marathon mais d'apprendre à vous connaître par l'observation de vos réactions et de ce qui, de l'extérieur, les déclenche, et par l'apprivoisement progressif de votre monde intérieur. Ne soyez pas impatients, ne vous inquiétez pas et ne cherchez pas la perfection, vous ne l'atteindrez pas. Acceptez votre rythme de croisière et celui de l'autre, ne vous comparez à personne et poursuivez votre lecture. Vous y trouverez d'autres informations, d'autres exercices qui vous permettront de faire un pas de plus sur le chemin de votre liberté. La prochaine étape vous ouvrira les portes de la compréhension de votre fonctionnement psychique.

## La formation du fonctionnement psychique

Comment se forme le fonctionnement psychique de l'être humain et en quoi ce fonctionnement peut-il empêcher la personne de se sentir libre dans ses relations affectives ?

C'est dans la relation première de l'enfant avec ses parents ou leurs substituts que se crée l'héritage psychique. Puisque les facultés rationnelles de l'enfant ne sont pas développées au cours de sa vie utérine et très peu dans les mois qui suivent sa naissance, ses perceptions émotionnelles et sensorielles du monde extérieur sont inconscientes, donc beaucoup plus pures et plus affinées que celles des adultes. Cela rend les premières années de sa vie particulièrement importantes dans la formation de son fonctionnement psychique puisque ses apprentissages passent par ses perceptions sensorielles et par ses perceptions émotionnelles. C'est pourquoi l'attitude, les paroles ou les comportements de ses parents ou de leurs substituts ont un impact immédiat et global très puissant sur le psychisme de l'enfant qui en sera affecté favorablement ou défavorablement. Précisons que ce ne sont pas ses perceptions émotionnelles et sensorielles qui affectent l'enfant favorablement ou défavorablement, mais la réaction d'accueil ou de rejet de ses éducateurs devant l'expression de ces perceptions/réactions. En effet, s'il est blâmé, réprimé ou rejeté lorsqu'il extériorise ses émotions, l'enfant sentira menacé son besoin fondamental d'être aimé. Il adoptera alors, pour ne pas perdre l'amour de ses parents, des comportements acceptables et développera un fonctionnement défensif qu'il utilisera inconsciemment chaque fois qu'il aura peur de ne pas être aimé.

Lorsque le père de Jérôme lui avait demandé de ranger ses jouets avant de passer à table, l'enfant avait réagi par une colère éclatante. Déçu, frustré et irrité parce qu'il avait dû cesser de jouer, il s'était mis à crier et à donner des coups de pied. Exaspéré, son père l'avait pris par le bras et l'avait conduit directement dans sa chambre à coucher où il avait dû passer la nuit privé du repas du soir. Comme il avait antérieurement vécu des expériences semblables auxquelles son père avait réagi à peu près de la même façon, Jérôme a finalement appris que pour être accepté et aimé, il devait refouler ses frustrations et ses colères et se soumettre silencieusement aux exigences paternelles.

Devant de tels comportements, les parents se sentent souvent impuissants. Dans la plupart des cas, ou bien ils réagissent comme le père de Jérôme ou bien, pour ne pas brimer leur enfant, ils le laissent faire et cèdent à ses caprices. Dans un cas comme dans l'autre, l'enfant n'est pas accepté lorsqu'il exprime ses émotions.

Mais entre le parent qui sévit impulsivement et celui qui abandonne existe-t-il une voie intermédiaire ?

Cette voie intermédiaire est la voie de l'éducation véritable. Elle consiste, dans le cas de Jérôme, à l'aider à identifier, à nommer et à accueillir ses émotions réelles sans approuver la façon dont il les exprime. Le parent pourrait par exemple s'exprimer comme suit : «Je vois que tu es en colère, que tu es frustré de devoir arrêter de jouer et je veux que tu saches que j'entends très bien ce que tu me dis et que je suis même sensible à ta déception, mais je n'accepte pas que tu exprimes ta colère par des coups de pied». En fait, l'enfant doit saisir clairement qu'il a le droit d'exprimer ses émotions mais qu'il ne doit pas, pour ce faire, s'en prendre à son entourage. Il doit surtout sentir que sa colère et son erreur ne lui enlèvent pas l'amour de ses parents.

Cet exemple nous montre à quel point la recherche de satisfaction de ses besoins psychiques fondamentaux est importante pour l'enfant. C'est cette recherche inconsciente qui est à l'origine de la formation d'un fonctionnement psychique original qui se répétera par la suite quand les mêmes déclencheurs ou des déclencheurs similaires raviveront ses blessures d'enfant. Si ses besoins d'être aimé, écouté, accepté et sécurisé sont généralement satisfaits, il recevra de sa relation avec ses parents un héritage psychique qui fera de lui un être peu défensif dans ses autres relations affectives.

Cependant, il est important de spécifier qu'il n'existe aucun parent qui soit en mesure de satisfaire tous les besoins psychiques de son enfant parce qu'un père ou une mère qui répondrait à tous ces besoins aurait à oublier les siens. Il apprendrait à cet enfant, par influence inconsciente, à nier lui aussi ses besoins ou à devenir un être complètement égoïste qui ne tient jamais compte des autres. De plus, il ne faut pas oublier que le parent a lui-même reçu en héritage psychique un fonctionnement qui l'amène à glisser inconsciemment dans des mécanismes et des systèmes qui perturbent ses relations affectives et auxquels il a du mal à se soustraire parce qu'une force intérieure inconnue lui enlève sa liberté. C'est particulièrement le cas des parents qui n'ont pas appris à écouter leur monde intérieur et qui n'ont fait aucune démarche par la suite pour y arriver. Ces parents-là ont du mal à écouter les émotions de leurs enfants parce qu'ils n'identifient pas les leurs. Comme leur besoin d'être entendu n'est pas satisfait, ils s'en défendent par toutes sortes de mécanismes dans le but vital d'être aimés et pour ne pas souffrir.

Prenons l'exemple d'un enfant qui n'a pas été écouté par ses parents lorsqu'il exprimait sa peine. S'il veut être aimé, il tentera d'adopter inconsciemment, dans la majorité des cas, un fonctionnement acceptable pour ses premiers éducateurs. Si ces derniers le blâment quand il pleure, il se blâmera lui-même chaque fois qu'il aura de la peine et il la refoulera. Par la suite, quand la personne aimée déclenchera en lui une émotion de peine, il s'en défendra en la blâmant. S'il est jugé lorsqu'il exprime sa colère, il la refoulera en se jugeant lui-même et plus tard quand il vivra de la colère, il la refoulera encore et il jugera les autres. S'il est ridiculisé, il ridiculisera chaque fois que naîtra dans son psychisme l'émotion qu'il a refoulée, enfant, pour ne pas perdre l'amour. Il en arrivera même à contrôler chez les autres l'émotion qu'il n'accepte pas en lui.

La répétition de ces expériences de refoulement entraînera la création d'un fonctionnement psychique qui interviendra automatiquement par la suite dans toutes ses relations affectives, un fonctionnement qui l'empêchera de bien gérer ses réactions émotionnelles et défensives et qui le privera par le fait même de sa liberté. De plus, tant qu'il n'aura pas conscience de ce fonctionnement, il attirera vers lui, sur le plan affectif, des personnes qui entretiendront et nourriront son héritage psychique parce qu'il ne connaît pas d'autre façon d'aimer.

Comme il n'a pas été accepté et aimé lorsqu'il exprimait sa peine, sa colère, sa jalousie ou ses besoins, il a adopté inconsciemment un fonctionnement relationnel qui lui permettait, enfant, d'aller chercher une forme d'amour compensatoire. Son expérience de l'amour s'est développée par le biais de ce fonctionnement psychique. Il n'en connaît pas d'autres. Sa perception inconsciente de la vie affective passe donc par ce fonctionnement qu'il répétera dans toutes ses relations affectives. Et s'il fuit une relation trop douloureuse pour aller vers une autre, il risque de répéter encore ce même fonctionnement et de revivre les mêmes insatisfactions. Tant qu'il n'aura pas trouvé la liberté que lui conférera le travail d'harmonisation du rationnel et de l'irrationnel, il glissera à son insu dans les mêmes systèmes relationnels avec les mêmes personnes ou avec des personnes différentes. C'est seulement quand sa tête identifiera et accueillera dans l'ici et maintenant le langage de son coeur qu'il ouvrira les portes qui le mèneront progressivement vers la liberté. Alors il ne sera plus dominé comme une marionnette par les fils de son fonctionnement psychique inconscient, mais il reprendra le timon du navire de sa vie et il le dirigera vers les ports de son choix.

L'explication qui précède sera plus éclairante si nous nous arrêtons à l'histoire d'Olga. Elle avait quatre ans lorsque son père s'est suicidé. Non seulement sa mère a-t-elle caché la véritable cause de sa mort, mais elle a aussi laissé sa fille avec l'insécurité du silence par rapport à la disparition de ce parent qu'elle adorait. Chaque fois qu'Olga demandait son père ou chaque fois qu'elle pleurait parce qu'il lui manquait, sa mère faisait mine de ne pas l'entendre ou tentait d'attirer son attention ailleurs. Parfois elle lui disait : «Ton père est parti mais ne t'inquiète pas, si tu es bien sage, il reviendra.» Ainsi cette enfant n'a jamais vraiment été entendue lorsqu'elle exprimait sa peine et son besoin, et ce, probablement parce que sa mère ne pouvait ni accueillir ni exprimer sa propre souffrance, la souffrance d'une femme qui avait perdu l'homme qu'elle aimait et la souffrance d'une mère impuissante devant la peine de son enfant. Cette mère s'est défendue inconsciemment contre ses propres émotions en essayant de rassurer sa fille ou en niant le besoin qu'elle avait de retrouver son père. Elle n'était sûrement pas consciente qu'en se protégeant contre son propre chaos intérieur, elle contribuait à déclencher chez son enfant un fonctionnement que cette dernière répéterait par la suite dans toutes ses relations affectives avec les hommes.

La vérité est que la mère d'Olga n'avait pas la liberté d'agir autrement. Ses réactions défensives salvatrices devant le vécu et les besoins de sa fille n'étaient que l'expression impulsive d'un manque de conscience de ce qui se passait à l'intérieur d'elle-même. Cette femme n'avait pas la liberté de ses réactions puisqu'elles étaient le résultat d'une poussée intérieure irrésistible dont elle ne connaissait pas la source. Elle était elle-même l'héritière d'un fonctionnement interne dont les composantes lui échappaient complètement. Il lui était donc impossible d'offrir à sa fille la liberté de prendre conscience de son vécu et de ses besoins puisqu'elle en était privée elle-même. Cette absence de liberté l'empêchait d'identifier et de nommer les émotions d'Olga et l'empêchait aussi de la sécuriser en lui donnant l'heure juste par rapport à la réalité, à savoir que son père était parti pour toujours et qu'il ne reviendrait jamais. Elle n'était pas une mauvaise mère, bien au contraire, mais une mère qui avait certainement appris, enfant, que pour être aimée, elle devait nier sa vulnérabilité. Cependant, l'enfant ne sait pas qu'en niant sa vulnérabilité il perd sa liberté intérieure, sa liberté d'être lui-même, la liberté de celui qui sait ce qui l'habite sur le plan émotionnel. L'apprivoisement du monde intérieur nous protège contre des réactions impulsives sur lesquelles nous n'avons aucun pouvoir, de ces réactions dont l'impact sur l'inconscient des autres et particulièrement des enfants est considérable.

Quel a été l'impact du comportement et de l'attitude de sa mère sur la vie affective d'Olga ? Très jeune, Olga a appris à refouler sa peine et à ne pas accorder d'importance à ses besoins affectifs. De plus comme elle a attendu le retour de son père pendant des années et qu'il n'est pas venu malgré tous ses efforts pour être une bonne fille, elle a cru qu'elle était mauvaise, inintéressante et insuffisamment parfaite pour être aimée de lui. Cette croyance bien inconsciente a marqué son fonctionnement avec les hommes qu'elle a aimés. Avec eux, elle cherchait ce père manquant, elle niait ses besoins, elle niait ses émotions et tentait de répondre le plus possible à ce qu'ils attendaient d'elle. Elle ne se donnait pas la liberté d'être elle-même ne sachant même pas qui elle était ni ce qu'elle voulait réellement. Cette attitude de négation de soi la rendait effectivement inintéressante, ce qui fait que, malgré sa très grande beauté et sa bonne volonté, tous les hommes qu'elle fréquentait se lassaient d'elle et finissaient par l'abandonner comme l'avait fait son père. Chaque fois qu'un homme la quittait, elle prenait des mois à s'en remettre parce qu'elle était toujours dans l'attente de son retour. Comme il ne revenait pas, elle finissait par entreprendre une nouvelle relation dans laquelle elle reprenait exactement le même parcours.

Cette série d'échecs amoureux finit par la remplir de désespoir au point qu'un jour, sa pulsion de mort l'emportant, elle eut le désir intense de suivre les traces de son père et de porter atteinte à sa vie. C'est à ce moment précis qu'elle décida de demander de l'aide. Elle sentait bien que quelque chose lui échappait, la poussait vers des fonctionnements insatisfaisants dans ses relations amoureuses de sorte qu'elle n'avait aucun pouvoir sur sa vie affective. C'est sa démarche psychothérapeutique qui lui a donné sa liberté. Olga y a appris à introduire de la conscience dans son chaos intérieur, à voir clair en elle-même, à comprendre la cause de son fonctionnement mais surtout à identifier et à nommer ses émotions et ses besoins. Cette démarche, qui la fit traverser les étapes du processus de changement[3], lui donna le pouvoir sur sa vie intérieure, pouvoir dont elle avait besoin pour ne plus glisser inconsciemment vers des fonctionnements insatisfaisants et pour prendre sa vie en main.

Si, en tant que parents, éducateurs ou aidants, nous voulons favoriser chez nos enfants, nos élèves, nos clients, l'accès à la liberté intérieure nécessaire pour vivre des relations affectives satisfaisantes, nous devrons les accueillir sans interprétation et sans jugement lorsqu'ils expriment leurs émotions et leurs besoins pour qu'ils soient en mesure d'écouter à chaque instant leurs perceptions émotionnelles. Ainsi, ils ne seront pas des capitaines de bateaux qui ne savent pas sur quelle mer ils naviguent ou qui, sans boussole, n'ont pas la liberté de diriger leur équipage vers les destinations choisies. Ils seront plutôt maîtres à bord du vaisseau de leur vie et iront à coup sûr à bon port.

Quand mes enfants étaient jeunes, je n'étais pas toujours consciente de l'importance d'être à l'écoute de leur vie émotionnelle et de leurs besoins. J'étais souvent ce capitaine sans boussole qui ignorait en grande partie ce que renfermait ma propre mer intérieure. Quand j'ai commencé à descendre dans ces eaux profondes, j'ai eu peur, bien sûr, mais j'ai découvert l'inconnu qui m'habitait et j'y ai apprivoisé des monstres et des dieux. J'ai vu que les uns et les autres n'étaient pas menaçants et que les souffrances émotionnelles que je croyais monstrueuses se transformaient en alliées quand je ne les combattais plus. J'ai découvert et accueilli ma vérité profonde, ce qui m'a par le fait même donné la liberté d'être le plus authentique possible et la liberté relationnelle que connaît celui qui a dirigé la lumière sur son fonctionnement psychique intérieur. Aujourd'hui mes relations affectives avec mon conjoint et mes enfants ne sont plus marquées par des réactions automatiques qui échappent à mon

---

[3]  Colette PORTELANCE, *Relation d'aide et amour de soi*, Montréal, Éditions du CRAM, 1990, pp. 255 à 317.

entendement puisque j'ai le pouvoir, si ces réactions se manifestent dans mon psychisme, d'en identifier la source et de voir clairement le fonctionnement psychique qui les sous-tend.

## Les composantes du fonctionnement psychique

À partir du mot «psyché», d'origine grecque et signifiant «âme», on a formé les mots psychisme et psychique. C'est pourquoi il peut sembler paradoxal d'utiliser le mot «fonctionnement» quand il s'agit de la vie psychique. Nous abordons, il est vrai, avec le psychisme une dimension de l'homme essentiellement immatérielle qui ne fonctionne pas comme une machine. Cependant, comme l'homme a besoin de faire intervenir les facultés de son hémisphère gauche pour appréhender la réalité, il lui a été nécessaire d'identifier, de nommer, de définir et de structurer la vie psychique pour faire connaître son existence. En réalité, le seul fait de nommer quelque chose lui donne une forme et le fait de le définir lui donne un sens et une réalité. En nommant une chose, on la fait naître ; en la définissant, on la fait vivre[4]. Autrement dit, le psychisme a probablement toujours fait partie de l'être humain, mais son existence n'a été confirmée qu'au moment où il a été appréhendé par la conscience qui a besoin de nommer pour rendre intelligible. C'est ainsi qu'est apparu en Allemagne le mot «inconscient» auquel Freud, Jung, Assagioli et plusieurs autres ont donné des structures hypothétiques qui relèvent de leurs expériences. Ces structures ont rendu accessible la compréhension du monde irrationnel qui, sans la raison, ne serait qu'un chaos sur lequel nous n'aurions aucune prise, un chaos qui agirait à notre insu et nous enlèverait toute liberté, et ce, parce que la véritable liberté n'existe pas sans une relation, à l'intérieur de soi, entre la tête et le coeur.

Nous ne pouvons donc être libres si nous sommes inconscients de notre vérité profonde et nous ne pouvons introduire de la conscience dans la vie inconsciente sans utiliser des mots pour la repré-

---

[4] *Ibid.*, p. 24.

35

senter et la rendre accessible à notre esprit. Le choix du mot «fonctionnement», faisant justement référence à une réalité concrète, permet de saisir l'insaisissable. Il est l'expression de mon expérience de la vie psychique et il est utilisé ici parce qu'il a trouvé une résonance dans l'esprit de milliers de personnes qui par l'intellection ont réussi à éclairer leur vie intérieure et à en simplifier la complexité. Il permet de comprendre le rôle de chacun des éléments qui composent la vie psychique et de saisir l'effet global de leur interaction sur la vie affective. Et c'est précisément à présenter ces composantes et leur résultante que sont consacrées les pages qui suivent.

Le fonctionnement psychique naît de la relation entre, d'une part, les émotions, les mécanismes de défense et les besoins et, d'autre part, le monde extérieur. Lorsque le vécu émotionnel, déclenché par une personne ou un événement réel ou imaginé, est nié, contrôlé ou refoulé, des mécanismes défensifs se mettent en place et ont pour effet d'empêcher la satisfaction des besoins psychiques fondamentaux et de perturber la relation affective.

Prenons l'exemple de Viviane qui vient de recevoir un appel de son amoureux. Il lui annonce, à peine quelques minutes avant le rendez-vous fixé la veille, qu'il a un contretemps et qu'il ne viendra pas. Ce coup de téléphone a pour effet de déclencher chez elle des émotions de déception, de frustration et la peur de le perdre. Comment réagira-t-elle alors ?

Si elle n'accueille pas ses émotions en essayant de les identifier, de les exprimer et de les vivre, elle les refoulera et s'en défendra, le mécanisme de défense étant un moyen inconscient utilisé par le psychisme pour se protéger contre la présence des émotions désagréables qui émergent du processus relationnel réel ou imaginaire. Il est possible qu'elle se défende en blâmant son amoureux de ne pas avoir respecté son rendez-vous, en le culpabilisant, en le rejetant, en feignant l'indifférence ou encore en banalisant son propre vécu. Il est aussi possible que, devant sa réaction défensive à elle, son ami se défende par la fuite, le rejet ou le repliement. Quels que soient les mécanismes qui surgiront, leur arrivée inconsciente dans le psychisme les privera de la satisfaction de leur besoin d'amour, de reconnaissance et de liberté. S'ils ne sont pas conscients de leur fonctionnement, ils adopteront toujours les mêmes réactions défensives incontrôlables et ils entretiendront peut-être même un imaginaire qui nourrira leur fonctionnement. Ils seront alors happés par un tourbillon intérieur qui leur enlèvera toute liberté et les rendra impuissants à dénouer cette relation affective conflictuelle.

Pour mieux comprendre le cycle interactif du fonctionnement psychique, voici un schéma tiré de l'exemple précédent :

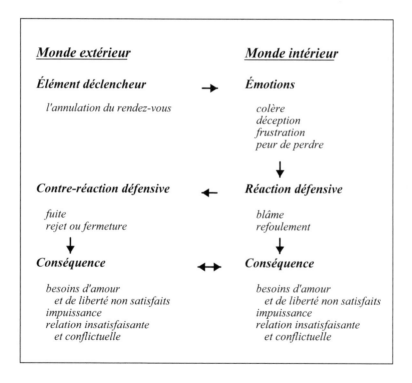

La personne ainsi envahie par son fonctionnement interne, répétitif et compulsif peut-elle retrouver sa liberté ?

Il est toujours possible de nous sortir de nos emprisonnements quel que soit notre âge et quelle que soit la situation. Cependant, il ne faut pas croire que la seule prise de conscience de nos fonctionnements psychiques les feront automatiquement disparaître. La réaction normale et spontanée du psychisme sera de répéter le fonctionnement acquis dans la relation originale parce qu'elle est la première expérience de l'amour. Aussi, dans la relation affective, si l'être aimé est déclencheur d'émotions qui rappellent à notre inconscient l'expérience passée, notre réaction spontanée sera de reproduire immédiatement et inconsciemment les mêmes réactions que celles que nous adoptions dans le passé avec nos parents ou leurs substituts. Cependant, la connaissance et l'acceptation de ce fonctionnement nous fourniront les outils de notre libération parce nous aurons le pouvoir de connaître la source de nos difficultés, d'agir sur elle et de retrouver ainsi la liberté. Plutôt que de nous défendre de façon inconsciente, à peu près toujours de la même manière, nous apprendrons à nous protéger, ce qui est bien différent.

Si le mécanisme de défense est un moyen que le psychisme utilise inconsciemment pour nous empêcher de sentir les émotions désagréables, le mécanisme de protection est un moyen conscient choisi librement par la personne dans le but de se protéger contre la souffrance psychique et pour assurer la satisfaction de ses besoins fondamentaux. Contrairement au mécanisme de défense qui est déclenché automatiquement et inconsciemment par le psychisme, le mécanisme de protection est adopté à la suite d'un processus devenu conscient qui entraîne l'acceptation responsable et la connaissance du fonctionnement interne. C'est donc dire que le mécanisme de défense qui résulte de l'accueil de l'émotion prive la personne de sa liberté intérieure alors que le mécanisme de protection, qui accueille l'émotion, est, par le fait même, un facteur de liberté parce qu'il rend la personne consciente de son monde intérieur et de son fonctionnement psychique. Elle n'est donc pas mue par des forces intérieures qu'elle ne connaît pas. Elle est, au contraire, consciente de leur existence et choisit sciemment de s'en protéger par des moyens tels que la vérification, la demande claire, le choix de son entourage et de son environnement, la décision de délimiter son territoire et de fixer ses limites ou encore l'engagement dans de nouvelles expériences personnelles, relationnelles ou professionnelles.

La notion de mécanisme de protection est nouvelle en psychologie. Je l'ai développée dans *Relation d'aide et amour de soi* où vous trouverez des informations beaucoup plus poussées et détaillées à ce sujet[5]. Toutefois, si je l'ai introduite ici c'est parce qu'elle est un élément important de ma conception du fonctionnement du psychisme et un facteur indéniable de liberté personnelle et relationnelle.

Pour mieux le comprendre, reprenons l'exemple précédent. Comment Viviane dont l'amoureux vient d'annuler un rendez-vous à la dernière minute peut-elle garder sa liberté dans cette situation tout en restant en relation avec son ami ? Il est évident que si elle se défend, la communication sera perturbée, voire coupée et risquera même d'entraîner des insatisfactions et des conflits. Pour rester libre, elle doit prendre conscience de ce qu'elle ressent. Sans cette prise de conscience, elle glissera dans des réactions défensives inconscientes qui lui enlèveront tout son pouvoir sur sa vie. Les forces émotionnelles intérieures agiront à son insu et lui feront dire ou faire des choses qu'elle regrettera par la suite. Elle sera menée comme une marionnette par des émotions inconnues qui provoqueront ses réactions défensives instantanées. Retrouver sa liberté de gérer ses émotions et ses mécanismes défensifs résulte d'une démarche d'apprentissage. En effet, cette vigilance à ce qui se passe en soi s'apprend ; cette aptitude à appréhender son monde émotionnel et défensif se développe par le travail sur soi.

Pour rester libre, elle doit donc devenir consciente dans l'ici et maintenant de ses émotions, non pas pour les contrôler mais pour les gérer, c'est-à-dire pour y faire face et s'en occuper. Elle pourra alors

---

[5] *Ibid.*, pp. 277 à 317.

choisir librement de les exprimer ou de les taire. Consciente de sa déception, de sa frustration, de ses doutes et de sa peur, elle pourra trouver des moyens de se protéger de ses malaises. C'est alors qu'interviendra le mécanisme de protection. Elle pourra alors choisir de lui exprimer ses besoins, de lui demander la raison de cette annulation, de vérifier ses sentiments à son égard, de lui fixer un autre rendez-vous ou encore, si cette situation se répète trop souvent, de lui fixer des limites claires et précises. De cette façon, elle gérera elle-même sa vie sans prendre du pouvoir sur celle de son copain.

Trouver sa liberté dans une relation affective c'est aussi laisser à l'autre la sienne. Quand une personne est assujettie à ses forces intérieures inconscientes, elle domine inconsciemment les autres en faisant des reproches, des blâmes, des accusations ou en essayant de les changer. Dirigée par des pulsions intérieures sur lesquelles elle n'a pas de pouvoir, elle se débat en dominant et en contrôlant. Lorsque deux personnes en relation n'ont aucun pouvoir sur leur vie, elles tentent désespérément de mener la vie de l'autre. Quand nous recevons ces personnes en «thérapie relationnelle»[6], elles sont toutes surprises de constater que chacune d'elles travaille à changer l'autre plutôt que de travailler à se changer elle-même. Le rôle du psychothérapeute est alors de les aider à retrouver leur pouvoir et leur liberté en apprivoisant et en saisissant leur monde inconscient. Le processus thérapeutique a pour but de libérer l'être de la complexité dans laquelle le plongent ses expériences affectives nodales conflictuelles parce que le monde irrationnel est chargé non seulement d'émotions déclenchées par la situation présente mais aussi d'une charge émotionnelle refoulée dans le passé.

---

[6] Psychothérapie non directive créatrice créée par Colette Portelance en 1993 au Centre de Relation d'Aide de Montréal Inc. spécifiquement pour aider les personnes qui veulent dénouer leurs conflits relationnels affectifs ou professionnels et améliorer leur communication.

## L'inconscient et la dialectique du présent et du passé

Le passé, nous le savons, exerce une influence déterminante sur le présent sur le plan psychique. Certaines approches psychothérapeutiques lui accordent une place importante dans la compréhension des phénomènes psychiques. Les pages qui suivent montreront succinctement quelle place et quelle importance les plus grands spécialistes de l'histoire de la psychologie ont accordées au passé et au présent dans leur approche thérapeutique et quelles sont les conséquences de la dissociation du passé et du présent sur le psychisme. Nous verrons que c'est seulement lorsque le passé et le présent sont en harmonie à l'intérieur de nous que nous trouvons notre équilibre et notre liberté.

### *Le présent et le passé en psychologie*

Max Pagès dans son livre *Le travail amoureux* nous dit qu'il existe deux grands courants en psychologie : le courant des thérapies analytiques et le courant des thérapies corporelles. Le père et le créateur du courant analytique est, sans contredit, le neuropsychiatre Sigmund Freud, né en 1856 en Autriche et mort à Londres en 1939.

Pour Freud, le symptôme physique est le substitut d'une décharge affective refoulée. Il considère ce symptôme comme l'indicateur d'un problème psychologique plus profond qui a son origine dans l'enfance de l'individu. Donc, ce qui est important pour lui, ce n'est pas le présent qui ne sert que d'indice mais le passé, c'est-à-dire le refoulé. C'est pourquoi la thérapie analytique consiste à libérer le refoulé par des méthodes d'investigation de l'inconscient. En psychanalyse on ne travaille pas sur le symptôme mais sur la cause du symptôme qui est d'origine sexuelle. Il importe donc, par la technique d'association et par l'interprétation, de faire monter à la conscience le refoulé parce que c'est précisément cette prise de conscience qui libère et guérit.

Comme pour le créateur de la psychanalyse, le passé est roi, le présent n'importe pas dans la rencontre thérapeutique. Le thérapeute n'est qu'une surface transférentielle et doit donc adopter une attitude de neutralité dans ses rapports avec l'aidé.

Cette position n'est pas partagée par le psychiatre américain d'origine autrichienne, William Reich, père incontesté des thérapies modernes telles entre autres, la Gestalt de Perls, la bioénergie de Lowen et l'approche centrée sur la personne de Rogers. D'abord disciple de Freud, il s'est détaché de sa pensée à cause de divergences majeures. Pour lui, l'émotion et le désir réprimés et refoulés s'enregistrent dans le corps qui les garde en mémoire. Chaque symptôme corporel porte ici et maintenant une charge affective passée. Sa thérapeutique consiste à agir sur le symptôme physique ou comportemental pour libérer cette charge émotive dans le présent.

En résumé, les thérapeutiques modernes travaillent directement ici et maintenant avec le corps et l'émotion pour débloquer l'énergie alors que les thérapeutiques analytiques se servent du corps comme moyen de lecture d'un malaise plus profond qui aurait son origine dans l'enfance et qui serait toujours de nature libidinale. La technique psychanalytique favorise donc la régression puisque ce n'est pas le symptôme présent qui importe mais la cause passée, alors que les techniques corporelles partent des malaises physiques et psychiques ressentis par l'aidé ici et maintenant pour libérer le passé. Dans le cas des thérapies corporelles, le passé est appelé par le présent et est en relation directe avec lui alors que dans le cas des thérapies analytiques le présent est nié au profit du passé, ce qui en quelque sorte les dissocie.

### La dissociation du présent et du passé

Quel est l'impact de ces conceptions sur la recherche de liberté de la personne dans le cadre de ses relations affectives ? Disons d'abord que le passé a une influence indéniable sur le présent. Comme je l'ai démontré, nous développons des fonctionnements internes que nous répétons inconsciemment dans nos relations affectives chaque fois qu'un déclencheur extérieur présent rappelle à notre mémoire inconsciente des expériences passées, fonctionnements qui nous privent de la liberté de gérer nos réactions.

Je vais illustrer cette affirmation par un exemple personnel. Lorsque j'étais enfant et adolescente, j'ai été profondément marquée par des événements qui ont bouleversé ma vie. La mort de mon frère, heurté par une voiture, et l'accident grave dont ma soeur a été victime sous mes yeux m'ont amenée à craindre les accidents de la route. À la suite de ces expériences et pendant des années, j'ai vécu de l'angoisse chaque fois que j'entendais une sirène d'ambulance ou de voiture de police. Ce son était associé à la perte et à la peur de perdre une personne importante de ma vie. J'avais peur, chaque fois, que mon mari ou l'un de mes enfants soit impliqué dans un accident grave ou mortel. La non-conscience de tout ce fonctionnement interne faisait de moi une mère parfois trop protectrice. En fait, ces bruits rappelaient à ma mémoire inconsciente des souffrances vécues dans le passé et j'étais poussée par une force interne qui m'amenait à tout prendre en charge, à tout prévoir pour éviter l'arrivée d'une catastrophe. Pendant une grande période de ma vie, j'ai vécu des événements où je n'ai pas été en mesure de gérer mes réactions parce que je n'avais pas identifié les composantes émotionnelles de mon angoisse. En découlait donc le sentiment profond de ne pas être libre.

Cet exemple montre bien que le passé influence le présent et que l'inconscient n'est pas scindé en deux parties : un inconscient passé et un inconscient présent. C'est le propre de la conscience de fragmenter, de diviser, de classifier, non le propre de l'inconscient qui, lui, appréhende globalement.

Jean Lerède a bien démontré dans son livre *Les troupeaux de l'aurore*, jusqu'à quel point le conscient fait des ravages lorsqu'il tente d'imposer ses lois et son fonctionnement à l'inconscient. Dans l'inconscient, nous ne pouvons donc dissocier le passé du présent sans créer une certaine forme de déséquilibre. Le faire, c'est donner à l'instance du conscient un pouvoir sur un univers qui fonctionne autrement. Par ce pouvoir même des forces rationnelles d'interpréter les forces irrationnelles, nous privilégions le conscient et nous plaçons l'inconscient à son service, ce qui, par le fait même, détruit la relation entre ces deux instances à l'intérieur de soi. L'ascendant du rationnel sur l'irrationnel cause un déséquilibre intérieur qui se manifeste à l'extérieur par un déséquilibre relationnel, lequel s'exprime par l'entretien de jeux de pouvoir. Ces jeux de pouvoir naissent de l'hypertrophie de la raison qui cherche à exercer sur le monde extérieur le même contrôle qu'elle exerce sur le monde intérieur. Par conséquent, les personnes se sentent emprisonnées dans leurs relations affectives et ne cherchent qu'à en sortir. La plupart d'entre elles n'apprennent, avec cette dissociation interne, qu'à vivre seules, soit à l'intérieur d'une relation ou en dehors d'elle.

Faire des «fouilles archéopsychiques» dans le passé sans tenir compte du présent, c'est tout simplement mettre l'accent sur la prise de conscience des causes possibles des problèmes relationnels présents sans jamais vraiment apprendre à être en relation. Le fait de revenir dans le passé en niant la relation présente vise cependant certains avantages dont celui de favoriser une certaine compréhension de ce passé et de tenter d'appréhender le présent à la lumière du passé. Il permet aussi de trouver une certaine explication pour justifier les fonctionnements présents et se déculpabiliser sur le dos du passé par rapport aux erreurs et aux échecs relationnels. Cependant, les outils de transformation qu'il apporte sont davantage de l'ordre d'un savoir tout-puissant que de l'ordre de l'expérience. On croit y apprendre rationnellement beaucoup de choses sur la relation de nos parents entre eux et avec nous, sur les composantes de cette relation et sur leur impact sur nos relations présentes, mais on n'y apprend pas à vivre l'expérience d'une véritable relation qui guérit les blessures du passé.

Cette réalité m'amène à affirmer que le moyen le plus sûr et le plus efficace de libérer une personne de ses émotions refoulées, de ses problèmes physiologiques, psychologiques et relationnels, c'est l'établissement d'une relation affective véritable et que, si Freud et Reich ont obtenu des résultats avec leur approche, c'est beaucoup plus grâce à la relation affective qu'ils entretenaient consciemment ou inconsciemment avec leurs clients, même si Freud s'en défendait, que par la prise de conscience du refoulé de nature libidinale selon le premier ou par le travail sur le symptôme corporel selon le second.

C'est là, à mon avis, que se situe l'essentiel d'une bonne approche thérapeutique, c'est-à-dire dans la nouvelle expérience d'une relation affective véritablement saine, éclairante, qui s'établit ici et maintenant entre un aidant et un aidé dans le respect des rôles de chacun. Cette relation présente appelant le passé, elle permet non seulement la compréhension et la déculpabilisation, mais elle offre surtout un outil de transformation profonde et durable vers un mieux-être.

### La relation entre le présent et le passé

Qu'est-ce qui caractérise la relation véritable ? Nous savons que deux personnes peuvent se parler sans être en relation. Ces personnes sont en relation, quand elles établissent un lien entre elles, le lien étant ce qui les unit et les rapproche. Cependant, ce lien n'est possible que si, à l'intérieur de soi, s'établit une relation entre la tête et le coeur. Si, en effet, la raison s'associe au coeur, une harmonie intérieure s'installe, permettant l'identification et l'expression claire des émotions. S'ensuit un investissement relationnel possible, la création possible d'un rapprochement, donc la naissance ou la consolidation d'une relation entre deux personnes. Si, au contraire, la raison, plutôt que de s'harmoniser avec l'émotion, s'en dissocie et prend le pouvoir sur elle, il en découle une impossibilité de relation véritable avec l'autre. Dans ce cas, nous pouvons nous parler sur le plan fonctionnel mais sans créer de lien, sans être en relation. C'est le cas des approches thérapeutiques qui nient ou écartent la relation présente. Elles privent l'aidé d'une expérience réelle de relation avec une personne réelle. Elles le privent aussi de son accès à la liberté. En effet, comment peut-on se sentir libre dans une relation s'il n'y a pas de relation ? Par contre comment vivre une relation où on se sent libre dans le présent alors qu'on a été aussi marqué par le passé ?

Revenons à la notion d'inconscient. Comme cette instance psychique fonctionne globalement, elle comprend ce que nos expériences de vie ont laissé en nous de traces sur le plan émotionnel. Nos relations passées avec nos parents, notre famille et les autorités ont déclenché en nous des émotions qui, même si elles ont été refoulées ou réprimées, sont restées présentes dans notre psychisme. Cette dynamique inconsciente influence nos attitudes et nos comportements dans nos relations affectives et peut, si elle n'est pas un jour devenue consciente, gêner considérablement, voire annihiler toute liberté intérieure.

Nous pouvons prendre conscience de toute cette charge émotionnelle autrement que par un retour en arrière qui nous dissocie de la relation présente. Comme il n'y a pas de distinction dans l'inconscient entre les émotions vécues dans le passé et les émotions vécues dans le présent, le seul moyen de favoriser cette prise de conscience sans perdre sa liberté c'est l'expérience relationnelle présente. Voici comment.

Dans la relation affective qui unit deux personnes, chacune peut déclencher chez l'autre des émotions agréables ou des émotions désagréables. Si, par exemple, le père dit à son fils qu'il est fier de lui, il y a de fortes chances que l'enfant soit heureux parce que son besoin d'être valorisé est satisfait. Si le mari dit à son épouse qu'il la trouve belle, elle sera probablement agréablement touchée. Cependant si ce même mari arrive deux heures en retard pour dîner, il risque de provoquer chez son épouse, de la peine, de l'inquiétude, de l'insécurité ou encore de la colère. Si cette femme a grandi avec un père infidèle qui était souvent en retard à cause de ses aventures sexuelles avec d'autres femmes, ce retard risque de déclencher toute une gamme d'émotions beaucoup plus intenses que celles qui sont déclenchées par le seul retard de son mari. Ce déclencheur peut rappeler à sa mémoire inconsciente sa peur de perdre l'un de ses parents à cause d'une séparation ou la peine de voir souffrir sa mère ou encore le manque affectif du père. Sa réaction émotionnelle sera alors intensifiée parce qu'elle sera composée d'émotions passées et présentes. Autrement dit, le déclencheur présent, le retard de l'époux, a rappelé à sa mémoire inconsciente des émotions vécues dans le passé par rapport à des déclencheurs semblables, ce qui a ajouté la souffrance passée à la souffrance présente, les deux formant un tout indissociable qui se manifeste dans le présent.

Cette réalité entraîne deux conséquences sur le plan relationnel : le jugement de l'autre et l'irresponsabilité. En effet, comme les réactions émotionnelles aux déclencheurs présents sont intensifiées par le réveil des émotions passées, il s'ensuit très fréquemment dans les relations affectives, une tendance de la part de celui qui les a déclenchées à condamner la réaction de l'autre parce qu'elle semble déborder la réalité. En fait, c'est ce jugement qui doit être remis en question. En réalité, le mari qui arrive en retard risque de déclencher chez son épouse une émotion dont l'intensité dépasse la force du déclencheur. Il serait alors souhaitable que ce dernier accueille le vécu de son épouse pour qu'elle puisse enfin vivre en relation avec lui sa charge émotionnelle et ainsi s'en libérer progressivement. Juger l'autre à partir de l'intensité de l'expression de ce qu'il vit, c'est ne pas lui laisser le droit à son histoire personnelle qui est très souvent différente de la sienne.

Toutefois ces belles théories au sujet de l'ouverture à l'autre et du non-jugement ne sont pas facilement applicables dans la réalité. Il est très difficile pour la personne qui déclenche l'émotion, en l'occurrence le mari, d'accueillir une charge émotionnelle dont il n'est pas responsable. Pour faciliter l'échange dans des cas comme celui-là et retrouver sa liberté, il est essentiel de consacrer du temps pour comprendre le fonctionnement psychique. Des lectures, des séminaires, des ateliers, des démarches de psychothérapie relationnelle surtout peuvent être d'un secours considérable pour faciliter la communication et la recherche de la liberté dans les relations affectives. Il est plus facile d'accueillir l'intensité émotionnelle que nous déclenchons chez l'autre personne quand nous savons que nous n'en sommes pas responsables. Cette connaissance de la réalité dissipe en général le sentiment de culpabilité. Il est plus facile aussi, pour la personne touchée émotivement, d'identifier ses émotions et de départager ce qui vient du passé de ce qui vient du présent quand elle connaît les rouages du fonctionnement psychique. Pour ce faire, regardons à nouveau la relation entre le conscient et l'inconscient.

Si l'inconscient est affecté par des impressions sensorielles et émotionnelles globales, le conscient peut, s'il ne prend pas le contrôle du monde irrationnel, faire la lumière sur ce qui s'y passe. Lui seul peut, à chaque instant, identifier et distinguer le déclencheur passé des émotions vécues, du déclencheur présent. Je n'insisterai jamais assez sur l'importance, quand nous vivons des culs-de-sac relationnels, de faire des lectures pertinentes, d'assister à des séminaires ou des ateliers ou de consulter des spécialistes de la communication et de la relation affective de la même manière que nous nous occupons de notre santé physique. Il est très difficile, voire souvent impossible, quand nous sommes submergés par un chaos émotionnel, d'identifier seuls ce qu'il contient. Trop souvent nous donnons toute la place ou au monde émotionnel ou au monde rationnel alors qu'il est important de s'occuper des deux et de les mettre en relation à l'intérieur de nous pour trouver la liberté de dire et d'agir dans le sens qui convient à nos besoins. Cette relation intérieure favorise la relation entre le passé et le présent qui nous habitent.

Ceci m'amène à parler de la deuxième conséquence au fait que les souffrances présentes et passées sont indissociables en situation relationnelle. Il s'agit de la notion de responsabilité. Dans l'exemple précédent, le mari, qui déclenchait l'émotion n'était pas responsable du vécu de son épouse ; il était par contre concerné par ses malaises profonds puisque c'est lui qui était en retard. Être concerné signifie être impliqué, être touché. Cela demande d'écouter l'autre et de l'accueillir sans en prendre la charge, de respecter son histoire psychique et, si possible, de l'aider à départager l'expérience présente de l'expérience passée sans les dissocier l'une de l'autre, mais plutôt en y établissant le lien qui facilite la compréhension des comportements et du fonctionnement intérieur.

Comme nous le constatons, cette approche du psychisme n'enlève pas au passé toute son importance. Le passé étant réactivé par le déclencheur présent, elle permet à la personne concernée de donner à ces émotions passées, dans la relation présente, la place qu'elles n'ont pas eue autrefois. C'est précisément parce que l'enfant a été réprimé dans l'expression de ses besoins, de ses émotions et de ses désirs qu'il a appris à ne plus les entendre, à ne plus les connaître et qu'il a perdu ou n'a peut-être jamais connu le sentiment d'être libre dans le cadre d'une relation avec les autres. C'est précisément aussi parce qu'il a souffert du vide relationnel et du manque affectif, causé par l'absence de relation avec ses parents, qu'il connaît aujourd'hui des difficultés dans ses relations affectives et qu'il est psychiquement perturbé. C'est pourquoi la relation présente, si c'est une relation véritable, lui fournira la possibilité d'être accepté, ici et maintenant, là où il a été rejeté autrefois, d'être reconnu là où il a été jugé défavorablement, d'être estimé là où il a été méprisé, d'être accueilli aujourd'hui par une personne sensible, vivante, humaine qui se laisse toucher, qui se laisse le droit d'aimer et qui se laisse le droit d'avoir peur lorsque de telles émotions se manifestent en elle. C'est ce genre de psychothérapeute que l'approche non directive créatrice crée et c'est ce genre de personnes qu'elle fait renaître.

Cette relation véritable avec une personne réelle transforme les affects négatifs en affects positifs, comme le dit si bien Michel Lobrot dans *Les forces profondes du moi*. Au lieu de continuer à réprimer ses émotions dans la relation présente pour les vivre quand elle est seule ou lors d'une régression, la personne concernée leur donne leur place au moment où elles sont déclenchées par la personne aimée. Elle se donne alors l'outil de transformation de ses affects négatifs en affects positifs et l'outil de libération du passé et du présent. À ce moment le conscient lui permet de distinguer ce qui vient du passé de ce qui vient du présent et d'avoir avec la personne aimée une relation dégagée des refoulements non conscients qui perturberaient la relation présente parce qu'ils déclencheraient des réactions incontrôlables. Vivre des relations véritables, c'est se donner les clés de la liberté intérieure et, par conséquent, de la liberté relationnelle.

Nous voyons par ce qui précède qu'il n'est pas nécessaire de revenir en arrière pour revivre le passé puisque ce dernier est ramené dans le présent par la relation et que c'est le présent qui sert de pôle d'unification entre l'hier et l'aujourd'hui. Cette réalité se produit constamment dans les relations affectives. Un geste, une parole, un regard peuvent souvent faire remonter toute une charge émotionnelle passée qui s'ajoute à celle du présent. La personne habitée par une telle intensité peut réprimer ou exprimer son monde émotionnel. Si elle le réprime et si elle n'identifie pas ses composantes, elle risque d'avoir des réactions excessives ou des réactions différées échappant à son pouvoir, causant des conflits et lui enlevant sa liberté. Pourquoi ? Tout simplement parce qu'elle adopte dans la situation présente, ou adoptera plus tard le fonctionnement qu'elle a inconsciemment développé avec ses parents au cours de son enfance pour ne pas perdre leur amour.

L'expression du monde émotionnel dans de telles situations n'est pas nécessairement une expression qui démontre que la personne concernée est libre. La liberté n'est pas caractérisée par l'expression émotionnelle mais par la relation qui existe à l'intérieur de la personne entre ses forces rationnelles et ses forces irrationnelles lorsqu'elle est déclenchée émotivement par une situation présente. Nous perdons tout autant notre liberté intérieure quand nous cédons toute la place au monde émotionnel que quand nous la donnons toute au monde rationnel. Il existe même un danger à se laisser glisser dans un chaos émotionnel sans faire intervenir la raison dont le rôle, dans ce cas, n'est pas de prendre la place de l'émotion, mais de l'identifier et de la nommer. Quand une personne se noie dans son émotion, elle perd sa liberté parce qu'elle n'a aucune piste, aucune balise. Elle s'enfonce dans un puits sans fond, sans aucune prise pour remonter. Elle est alors submergée par l'émotion qui prend toute la place, la personne concernée n'ayant plus de liberté parce qu'elle est aveuglée par elle.

Pour garder sa liberté dans des relations affectives quand l'autre déclenche ces malaises dont l'intensité est décuplée par la souffrance passée, il est essentiel de solliciter l'intervention du conscient pour canaliser ce magma irrationnel. Alors le rôle de la raison n'est pas de contrôler, de maîtriser, de réprimer ni de rationaliser l'émotion, mais de la reconnaître telle qu'elle est sans tenter d'aucune façon d'user de pouvoir sur elle. La liberté résulte alors d'une simple relation interne entre deux forces aussi importantes l'une que l'autre mais ayant des fonctions différentes.

Si, par contre, la raison prend la place de l'émotion ou le pouvoir sur elle, le déséquilibre intérieur se réinstalle et la personne concernée perd sa liberté parce que la puissance de ses forces irrationnelles lui échappe, ce qui ne les empêche pas d'agir à son insu. Ceci nous montre bien à quel point l'expérience relationnelle du présent est unificatrice du psychisme si on ne la dissocie pas de celle du passé. Cette conception respecte le sens normal de la vie qui ne nous ramène pas en arrière mais qui au contraire nous fait cheminer vers l'avenir. Il s'agit, dans nos relations affectives, d'être présents à ce que la personne aimée déclenche en nous pour assurer cette unification et garder notre liberté.

J'insiste sur l'importance du présent comme révélateur des processus psychiques inconscients et comme facteur de liberté. C'est en mettant l'accent sur la relation qui existe dans l'ici et maintenant entre deux personnes que nous réussirons à vivre enfin des relations affectives où notre besoin d'amour et notre besoin de liberté seront satisfaits. Cela ne sera possible que si nous sommes constamment présents à ce que cette relation déclenche en nous sur le plan émotionnel, que si, à l'intérieur de nous-même, la relation entre la raison qui identifie et l'émotion qui exprime la vie n'est pas brisée par la présence toute-puissante de l'une ou de l'autre. Quand cette relation est brisée, il n'est plus possible de distinguer l'imaginaire de la réalité.

Avant d'aborder cette dernière dialectique, je vous encourage à vous arrêter pour faire l'exercice de réflexion et d'application qui suit.

*••• Réflexion et application •••*

■ Vous pouvez certainement identifier un événement précis qui s'est produit récemment avec une personne que vous aimez et qui a rappelé à votre mémoire inconsciente un événement relationnel passé qui vous a bouleversé, blessé ou traumatisé. Prenez bien le temps de vous remémorer cette situation récente avant de poursuivre le présent exercice. Elle peut avoir un rapport avec l'un ou l'autre des thèmes suivants : une dispute, une agression, une injustice, le rejet, la désapprobation d'émotions, de gestes ou d'actions, une perte, une menace, un cauchemar, une scène dont vous avez été témoin, la dévalorisation, l'humiliation, la provocation, la confrontation, le repliement sur soi.

■ Cet événement récent fait peut-être référence à une expérience passée . Si c'est le cas, il peut s'agir d'une expérience vécue avec votre père, votre mère, un membre de votre famille, un parent, un enseignant ou une autre personne. Tentez, si cela est possible, de retracer avec précision cette situation de votre passé et de vous rappeler ce que vous avez vécu à ce moment-là par rapport à cette personne. Pourriez-vous dire ce qui, dans le déclencheur passé, ressemble au déclencheur présent et ce qui s'en distingue ? Avez-vous vécu les deux événements de la même manière ?

■ Revenons maintenant à ce qui s'est passé récemment. Dans la situation que vous avez vécue avec la personne aimée, vous vous rappelez sûrement ce que cette personne a dit ou n'a pas dit, fait ou pas fait qui vous ait bouleversé ou blessé.

■ Vous avez probablement réagi à sa parole blessante, à son silence, à son geste ou à son acte. Avez-vous le sentiment d'avoir réagi impulsivement ? Vous avez peut-être contrôlé vos émotions et adopté une attitude uniquement rationnelle et défensive qui s'est traduite par l'un ou l'autre des mécanismes suivants. Cochez pour vous aider.

Mécanismes de défense

- l'autopunition ☐
- le déni ☐
- la généralisation ☐
- la leçon de morale ☐
- l'explication ☑
- l'argumentation ☐
- la justification ☐
- la rationalisation ☐
- la négation ☐
- la théorisation ☐
- la banalisation ☐
- le «positivisme» ☐
- l'agression verbale ☐
- l'agression physique ☐
- le refoulement ☐
- la manipulation ☐
- le silence ☐

- le retrait ☑
- la fuite ☑
- la condescendance ☐
- l'interprétation ☐
- la critique ☐
- le jugement ☐
- le reproche ☐
- l'accusation ☐
- le rejet ☐
- la culpabilisation ☐
- le personnage ☐
- autre ☐
  précisez : _____

■ Ou autrement, vous vous êtes peut-être laissé submerger par la colère, la peine, la jalousie ou toute autre émotion au point que cette émotion vous a complètement aveuglé et enlevé votre liberté de voir clair en vous et à l'extérieur de vous. Quoi qu'il en soit, ne vous blâmez pas, soyez bon envers vous-même. Donnez-vous le droit d'être une personne authentique et normale. Abordez avec tendresse et amour tout ce que vous êtes, y compris ce qui vous fait souffrir. Vous ne pourrez trouver votre liberté qu'à ce prix.

■ Que vous ayez été dominé par l'émotion ou par la raison, vous n'en avez pas été moins touché par cette expérience récente. Pouvez-vous identifier les émotions que vous avez ressenties alors ? Prenez le temps de les nommer et pour vous aider à le faire, servez-vous de la liste d'émotions de l'exercice précédent.

■ Derrière ces émotions se cachent toujours des besoins non entendus. Si vous identifiez vos besoins par rapport à la personne que vous aimez, vous aurez le pouvoir de vous en occuper. Quels sont donc vos besoins par rapport à elle ?

Besoins

- le besoin d'être aimé ☐
- le besoin d'être écouté ☐
- le besoin d'être valorisé ☐
- le besoin d'être sécurisé ☐
- le besoin d'être accepté ☐
- le besoin de vous affirmer ☐
- le besoin de liberté ☐
- le besoin de créer ☐

■ Bien que votre émotion se présente globalement, en ce sens qu'elle inclut le vécu par rapport au déclencheur présent et au(x) déclencheur(s) passé(s), vous êtes en mesure, après cette réflexion, de départager ce qui vient du présent et ce qui vient du passé.

■ Maintenant que, par cet exercice, vous avez établi la relation à l'intérieur de vous-même entre votre tête et votre coeur et que vous savez en quoi la personne aimée est concernée par vos malaises, vous êtes prêt, sans la rendre responsable, à passer à l'action et à parler de vos découvertes avec elle. Parlez-lui de vous, de votre vécu, de vos besoins. Ne parlez pas d'elle. Profitez-en pour lui dire ce que vous ressentez envers elle au moment où vous lui parlez.

■ Il serait souhaitable que vous fassiez le bilan de votre démarche pour mettre en valeur ce que vous avez appris et découvert, pour mettre en valeur vos satisfactions et pour y noter ce que vous aurez à améliorer dans votre prochaine expérience.

Si vous avez pris le temps de faire cet exercice jusqu'au bout, vous vous êtes donné d'autres outils de libération. La lecture de ce livre sera certainement plus profitable dans votre recherche de liberté si vous prenez le temps de faire les exercices de réflexion et d'application qu'il contient, soit maintenant, soit plus tard. Faites-vous ce cadeau de devenir progressivement maître de votre vie par la connaissance et l'acceptation de vous-même. Évitez de faire du contenu de ces pages, une théorie qui ne trouvera pas de résonance dans votre réalité personnelle et qui vous empêchera de distinguer cette réalité de votre imaginaire et de celle de votre entourage.

## L'inconscient et la dialectique de l'imaginaire et de la réalité

Comme l'inconscient est le siège des perceptions sensitives et émotionnelles, il ne perçoit ni les faits, ni les événements, ni les problèmes, mais ce qui a été vécu et senti par rapport à ces faits, à ces événements, à ces problèmes. Si, par exemple, un enfant a été battu par son père, l'inconscient n'enregistrera pas l'acte d'agressivité ou de violence du parent mais le vécu et les sensations de l'enfant par rapport à l'événement. Comme l'inconscient fonctionne globalement, il n'y a pas, pour lui, de passé, de présent, de futur, mais tout est présent ; les sensations et les émotions vécues par l'enfant au moment où son père l'a agressé sont toujours présentes dans son psychisme. Elles peuvent être réveillées chaque fois qu'une situation semblable à celle qu'il a vécue rappelle à sa mémoire inconsciente la souffrance passée. Cette situation peut être une nouvelle agression qu'il subit lui-même, une agression dont il est témoin ou une construction imaginaire.

À la mort de ses parents, Pierre a été adopté par le frère de sa mère, son oncle Roland. Il avait alors 11 ans. L'oncle Roland était un homme généreux et enjoué. Pierre ne manquait donc de rien sur le plan matériel et bénéficiait de moments très agréables en présence de cet oncle qui aimait beaucoup jouer et s'amuser avec son neveu. Cependant, une chose faisait souffrir l'enfant : les colères impulsives et inattendues de son oncle qui, souvent lorsqu'il était dérangé, agacé, ou blessé, réagissait très fortement jusqu'à devenir, dans certains cas, presque violent. Il n'était pas rare que cet homme agresse physiquement Pierre pour des bagatelles ; ainsi ce dernier a développé une grande peur de son oncle et une profonde insécurité, ne sachant jamais ce qui, dans ses paroles, ses gestes, ses actes ou ses silences, pourrait déclencher la colère de cet homme, substitut de ses parents. Il cultiva même petit à petit une haine et un grand désir de vengeance envers lui. La générosité et la nature enjouée de son oncle Roland n'avaient plus l'effet lénifiant qu'elles produisaient chez lui au cours des premières semaines. Comme il était un enfant plutôt timide et réservé, il traversa ces années difficiles sans réagir. Il refoula sa peur, sa peine, son ressentiment et sa colère jusqu'à ce qu'il quitte cet endroit où il avait été profondément malheureux. Rempli d'amertume et de doutes par rapport à lui-même, il était devenu un homme méfiant, facilement envahi par l'insécurité. Il avait d'ailleurs très peu d'amis et gardait une très grande fragilité devant les discussions animées, les divergences d'opinions et les conflits.

Un jour, alors qu'il revenait du collège, il a été témoin d'une dispute entre deux de ses camarades, laquelle s'est envenimée au point d'en venir aux coups. Pierre a de nouveau ressenti cette colère qui l'avait assailli très souvent lorsqu'il avait été agressé par son oncle. Il était tellement mal qu'il ne put contenir son propre élan d'agressivité. Il intervint donc et frappa ses deux camarades avec une force qu'il ne s'était jamais connue jusque là. Il avait perdu le contrôle. Une puissance intérieure l'avait dominé et lui avait enlevé toute sa liberté. Il était sous l'emprise d'une énergie irrationnelle qui l'emprisonnait. Il découvrit ce jour-là qu'il pouvait lui-même devenir un agresseur et il en eut très peur. Cette même rage intérieure le possédait d'ailleurs quand il voyait à la télévision, au théâtre ou au cinéma, des scènes de violence. Il lui arrivait même d'avoir envie de détruire tous les déclencheurs de sa colère et de sa haine. Souvent même, seul dans sa chambre, des scènes de violence occupaient tout son monde imaginaire et entretenaient les émotions qu'il avait vécues avec son oncle Pierre.

À l'occasion du bal de fin d'études de sa promotion, il avait invité une fille qu'il connaissait très peu mais qui lui plaisait parce que, à plusieurs reprises, dans les couloirs, à la bibliothèque ou à la cafétéria, leurs regards s'étaient croisés et elle lui avait souri. Malheureusement cette fille refusa de l'accompagner sans lui donner de raison particulière. Ce soir-là, lorsqu'il arriva chez lui, il s'étendit sur son lit et commença à s'imaginer qu'elle l'avait manipulé, ridiculisé, qu'elle avait été froide et l'avait rejeté. Ces constructions imaginaires déclenchèrent en lui une colère incontrôlable. Il n'avait qu'une envie : lui donner une bonne leçon. Il s'imaginait en train de l'humilier, de lui faire mal physiquement, de la blesser comme il se sentait blessé lui-même. Conscient de ses désirs de violence, il luttait désespérément contre ses pensées mais n'arrivait pas à les faire disparaître. Elles semblaient alimentées par une source qu'il ne connaissait pas et sur laquelle il n'avait aucun pouvoir. Plus il se débattait, plus la source devenait puissante. Il se sentait prisonnier d'une force qui le dépassait.

Cet exemple nous montre bien, encore une fois, comment se forme le fonctionnement psychique d'un être humain et comment ce même fonctionnement peut lui enlever sa liberté intérieure. Si, enfant, il est agressé lorsqu'il exprime ce qu'il est, il ressentira des émotions telles la peine, la peur, la colère ou la culpabilité qu'il nourrira par des constructions imaginaires. Ces émotions le pousseront à se défendre contre ses malaises. S'installera inconsciemment un mécanisme de défense qui rendra son attitude et son comportement acceptables pour ses parents ou leurs substituts. Pour être aimé, il refoulera ses émotions. À la longue, il en viendra à se croire non aimable. Il pourra même devenir dur envers lui-même parce qu'il aura le sentiment d'être un mauvais enfant. S'il ne peut exprimer toutes ces émotions qui l'habitent, elles s'accumuleront dans son psychisme parce que les événements extérieurs et ses constructions imaginaires contribueront à alimenter sa colère, sa peur, sa culpabilité, sa haine, son ressentiment. Arrivera alors le jour où d'enfant agressé, il deviendra, à son insu, un adulte agresseur.

Lorsque des déclencheurs extérieurs se répètent, l'enfant intègre ce fonctionnement et le reproduit chaque fois qu'un déclencheur semblable fait resurgir de sa mémoire inconsciente les mêmes émotions. C'est alors qu'il sera mené par son chaos intérieur qui l'entraînera malgré lui dans des situations sur lesquelles il n'aura plus de pouvoir tout comme le courant du torrent emporte parfois le canotier dans la tourmente.

En plus d'illustrer la formation du fonctionnement psychique, l'exemple de Pierre montre l'importance de l'imaginaire comme déclencheur d'émotions vécues dans le passé. L'imaginaire, comme nous le voyons, entretient ces émotions et les amplifie. Et si elles ne sont pas identifiées, elles se présentent comme une nébuleuse intérieure qui influence l'attitude et le comportement de la personne qui les ressent et la prive de sa liberté de réagir sans emportement impulsif. Cette réalité a des conséquences importantes sur notre compréhension du fonctionnement de l'inconscient, conséquences qui peuvent influencer l'approche thérapeutique ou éducative d'une personne aux prises avec des forces inconnues qui dirigent ses actions et ses réactions et lui enlèvent sa liberté profonde.

Il est important d'expliquer clairement ce phénomène pour susciter la prudence chez les aidants qui font des interprétations à partir des images qui apparaissent au moment des périodes de régression en situation thérapeutique. Nous devons rappeler que l'inconscient ne perçoit ni les faits, ni les événements, ni les personnes impliquées dans ces événements mais les émotions et les sensations déclenchées par ces personnes et ces situations. De plus, ce même inconscient ne départage pas les perceptions émotionnelles et sensorielles reliées à une situation précise de celles qui ont été déclenchées par une autre. Les émotions ressenties lors d'un événement quelconque ne sont pas isolées dans le psychisme mais intégrées à celles qui sont déjà présentes de façon à former un tout indissociable. Lorsqu'un événement extérieur arrive, il peut déclencher cet ensemble d'émotions qui, elles, suscitent des images. Mais ces images ne sont jamais une reproduction exacte de la réalité. Elles sont «subjectivées» par le vécu émotionnel et par l'histoire personnelle. Elles ne peuvent en aucun cas refléter exactement la réalité objective. Ce sont des images éveillées par un vécu qui, lui, est né d'un ensemble de déclencheurs telles des situations que nous avons expérimentées, des situations que d'autres ont connues et dont nous avons été témoins, des films qui nous ont touchés ou des constructions imaginaires.

Prenons l'exemple de Martine. Un jour, alors qu'elle avait quatre ans, elle a entendu ses parents faire l'amour. À ce moment-là, elle a été témoin auditif des lamentations de sa mère et de ses cris de jouissance. À la suite de cet événement, et parce que ses parents ne lui ont fourni aucune explication, elle a ressenti de la peur, voire de la terreur. Elle a cru que son père faisait mal à sa mère et, l'imaginaire aidant, elle eut par la suite très peur d'être agressée ou violée par ce même père puis, plus tard, par un autre homme. Même si la vie s'est chargée de lui faire comprendre ce qui s'était passé entre ses parents, il n'en reste pas moins que l'émotion de terreur qu'elle avait vécue, habitait toujours son psychisme qui, lui, ne faisait pas la différence dans le temps entre cette situation et une autre, ni entre une personne et une autre puisque sa fonction est d'enregistrer des émotions et des sensations mais non les faits ni les individus impliqués dans ces faits. Comme sa relation avec les hommes et son père était profondément perturbée, douloureuse et insatisfaisante, un jour, cette enfant devenue femme a décidé d'entreprendre une démarche psychothérapeutique au cours de laquelle elle a vu l'image de son père qui l'agressait et la violait. Parce que son thérapeute a pris cette image pour la réalité, il a semé dans l'esprit de Martine des doutes et même de fausses certitudes qui ont eu, par la suite, un impact très négatif sur sa vie et qui l'ont privée, durant de nombreuses années, de sa véritable liberté dans sa relation avec les hommes qu'elle fréquentait.

«... l'esprit s'est mis à considérer ses constructions mentales subjectives (...) comme la réalité» nous dit Guy Finley dans *Les clés pour lâcher prise*. Et prendre l'imaginaire pour la réalité, c'est perdre contact avec le réel, ce qui peut être, à la longue, très dangereux. La psychose ne résulte-t-elle pas d'une coupure d'avec la réalité ? J'affirme qu'un bon psychothérapeute se doit d'avoir la compétence et la finesse nécessaires pour établir la distinction entre l'imaginaire et la réalité afin de ne pas susciter des confusions qui déséquilibrent les personnes et leur enlèvent une large part de leur discernement.

Reprenons l'exemple de Martine et voyons les conséquences de cette histoire sur sa vie. Se croyant déjà victime de son père et des hommes, cette expérience l'a rendue encore plus amère par rapport aux personnes du sexe masculin. Elle a adopté des attitudes plus défensives avec eux et s'est apitoyée sur son sort de jeune femme victime de la société, de la vie et des hommes. Elle est sortie affaiblie intérieurement de son expérience psychothérapique et elle a développé des comportements extérieurs de supériorité, de blâme, d'accusation qui n'ont pas amélioré ses relations avec les hommes et qui l'ont rendue prisonnière de son passé. Déchirée entre son besoin d'amour et sa méfiance, elle a entretenu pendant longtemps une confusion qui a perturbé toutes ses relations amoureuses.

On observe, de plus, de graves conséquences sociales à cette victimisation permanente de la femme, des conséquences dont les répercussions frappent tout autant les hommes que les femmes. D'abord, la femme victime apprend à trouver son pouvoir dans la plainte, l'apitoiement, la coalition ou dans les accusations subtiles, les blâmes déguisés, le harcèlement psychologique qui suscitent la culpabilité et, par conséquent, la violence. Le pouvoir de la victimisation féminine est tel qu'il a un effet de féminisation sur la gent masculine. De plus en plus d'hommes ont peur de leur masculinité, de leurs désirs, de leur nature qu'ils tentent d'adoucir en détruisant petit à petit leur essence même. Et ces femmes se plaignent d'un manque d'hommes vrais, authentiques dans notre société alors qu'elles ne sont pas conscientes que ce sont elles, amazones des temps modernes, qui contribuent plus que symboliquement à les tuer.

Cela dit, je suis consciente qu'il existe des situations réelles d'agression et de violence que je ne veux d'aucune façon banaliser et qui méritent une considération sérieuse de la part des intervenants sociaux et des psychothérapeutes. Je suis toujours profondément sensible à la souffrance des personnes agressées dans leur corps comme je le suis à la souffrance des agresseurs. Cependant, nous n'aidons pas une victime en lui donnant des outils pour se victimiser davantage. Nous ne l'aidons pas quand nous ne savons pas lui donner une prise sur le réel, quand nous entretenons la confusion entre son imaginaire et sa réalité, quand nous sombrons avec elle dans la confluence[7]. Pour retrouver sa liberté, elle doit reprendre le pouvoir sur sa vie, le pouvoir de sentir et d'identifier ce qui se passe en elle, le pouvoir de s'affirmer, de poser des limites, de délimiter son territoire dans sa vie quotidienne avec les gens qui l'entourent, le pouvoir d'agir sur sa réalité.

Martine, qui avait perdu ce pouvoir et cette liberté, n'a pu les retrouver que par sa relation avec un psychothérapeute authentique, capable de lui faire voir que ses constructions imaginaires déformaient sa réalité, qu'elle les amplifiait à un point tel qu'elle ne pouvait plus faire face à cette réalité faussée et qu'elle ne voyait plus les hommes et son père tels qu'ils étaient mais tels qu'elle les avait construits mentalement, conséquence néfaste de l'expérience qu'elle avait vécue à quatre ans.

Distinguer l'imaginaire de la réalité est d'une importance capitale. Au cours de ma carrière de psychothérapeute, j'ai vu des relations brisées à cause du pouvoir accordé aux images. J'ai vu des pères détruits par les accusations de leurs filles, des mères et des épouses dévastées par le doute, des frères et des soeurs déchirés.

Je crois qu'il existe des enfants qui ont été réellement victimes d'inceste. Il s'agit là d'une réalité qu'on ne doit surtout pas voiler ou nier, mais je doute sérieusement de la réalité de ces découvertes im-

---

[7] La confluence est un mécanisme de défense qui consiste à se nier soi-même pour se perdre dans l'autre ; elle est une sorte de fusion de deux êtres en un seul.

promptues qui arrivent sous forme d'images lors de séances de régression et auxquelles on accorde trop facilement un pouvoir de réalité sans s'assurer de l'exactitude des faits. Entendons-nous bien. Je ne condamne d'aucune manière les psychothérapies qui favorisent la sollicitation d'images. Je ne fais que douter des pratiques de certains psychothérapeutes qui, par manque de connaissance du fonctionnement psychique, prennent les produits de l'imaginaire pour la réalité. Le travail avec les images est très puissant et très efficace en psychothérapie et même en éducation. Jean Lerède a démontré, dans *Les troupeaux de l'aurore*, le pouvoir créateur de l'image sur le psychisme.

La meilleure façon de travailler avec l'image, autant celle qu'on suscite de l'extérieur que celle qui naît de l'intérieur, est d'abord d'être très attentif au vécu déclenché par elle et ensuite d'aider la personne à voir elle-même ce que les images peuvent éclairer dans sa vie. Il s'agit de ne jamais prendre le monde imaginaire au premier degré, comme le font certains exégètes avec les symboles des textes sacrés, mais de déchiffrer son langage symbolique. Le rôle du psychothérapeute est, en ce sens, d'aider son client à voir clair en lui-même. Ce dernier est le seul qui puisse donner un sens à ses propres images. L'aidant n'est donc pas là pour interpréter à partir de ses connaissances et de ses projections mais pour faire des observations objectives précises et des liens entre les images, et entre l'imaginaire et la réalité, de façon à élucider les complexités émotionnelles et relationnelles du monde réel de son client. Martine, pour sa part, a découvert que l'image d'inceste qui a occupé son imaginaire lors des séances de psychothérapie révélait sa peur d'être envahie par son père et sa difficulté à lui fixer des limites. Elle y découvrit les désirs inadmissibles qu'elle avait refoulés. Sa peur d'être envahie par son père s'était étendue aux autres hommes. Mais c'est elle qui, pendant les séances de psychothérapie, a fait ses propres interprétations et des déductions signifiantes pour elle.

Nous pouvons affirmer qu'une image produite par notre imagination ne reflète une partie de la réalité que si elle correspond à un souvenir conscient très précis. Tout ce qui échappe à notre mémoire ne peut, sous aucun prétexte, être pris d'emblée pour la réalité. Et même lorsque l'image est le reflet d'un souvenir, il ne faut jamais oublier que l'imaginaire ne reproduit jamais fidèlement le passé. Il le déforme à cause du chaos émotionnel qu'il soulève, ce chaos étant formé des émotions vécues au moment de l'événement passé, de celles qui ont été suscitées par le fait d'imaginer cet événement par la suite et des émotions qui ont été évoquées par des déclencheurs semblables au déclencheur premier.

Nous voyons à quel point il est délicat de travailler avec l'imaginaire des gens. Une approche directive et interprétative suscite la confusion, brime la liberté et détruit des relations fondamentales de l'équilibre psychique. En effet, la relation d'un être humain avec ses parents est très importante dans sa démarche vers la maturité. S'il vit avec eux des relations insatisfaisantes faites de non-dits et de ressentiment refoulé, il aura du mal à se construire une personnalité cohérente.

Ce fut le cas de Gisèle qui a grandi avec une mère physiquement présente mais moralement absente, une mère renfermée dans une bulle qui l'empêchait d'être en relation avec ses enfants. Élevée par une telle mère, Gisèle a grandi avec un sentiment profond de manque, de solitude, d'inexistence. Quand je l'ai connue, elle avait environ vingt-cinq ans et se distinguait par une personnalité très masculine. Cela n'aurait causé aucun problème si elle avait été heureuse. Mais ce n'était pas le cas. À l'adolescence, elle avait quitté sa famille et rejeté sa mère qu'elle ne revoyait à peu près jamais, la qualifiant de femme vide et sans coeur. Ce que Gisèle ne voyait pas, c'est qu'elle était elle-même devenue une femme vide et sans coeur pour ne pas vivre ce manque profond qu'elle ne voulait plus ressentir. Lorsqu'elle a de nouveau ressenti ce manque affectif, elle a beaucoup pleuré. Cette expérience lui a fait prendre conscience du besoin refoulé qu'elle avait de sa mère. Quand elle a identifié sa réalité émotionnelle et ses besoins par rapport à la femme qui lui avait donné la vie, elle était plus en mesure de la voir telle qu'elle était et non à partir de l'image subjective qu'elle s'était faite d'elle à cause de son manque. Elle a alors vu que sa mère, qui avait eu plusieurs enfants, avait été tellement occupée et préoccupée, qu'elle avait manqué de disponibilité et de temps pour parler avec sa fille. Elle a pu découvrir aussi que cette femme n'était pas si vide et sans coeur qu'elle l'avait longtemps cru, mais que, au contraire, elle était sensible et peu diserte quand il s'agissait de parler d'elle. Cette découverte de la réalité a donné à Martine le goût de reprendre contact avec sa mère et de se rapprocher d'elle, ce qu'elle fit avec beaucoup d'ouverture en acceptant ses propres limites et en acceptant aussi celles de sa mère. Sa démarche psychothérapeutique a été une véritable transformation. De masculine qu'elle était, elle a développé son côté féminin en acceptant d'être une femme et en cessant de lutter contre elle-même pour ne pas ressembler à sa mère.

L'histoire de Gisèle trouve un écho chez beaucoup d'hommes et de femmes qui ont rejeté une partie importante d'eux-mêmes pour ne pas ressembler à l'un ou l'autre de leurs parents. Ce fut le cas d'Anne qui, en rejetant son père parce qu'il était agressif et colérique, a refoulé toute sa puissance d'affirmation. Ce fut aussi le cas de Jacques qui, en rejetant sa mère parce qu'elle était bohème, débonnaire et désordonnée, avait refoulé sa créativité en devenant froid, rigide et hyperrationnel. Et que dire de Viateur qui, pour ne pas ressembler à son père, agissait toujours par opposition, ce qui l'a, pendant des années, empêché de savoir qui il était vraiment et ce qu'il voulait. Ces histoires de cas nous montrent à quel point la relation avec les parents peut parfois priver l'enfant de ressources insoupçonnées. L'adulte qui se définit par opposition, entretient la même dépendance que celui qui se définit par imitation et par comparaison. Dans les deux cas, il n'est pas en contact avec ce qu'il est vraiment. Il n'arrive pas à trouver sa vraie nature et sa véritable différence.

Un de mes étudiants me disait récemment à quel point il était important pour lui de ne pas ressembler à ses frères et soeurs. Bien qu'il les aimait beaucoup, il voulait être différent d'eux. Quand je lui ai fait voir que son désir d'être différent à tout prix entretenait une dépendance et l'empêchait d'être lui-même, il a été des plus étonnés de découvrir cette réalité. D'être différent ou d'être semblable, peu importe ; le plus important pour se sentir libre, c'est d'être soi-même, lui ai-je dit, et, pour y arriver, il est essentiel que tu trouves tes points de référence à l'intérieur de toi et non à l'extérieur.

Le cheminement de l'être humain vers sa vraie nature passe par la relation avec ses parents. Rejeter en bloc sa mère ou son père, c'est rejeter une partie de soi qu'il importe d'accepter afin de pouvoir s'actualiser pleinement comme individu. Celui qui rejette son père parce qu'il est alcoolique, se rejette par le fait même parce que son père n'est pas seulement un alcoolique, ou un infidèle, ou un colérique, il est aussi un homme qui a des qualités comme la générosité, la serviabilité, la sensibilité ou l'intelligence pratique, etc., que l'enfant, aveuglé, ne voit pas. Il se prive donc inévitablement d'une source importante d'identification autocréatrice.

Je compare la vision que certains ont de leurs parents à l'observation d'un tableau sur lequel se trouve une petite tache noire. Souvent notre attention est tellement portée sur la tache que nous ne voyons plus le reste du tableau qui est pourtant magnifique. C'est ce que j'ai fait longtemps avec ma mère à qui j'ai souvent reproché de ne pas m'écouter. Mon besoin d'être écoutée par elle était tellement grand que j'ai uniquement mis l'accent sur ce manque d'écoute pendant des années, ce qui m'a empêchée de la voir telle qu'elle était. J'étais emprisonnée dans une attitude de repliement sur moi-même. Quand j'ai pris conscience de ma réalité intérieure, c'est-à-dire de mon manque et de mon besoin d'elle, j'ai pu saisir aussi la réalité extérieure que j'avais complètement déformée en réduisant ma relation avec elle à un seul élément, l'écoute. J'ai alors pu admirer tout le tableau et découvrir une femme généreuse, disponible, ouverte, fantaisiste, spontanée, sensible et attentionnée. Mon attitude d'ouverture prête à l'accueillir telle qu'elle était a favorisé la sienne. Il en est résulté une relation de plus en plus profonde dans laquelle je me sens de mieux en mieux écoutée. Aujourd'hui, je suis fière de la relation que j'ai avec ma mère. Cette acceptation de ce qu'elle est m'a ouvert les portes de la liberté. C'est elle qui, parce qu'elle ne s'est jamais laissé emprisonner par le regard des autres, m'a donné de nombreuses clés pour ouvrir la porte de ma prison intérieure et faire place à ce que je suis. Je lui suis particulièrement reconnaissante de tout ce qu'elle m'a donné et appris.

Il arrive que nos souffrances d'enfant entretiennent un imaginaire qui nous retient dans le passé et nous empêche de voir la réalité présente, ce qui nous emprisonne dans une vision très étroite et le plus souvent fausse de cette réalité. C'est pourquoi il est si important d'écouter les émotions qui sont à l'origine de ces constructions imaginaires. Ce sont elles qui, lorsqu'elles sont bien identifiées, et parce qu'elles représentent notre réalité intérieure, nous servent de couloir vers la réalité extérieure. C'est la conscience de notre propre vécu et l'observation objective précise du monde extérieur qui nous permettent de distinguer l'imaginaire de la réalité, de distinguer ce que nous observons objectivement de ce que nous vivons et imaginons. C'est cette conscience qui nous procure le discernement dont nous avons besoin pour être vraiment libres.

Il se peut, par exemple, que nous vivions du ressentiment et de la colère par rapport à une personne que nous aimons. Si ces émotions ne sont pas identifiées, elles se présenteront comme un chaos qui entraînera la confusion entre notre réalité intérieure et notre réalité extérieure. Il y a alors de fortes possibilités que nous rejetions la personne en bloc, sans discernement, du moins pour un temps. C'est ce qui se produit souvent en politique. L'engouement aveugle pour un chef prive souvent les individus de leur liberté et de leur capacité à discerner. Parce qu'ils l'aiment, ils acceptent tout ce que le chef propose, même les pires aberrations, ce qui, le phénomène de groupe aidant, peut devenir très dangereux parce qu'il n'y a plus de place pour l'individu, sa pensée, son opinion, son vécu. A ce sujet, C.-G. Jung écrit dans *L'âme et la vie*, que «dans son état d'identification avec la psyché collective, l'homme en effet essaiera immanquablement d'imposer aux autres les exigences de son inconscient. Car l'identification avec la psyché collective confère un sentiment de valeur générale et quasi universelle (...) qui conduit à ne pas voir la psyché personnelle différente des proches, à en faire abstraction et à passer outre»[8]. Elle conduit aussi à ne pas voir la réalité de sa propre psyché personnelle et à se perdre dans l'imaginaire et la confusion. Elle conduit souvent à prendre nos images mentales pour la réalité et à aborder cette réalité avec de fausses données qui naissent d'un chaos émotionnel pour lequel nous n'avons pas fait usage de conscience et dont le pouvoir sur notre monde imaginaire et nos réactions nous enlève toute notre liberté.

Lorsque nos émotions ne sont pas identifiées et exprimées avec les personnes concernées, elles maintiennent notre relation avec ces personnes dans une effervescence émotionnelle déclenchée par nos constructions imaginaires à propos de nos expériences passées avec elles, ce qui nous empêche de profiter de la réalité présente et de la voir telle qu'elle est. C'est aussi ce qui se produit au moment de cette période de la vie qu'est l'enfance. Marqué par des souffrances qu'il n'a pas identifiées, l'enfant imagine des scénarios qui déforment la réalité et l'en éloignent. Peu importe si ces émotions ont été déclenchées par un événement dans lequel il était directement concerné ou par un événement dont il a été témoin, ce qui est important ce n'est pas la position dans laquelle il se trouvait mais l'intensité des émotions qu'il a vécues à ce moment-là. C'est la souffrance de ces perceptions émotionnelles non conscientes qui est à l'origine de ses constructions imaginaires.

---

[8]  Carl-Gustave JUNG, *L'âme et la vie*, Paris, Éditions Buchet/Chastel, 1963, p. 226.

Nous ne savons jamais ce qui peut affecter un enfant. Nous ne savons pas quel geste, quel fait, quelle parole ont marqué son psychisme. Si, comme éducateur, nous ne sommes pas attentifs à son vécu, si nous ne mettons pas de mots sur ses émotions pour qu'il apprenne à identifier ce qui se passe en lui, il sera habité par un monde dont les composantes lui échapperont. Il perdra petit à petit les clés de sa liberté intérieure. Son monde émotionnel, entretenu par ses constructions imaginaires, deviendra pour lui un labyrinthe sans issue. Les images qui naîtront de son chaos intérieur seront alors la représentation symbolique d'une histoire sans visage. C'est pourquoi nous ne pouvons aborder son monde imaginaire au premier degré et lui faire croire que ses images intérieures sont le parfait reflet de sa réalité extérieure. Le faire, c'est risquer de le victimiser, de détruire des relations importantes dans sa vie, d'empêcher le processus d'intégration de sa polarité masculine et féminine et de lui enlever la liberté de discerner ce qui appartient à sa propre réalité psychique et factuelle de ce qui appartient à celle des personnes les plus importantes de son histoire personnelle sur le plan affectif.

L'approche du monde irrationnel des émotions passées et présentes et des constructions imaginaires qui en découlent peut se comparer à celle que nous avons lorsque nous visitons un temple sacré, de quelque allégence religieuse qu'il soit. Nous ne devons l'aborder qu'avec respect. Une approche directive risque de brouiller le chemin qui mène à la liberté intérieure, laquelle naît d'une écoute de la vérité profonde et d'une compréhension des mécanismes qui régissent l'inconscient. Ces mécanismes, qui ont été présentés dans ce chapitre par des développements à propos du psychisme, de la formation et des composantes du fonctionnement psychique, à propos des dialectiques du présent et du passé et de l'imaginaire et de la réalité, ont été apportés pour faciliter la compréhension des mystères de l'inconscient qui perturbent l'être humain à la recherche de liberté dans ses relations affectives.

Mais le chemin qui mène à la liberté intérieure et, par conséquent, à la liberté dans les relations, passe par la connaissance des
obstacles qui interfèrent dans le processus de création et de poursuite
d'une relation affective. La personne qui s'engage dans ce type particulier de relation est souvent emprisonnée par des geôliers intérieurs
auxquels elle abandonne tout pouvoir parce qu'elle ne les connaît
pas. Ce sont donc les obturateurs du monde psychique qui doivent
être dénoncés pour qu'elle puisse enfin jouir de sa liberté, ce que je
ferai après l'exercice qui suit.

### ••• *Réflexion et application* •••

■ Vous avez sûrement déjà été victime de la déformation de vos
actes ou de vos paroles par une personne de votre entourage. Peut-
être cette personne a-t-elle arbitrairement décidé de vos intentions et
vous a-t-elle enfermé dans une vision subjective et tordue qui a trahi
votre réalité. Vous pouvez peut-être vous remémorer cette expérience
et les malaises qu'elle vous a fait vivre ? Cochez pour vous aider.

- le sentiment d'injustice ☐
- le sentiment d'impuissance ☐
- la perte de confiance ☐
- le doute ☐
- la peur d'être dominé ☐
- la peur de ne pas être compris ☐
- la peur de l'envahissement ☐
- autre ☐
  précisez _____

■ Dans le cas d'expériences de ce genre, voici les étapes à franchir
pour ne pas perdre votre sentiment de liberté.

- Identifiez clairement vos malaises pour ne pas qu'ils vous fassent glisser dans les mêmes pièges de déformation et d'interprétation que ceux dont vous êtes victimes.

- Départagez clairement votre réalité de la vision plus ou moins altérée de l'autre personne.

- Sans la blâmer ni la juger mais sans la ménager, exprimez-lui vos malaises et informez-la avec honnêteté de la différence entre votre réalité et ses perceptions. Parlez-lui de façon à ce qu'elle ne se sente pas incorrecte, fautive et responsable de votre vécu, mais plutôt dans le but de vous rapprocher d'elle et de recréer la relation.

Si vous vivez présentement une situation où vous êtes victime d'une telle déformation, profitez-en pour passer à l'action. Sinon, faites-le la prochaine fois qu'une expérience se présentera. Il se peut que vous ne soyez pas totalement satisfait des résultats de votre démarche. Dans ce cas, ne battez pas en retraite, mais servez-vous plutôt de cette expérience pour apprendre ce que vous devez améliorer avant de vous reprendre, plutôt que de rendre l'autre responsable de ce que vous avez vécu. Lorsque vous reculez, vous restez avec un sentiment d'échec qui vous limite considérablement et vous maintient sous la dépendance de la réaction de l'autre et quand vous rendez l'autre responsable de vos malaises, vous n'avez plus de pouvoir d'action. En réalité, l'échec n'existe pas pour celui qui s'en sert comme d'un tremplin. Au lieu d'emprisonner, il devient alors un facteur de libération exceptionnel.

■ Si nous poussons l'honnêteté jusqu'au bout, force est d'admettre que les représentations imaginaires qui déforment la réalité nous menacent autant qu'elles guettent les autres. Aussi, vous est-il sûrement arrivé de laisser votre imagination vous amener sur des voies qui vous ont plus ou moins éloigné de la réalité dans vos relations affectives.

• Retracez une situation présente ou récente où cela s'est produit avec une personne à laquelle vous êtes attaché.

• Qu'avez-vous vécu de désagréable dans cette expérience ? Cochez pour vous aider.

Émotions désagréables

| | |
|---|---|
| • le sentiment de rejet | ☐ |
| • le sentiment d'humiliation | ☐ |
| • la peur d'être jugé | ☐ |
| • la peur d'être critiqué | ☐ |
| • le doute | ☐ |
| • la déception | ☐ |
| • la frustration | ☐ |
| • autre | ☐ |
| précisez :_____ | |

• Quel a été le pouvoir de votre vécu probablement non identifié sur votre imaginaire ? Autrement dit, qu'est-ce que votre chaos intérieur vous a fait imaginer par rapport à l'événement en question ?

• Distinguez bien maintenant vos constructions imaginaires de la réalité objective. Quelles sont les paroles exactes qui ont été prononcées ? Quels sont les actions réelles qui ont été posées par cette personne ? Quelle est la différence entre cette réalité extérieure et vos représentations imaginaires ?

• Si cette démarche ne vous satisfait pas et que vous êtes encore habité par le doute, il vous reste à rencontrer la personne concernée pour vérifier auprès d'elle ce qu'elle a voulu dire ou voulu faire et ce, sans lui prêter d'intentions. Sans cette vérification, vous prenez du pouvoir sur elle et vous l'enfermez dans le cadre de vos constructions imaginaires qui, en

fait, sont très souvent le reflet de vos peurs, de vos frustrations, de vos projections et de vos jugements. En enfermant
l'autre, vous vous laissez emprisonner vous-même par des
élaborations imaginaires erronées que certains nomment, souvent et à tort pour renforcer leur pouvoir sur les autres, des
intuitions.

Il se peut qu'après avoir fait vos vérifications, vous restiez per-
plexe ou même que vous ne croyiez pas ce que la personne aimée
vous a dit. Dans ce cas, vous devez d'abord lui exprimer votre doute
sans argumenter et sans tenter de démontrer quoi que ce soit. Vous
avez un cheminement à faire avec vous-même avant d'aller plus loin.

D'où vient votre doute ?

Vient-il de votre difficulté à accepter que vous vous êtes trompé ?

Vient-il de cette fausse croyance que votre intuition est toujours
juste ?

Vient-il de votre peur de perdre la confiance et l'admiration de
l'autre ?

Vient-il de votre nature méfiante qui a du mal à croire les autres
parce que vous avez souvent été trompé dans le passé ?

Vient-il, et cela est beaucoup plus difficile à admettre, de votre
tendance à contrôler pour ne pas être contrôlé ?

Vient-il du fait que vous projetez sur l'autre votre propre tendance à ne pas toujours dire la vérité ?

Vient-il d'expériences passées avec cette personne où vous avez
été trahi par son manque réel de franchise et d'authenticité ? Dans ce
dernier cas, vous ne pouvez qu'exprimer votre manque de confiance

en étant bien conscient que la personne qui ment se défend contre des peurs non identifiées dont, la peur de ne plus être aimée si elle dit la vérité.

Par contre, si votre doute vient de vous-même, c'est-à-dire de votre réponse à l'une où l'autre des six premières questions, vous sortirez de votre propre prison quand vous aurez la capacité de le reconnaître sans vous blâmer et sans vous condamner. Il n'y a pas de plus grande liberté intérieure que celle d'assumer ce que vous êtes. Cette attitude vous libérera parce qu'elle vous donnera la satisfaction de connaître des relations authentiques où vous n'aurez pas à composer un personnage pour être aimé. Elle vous libérera parce qu'elle vous donnera du pouvoir sur notre vie sans que vous en preniez sur celle des autres.

Si nous sommes menacés de déformer la réalité présente dans nos relations affectives et de perdre ainsi notre liberté, nous sommes encore plus enclins à la transformation de la réalité objective quand il s'agit d'événements passés, spécialement en ce qui concerne la relation avec nos parents ou avec leurs substituts. Dans ce cas, il est presque impossible de discerner l'imaginaire de la réalité à cause de l'espace de temps qui nous sépare de l'événement ou parce que cet événement a été construit et reconstruit de toutes pièces à partir de visualisations, de régressions ou de l'interprétation des paroles d'une sœur, d'une tante ou d'une gardienne.

Entretenir des constructions imaginaires négatives à propos du passé, c'est rester sous la dépendance de ce passé et perdre sa liberté par rapport aux personnes concernées. Cultiver des images passées qui font mal, c'est réveiller en permanence des émotions douloureuses, les amplifier, les nourrir et se placer dans une position de pauvre victime qui n'a plus de pouvoir sur sa vie. Sa seule ressource est d'assouvir sa haine et son ressentiment par des accusations et des reproches dont l'expression irresponsable n'a pour conséquence que d'entretenir le manque affectif, de détruire des relations importantes, de déséquilibrer le psychisme, de soutenir l'amertume, l'angoisse et le désespoir et de maintenir dans une forme d'asservissement dont elle n'arrive pas à se dégager parce qu'elle est inconsciente de ce qui l'enchaîne à son passé. Certains thérapeutes et certains éducateurs entretiennent, par leur approche et par leurs interventions, cette sorte de «victimite» chez les aidés et les éduqués, ce qui fait qu'à leur dépendance au passé s'ajoute leur dépendance au thérapeute parce qu'ils se sentent «compris». Il n'y a rien de plus nocif qu'un aidant qui «comprend». Trop souvent l'écoute compréhensive est une forme de confluence qui résulte du fait que le thérapeute ou l'éducateur se reconnaît dans le monde de l'aidé, ce qui l'empêche de distinguer ce qui vient de son monde à lui de ce qui appartient au monde de l'autre. Méfiez-vous de ceux qui vous «comprennent» trop. Les bons thérapeutes et les bons éducateurs n'ont pas pour fonction de «comprendre» mais d'écouter, d'accompagner, de favoriser l'autonomie, d'aider et d'éduquer. Et ce n'est pas en vous maintenant dans votre passé qu'ils y parviendront, mais en vous apprenant à récupérer, dans le présent, le pouvoir que vous avez laissé entre les mains du passé. Les exercices suivants vous aideront à retrouver votre liberté en ce sens.

■ Il y a peut-être un événement passé, réel ou imaginaire, de votre enfance ou de votre adolescence auquel vous êtes encore accroché parce que vous l'entretenez sur le plan imaginaire, ce qui, par le fait même, nourrit votre souffrance par rapport à la personne concernée par cette situation.

Ce qui est important ici, ce n'est pas de retracer l'événement avec précision ni de distinguer l'imaginaire de la réalité, ce qui est à peu près impossible pour les raisons que j'ai données plus haut, mais de vous demander si vous avez tendance à rendre cet événement et la personne concernée par cet événement responsables de vos difficultés personnelles et relationnelles présentes. Si c'est le cas, vous n'êtes pas libre. Que faire alors pour vous en libérer ?

Peu importe ce qu'a été la situation précise ou ce qu'a fait la personne en question, peu importe ce qui est réel ou imaginaire par rapport au passé, la réalité incontestable, c'est ce que vous avez vécu. Autrement dit, que votre père, par exemple, vous ait violemment battu ou simplement giflé, ce qui importe, c'est que vous en avez été marqué psychologiquement par la souffrance que cela vous a fait vivre. Et cette souffrance est réelle et indiscutable. C'est elle qui mérite votre attention et non les faits parce qu'il est fort possible que la douleur psychique vous ait amené à déformer ces faits au point que vous en êtes venu à croire que vos images sont la réalité passée, ce qui est une erreur. La seule réalité incontestable par rapport à ce passé, c'est votre vécu. C'est lui qui a marqué votre vie. Prenez donc le temps d'identifier ce vécu.

Mettre l'accent sur les faits, c'est entretenir la souffrance, se ramener constamment en arrière et se placer dans une situation génératrice d'impuissance, de tristesse, de déception et de frustration. Par contre, mettre l'accent sur le vécu, c'est retrouver son pouvoir et sa liberté à condition d'être conscient des déclencheurs présents de ce vécu passé.

Quels sont donc les déclencheurs présents du vécu que vous venez d'identifier ?

Pour répondre à cette question, il faut préciser que les émotions vécues dans le passé ne sont pas toujours ressenties dans le présent. Il y a des moments plus ou moins longs où vous ne les ressentez pas. Ce sont les déclencheurs présents qui les éveillent, des déclencheurs tels que vos constructions imaginaires, les situations ou les personnes que vous côtoyez ici et maintenant. Faites l'effort de bien cerner vos déclencheurs présents, réels ou imaginaires, en vous servant des explications suivantes.

76

## Les déclencheurs imaginaires

Pour vous libérer de votre passé aliénant et douloureux, vous devez d'abord prendre conscience des images que vous cultivez par rapport à l'événement passé, réel ou imaginaire, qui entretient votre douleur psychique. Il est fondamental que vous preniez le temps de vous arrêter pour faire cet exercice maintenant et que vous consigniez par écrit les images génératrices d'angoisse, de tourment, de dépression ou de mélancolie suscitées, par ce passé. En écrivant, soyez attentif aux émotions que ces constructions imaginaires vous font vivre. Vous verrez qu'entretenir les images mentales, c'est entretenir, par le fait même, la souffrance qu'elles génèrent. Vous devenez même prisonnier des images qui vous envahissent à votre insu et cultivent vos émotions désagréables. Prendre conscience de ces images est essentiel pour vous permettre de les saisir lorsqu'elles paraissent sur votre écran mental. Comme vous savez qu'elles sont productrices de souffrance, vous pouvez, lorsqu'elles apparaissent, refuser de les entretenir et les remplacer par des images agréables. Pour vous aider à les remplacer facilement quand elles peuplent votre vie imaginaire, choisissez maintenant une ou deux images qui suscitent en vous du bien-être et notez-les. Assurez-vous qu'elles déclenchent en vous des émotions très agréables. Maintenant, représentez-vous fréquemment ces images de façon à ce qu'elles puissent remplacer de plus en plus spontanément les négatives. Il est bien évident que, habitué à reproduire des images génératrices d'une souffrance passée, votre psychisme a besoin de temps pour intégrer les nouvelles images et se les représenter sans effort. Mais si vous êtes déterminé à sortir de votre asservissement à des productions imaginaires à cause desquelles vous avez perdu votre pouvoir, vous y arriverez. Vous aurez sûrement l'occasion de mettre en pratique cet exercice dans peu de temps. Soyez attentifs parce que l'intervention des images négatives dans le psychisme est tellement soudaine qu'elles vous envahissent sans que vous en ayez conscience et vous assaillent jusqu'à l'obsession si vous ne prenez pas le pouvoir sur elles. Ceci dit, je suis bien consciente qu'on ne peut se libérer de la souffrance passée par la seule gestion du monde imaginaire. Bien que l'exercice précédent soit utile et important, il ne suffit pas, s'il n'est pas accompagné du suivant.

## Les déclencheurs réels

Le deuxième déclencheur, dans le présent, des souffrances passées, c'est le monde extérieur. Comme nous l'avons déjà vu, il arrive fréquemment dans nos relations affectives que les personnes que nous aimons, par leurs paroles, leurs gestes, leurs actes ou leurs silences, rappellent à notre mémoire inconsciente des souffrances passées vécues par rapport à des déclencheurs semblables. Aussi, si vous avez été vraiment marqué émotivement par un événement passé, vous n'avez aucun besoin de revenir toujours en arrière pour vous en libérer puisque les situations présentes et les personnes concernées par ces situations éveilleront fréquemment en vous les émotions refoulées que vous avez vécues dans le passé.

Donc, l'exercice de libération le plus efficace est de vivre pleinement dans l'ici et maintenant en identifiant et en exprimant authentiquement les émotions déclenchées par votre entourage dans vos relations affectives. Cet exercice permet de libérer les émotions présentes et les émotions passées qui forment un tout indissociable dans le psychisme et de vivre une expérience relationnelle favorable. C'est l'expérience de la relation véritable, profonde et authentique dans le présent qui libère du passé. Elle a pour avantage de combler les manques affectifs, alors que le retour en arrière les entretient et les nourrit. Elle permet d'exprimer, dans la relation présente, les émotions que vous avez refoulées dans le passé ou qui ont été réprimées.

Je vous encourage maintenant à céder la place aux émotions déclenchées ici et maintenant par la personne que vous aimez particulièrement. Faites-le dans le respect de votre intensité et dans le respect de l'autre, c'est-à-dire, sans la blâmer, sans l'accuser, sans la condamner et sans vouloir la changer. Donnez-lui le droit à sa réaction même si elle est sur la défensive. Il ne s'agit pas de vous libérer sans tenir compte de l'être aimé mais de créer progressivement les fondements d'une relation satisfaisante dans laquelle il sera possible de communiquer librement votre intimité. Ne soyez pas impatient ni intransigeant. Donnez-vous le temps d'expérimenter, d'apprendre et d'intégrer. Respectez votre rythme et celui de la personne que vous aimez. Reconnaissez sa différence et ne la forcez pas à partager vos intérêts. Cette attitude de respect vous aidera à devenir de plus en plus libre au regard de votre passé en même temps qu'elle vous rendra aussi plus libre dans vos relations affectives présentes parce que vous ne serez plus dépendant d'un monde non identifié qui régit, à votre insu, vos constructions imaginaires, vos réactions et vos comportements et vous ne serez plus dépendant d'attentes par rapport à l'autre. De plus, vous trouverez, dans les exercices suivants, un complément au travail de libération que vous avez entrepris par la lecture de ce livre. Les exercices de réflexion et d'application du prochain chapitre vous permettront d'affronter les écueils extérieurs et intérieurs que vous rencontrez quotidiennement sur le chemin qui mène à la liberté dans vos relations affectives.

## CHAPITRE 3

# LES ÉCUEILS SUR
# LE CHEMIN DE LA LIBERTÉ

Quand j'ai décidé, en 1980, de quitter ma carrière d'enseignante au secondaire, de sacrifier ma sécurité d'emploi et de vendre ma maison pour aller poursuivre des études de doctorat à Paris avec ma famille, presque toutes les voies que je prenais pour atteindre la réalisation de ce projet s'ouvraient comme par magie. J'ai rencontré très peu d'obstacles. À l'époque, j'ai interprété cette facilité comme la ratification de ma décision, ce qui se confirma par la suite. J'ai donc passé à Paris, trois années inoubliables qui ont eu un impact déterminant sur ma vie personnelle, relationnelle et professionnelle. Au même moment, mon amie Louise qui voulait, à l'époque, quitter son emploi pour aller vivre au Mexique et épouser un Mexicain, qu'elle avait rencontré lors d'un récent voyage dans ce pays, s'est heurtée partout à des portes fermées. Elle dut se résigner à abandonner ce projet et décida plutôt de faire venir son amoureux au Québec. Quand, quelques mois plus tard, elle retourna à Puerto Vallarta pour le revoir, il était déjà engagé dans une relation avec une autre femme.

Ma voie vers mon objectif avait été libre, la sienne, remplie d'écueils. Nous pouvons voir dans toutes ces facilités dont j'ai bénéficié et dans l'adversité qu'elle a dû affronter, un signe de nature spirituelle, l'intervention d'une force qui dépasse la volonté. Nous pouvons aussi émettre l'hypothèse que ma réussite était le reflet extérieur d'une certitude intérieure et que son échec traduisait un manque de conviction inconscient. Nous pouvons enfin tout simplement croire que j'ai comme la chance et elle, malheureusement, la mauvaise fortune.

81

Quoi qu'il en soit, le chemin de mon projet ne présentait que très peu d'obstacles alors que le sien était rempli d'embûches. Ces obstacles ne venaient cependant pas d'elle mais de l'extérieur, de cette réalité extérieure qui nous place souvent devant des barrières qui nous empêchent d'atteindre ce que nous voulons. Nous nous sentons alors impuissants et frustrés d'être arrêtés dans nos élans. C'est le cas de la femme qui aime un homme qui ne l'aime pas, de l'adolescent qui veut rentrer à la maison à minuit alors que son père exige qu'il y soit à vingt-deux heures, de l'employé qui veut des privilèges et qui se heurte aux limites fixées par son patron.

Ces obstacles extérieurs sont des réalités qui méritent d'être considérées dans notre recherche de liberté relationnelle bien qu'ils ne soient pas les seuls ni les plus déterminants. Une vie affective sans écueils, ça n'existe pas. Il est utopique de chercher des relations affectives dans lesquels nous nous sentirions toujours libres, tant sur le plan intérieur que sur le plan extérieur. La rencontre d'écueils est inévitable. Comment alors pouvons-nous satisfaire notre besoin de liberté dans ces relations si nous sommes fréquemment confrontés à des obstacles qui semblent aliénants ?

Pour répondre à cette question, nous verrons d'abord ce que j'entends par le mot écueil, pour ensuite nous arrêter aux écueils extérieurs rencontrés sur le chemin de la liberté relationnelle. La plus grande partie de ce chapitre et la plus importante sera toutefois accordée aux écueils les plus subtils, les plus inconscients et pourtant les plus perturbateurs de notre recherche de liberté dans le contexte de nos relations affectives : les écueils intérieurs.

## Le sens du mot écueil

Le mot «écueil» rappelle spontanément à ma mémoire le très beau texte du poète québécois Émile Nelligan intitulé *Le vaisseau d'or*, sonnet magnifique dont je vous offre les deux premières strophes :

C'était un grand Vaisseau, taillé dans l'or massif ;
Ses mâts touchaient l'azur, sur des mers inconnues;
La Cyprine d'amour, cheveux épars, chairs nues,
S'étalait à sa proue, au soleil excessif.

Mais il vint une nuit frapper le grand écueil
Dans l'Océan trompeur où chantait la Sirène,
Et le naufrage horrible inclina sa carène
Aux profondeurs du Gouffre, immuable cercueil.

Dans ces lignes allégoriques, Nelligan a choisi les images du monde marin pour se décrire lui-même. Il était le Vaisseau d'or et le grand écueil était cet obstacle dangereux qui l'a fait glisser vers la névrose qui l'a détruit et même conduit vers «l'abîme du rêve». Ce grand écueil de Nelligan était, en fait, l'ensemble des obstacles extérieurs qui l'ont fait basculer dans le monde de la confusion et de la folie, des obstacles tels l'incompréhension et le manque d'acceptation et de reconnaissance de son talent par son père. L'écueil du Vaisseau d'or représentait aussi ces obstacles intérieurs que furent ses déchirements entre ce qu'il était réellement et ce que son père attendait de lui, sa recherche troublante d'identité, ses refoulements, ses tourments.

Sans toujours lui donner une portée aussi tragique, c'est un peu dans le même sens que j'utiliserai dans ce livre, le mot «écueil» que je définis comme un obstacle interne ou externe qui interfère dans la recherche de satisfaction du besoin de liberté dans le cadre d'une relation affective. Il est, en plus, un obstacle qui gêne ou bloque le processus relationnel. En effet, la personne qui se heurte à un écueil, n'arrive pas à établir le lien qui l'unit et la rapproche de ceux qu'elle aime puisque l'écueil fait obstacle à la rencontre affective. Il peut donc, s'il est mal abordé, emprisonner ceux qui s'y heurtent ou l'affrontent, susciter des malaises et entraîner, contre leur volonté, l'incommunicabilité et le conflit. Nous avons donc avantage à cerner les principaux obstacles qui briment notre liberté relationnelle, non pas surtout dans le but de les faire disparaître à jamais, ce qui est impossible, mais dans le but d'apprendre à composer avec eux quand il s'agit des obstacles extérieurs et d'apprendre à en devenir conscients, à les accepter et à identifier les émotions qu'ils portent, quand il s'agit des obstacles qui viennent de l'intérieur de nous-mêmes. Pour mieux en saisir la nature, arrêtons-nous d'abord aux écueils extérieurs que rencontre toute personne qui est engagée dans une relation affective, de quelque nature qu'elle soit.

## Les écueils extérieurs

**L'écueil extérieur est un obstacle dont la source, extérieure à soi, est une entrave en provenance de l'entourage ou de l'environnement.** Lorsque nous rencontrons un écueil extérieur dans une relation, nous sommes brimés dans l'actualisation de nos désirs, dans la satisfaction de nos besoins et dans notre tentative d'atteindre nos buts. La personne ou la chose qui freine nos élans est même vue, dans l'immédiat, comme un facteur empêchant notre réalisation personnelle et la satisfaction de notre besoin de liberté. L'exemple des adolescents est un des plus significatifs en ce sens. À cet âge, les jeunes sont très souvent confrontés, dans l'actualisation de leurs désirs, aux limites de leurs parents. Sur le plan des relations amoureuses, le même problème se présente. Le conjoint y est souvent considéré comme l'empêchement majeur à la recherche de liberté. Par des exemples plus précis, je tenterai de le démontrer.

L'année dernière, j'avais fait le projet d'aller vivre trois mois aux États-Unis, plus précisément à San Francisco, avec mon mari, afin d'améliorer ma pratique de la langue anglaise. J'avais choisi un moment de l'année où c'était possible, compte tenu de nos horaires de travail. Quand, tout heureuse, je lui en ai parlé, il n'a pas accueilli mon projet avec l'enthousiasme que je lui avais prêté dans mes constructions imaginaires. Il m'a dit que, malheureusement, ce projet ne l'intéressait pas du tout, qu'il n'avait personnellement aucune motivation à améliorer sa pratique de la langue anglaise et qu'il avait l'intention d'utiliser ce temps pour s'adonner à son passe-temps préféré : l'informatique. Moi qui avais imaginé que nous pourrions étudier l'anglais pendant la semaine et voyager ensemble en Californie durant les week-ends, j'ai été profondément déçue de sa réaction que je n'avais d'ailleurs pas prévue étant donné son habituelle souplesse. J'ai bien tenté de le convaincre mais sans succès. Cette limite extérieure m'a placée devant le choix de partir sans lui ou rester.

Quand, dans des relations affectives, on se heurte à des écueils extérieurs comme celui que je viens de décrire, la tendance de la personne déçue ou frustrée est souvent de blâmer, d'accuser, de culpabiliser l'autre, qui est la source de ses malaises, de façon à lui faire changer d'idée. Dans ce cas, elle perd complètement sa liberté parce qu'elle donne son pouvoir au monde extérieur, ce que, d'ailleurs, j'ai longtemps fait moi-même et ce que je fais parfois encore quand je n'écoute pas et n'exprime pas ce que je ressens et quand je n'accepte pas de faire des choix.

Dans cette situation avec mon mari, j'ai retrouvé ma liberté quand j'ai accepté qu'il avait droit à ses limites, ce qui n'a pas été facile pour moi parce que le seul fait d'accepter cette réalité me plaçait devant un choix difficile à faire, celui de rester ou de partir. Le simple fait d'avoir à choisir me confrontait à la réalité de la perte. J'ai vu que si je partais, je passerais mes trois mois d'été sans lui. Je serais donc ainsi privée de sa présence, des moments de communication, d'intimité, de plaisir que nous connaissons ensemble. Mais j'ai aussi compris que, si je restais, je devrais abandonner mon projet d'aller étudier l'anglais en Californie. Ma réflexion m'amena à déterminer mes priorités. J'ai donc choisi la relation intime et je suis restée à Montréal. Je me suis trouvé un professeur privé et j'ai étudié l'anglais pendant qu'il s'adonnait à l'informatique. Cette façon d'aborder cet obstacle m'a procuré le sentiment, au-delà de la frustration, d'une profonde liberté.

En fait, l'écueil extérieur est souvent incontournable. Nous battre contre lui, c'est lui donner un pouvoir qui nous enlève le nôtre. L'important, pour rester libre, est d'apprendre à composer avec lui en trouvant le meilleur moyen de l'aborder. Cette attitude nous donne la possibilité d'agir plutôt que de subir ce que, de toute façon, nous ne pouvons changer.

Les situations dans lesquelles nous nous heurtons à des écueils extérieurs sont nombreuses dans les relations affectives. Une femme, par exemple, dont le mari est plutôt casanier et introverti peut souhaiter qu'il devienne sociable et extraverti. Tant et aussi longtemps qu'elle essaiera de le changer, elle sera privée de sa liberté et ne sera pas satisfaite parce que son bonheur dépendra de sa transformation. Pour se sentir libre, elle devra arrêter son choix entre les solutions suivantes: ou bien apprendre à vivre avec ce qu'il est en essayant de se changer elle-même pour être heureuse avec lui, ou bien le quitter. Et c'est là que réside la plus grande difficulté par rapport à la liberté extérieure. Elle place toujours l'être humain en face de choix qu'il souhaiterait ne pas faire pour ne rien perdre. C'est pourquoi il tente parfois désespérément de changer son conjoint, son père, sa mère, le monde, de façon à ce qu'il n'ait pas à choisir. Mais il n'est pas conscient, dans la plupart des cas, que cette tentative lui enlève toute sa liberté. Il y perd sa liberté de choix, sa liberté d'action, sa liberté de cheminer en dépit des obstacles. Il devient paralysé par l'attente ou s'épuise à se battre contre les limites de son entourage ou de son environnement.

Il est aussi stérile et aliénant d'essayer de changer une personne que nous aimons que d'essayer de changer la température extérieure. Si, par exemple, vous avez prévu rejoindre votre amoureux après votre journée de travail et qu'une tempête de neige a bloqué toutes les routes, que ferez-vous pour garder votre liberté compte tenu de cette contrainte qui vous retient chez vous et sur laquelle vous n'avez pas de pouvoir ? Tant que vous resterez victime de la situation, vous ne serez pas libre mais dépendante et amère. Être libre dans un cas comme celui-là ne signifie pas qu'il faille nier sa peine et sa décep-tion. La vraie liberté extérieure n'est pas exempte de souffrance puis-qu'elle suppose toujours une perte. Être libre, c'est, au contraire, donner de la place à sa déception et à sa peine et trouver le moyen de compo-ser avec l'écueil. Vous pouvez alors choisir de téléphoner à une amie pour passer la soirée avec elle et ne pas vous apitoyer sur votre sort. Peut-être choisirez-vous d'aller au cinéma du coin ou de marcher pendant des heures sous la neige qui tombe. Cela ne vous enlèvera probablement pas le manque que vous ressentirez de ne pas être avec la personne aimée, mais vous ne perdrez pas, de cette façon, votre sentiment profond de liberté parce que vous aurez cherché un moyen de composer avec cet écueil plutôt que de vous sentir victime de cette situation.

Faire face aux obstacles extérieurs de la relation affective dans le respect de soi et de l'autre suppose l'acceptation de faire des choix. L'expérience que j'ai vécue avec Rémi et Claire en psychothérapie est intéressante en ce sens. Ils voulaient tous les deux acheter une maison. Ils étaient d'accord sur le montant à investir et sur le type de maison qu'ils aimeraient choisir mais ils n'étaient pas d'accord sur l'endroit où ils voulaient habiter. Rémi souhaitait vivre à la campa-gne pour cultiver un jardin, aménager le terrain et profiter des grands espaces alors que Claire préférait la ville pour ses activités culturel-les, ses magasins, ses restaurants et ses écoles. Que faire dans cette situation pour que chacun préserve son sentiment de liberté ? Se bat-tre ou se résigner ? Dans les deux cas, leur besoin de liberté était menacé parce que ces options risquaient de les placer dans une situa-tion où il y aurait un gagnant et un perdant, ou encore dans une situa-tion de conflit. Leur seule façon de trouver leur liberté devant cet écueil extérieur se trouvait dans l'acceptation d'avoir à faire un choix. Cela supposait une perte à envisager pour les deux ou pour l'un d'en-tre eux, ce qui rendait leur décision plus difficile à prendre.

Le choix qu'ils avaient à faire concernait leurs priorités. Quelle était sa priorité à lui ? Préférait-il rester où il était ou acheter une nouvelle maison à la ville ? Quelle était sa priorité à elle ? Choisirait-elle de continuer à habiter sa résidence actuelle ou d'aller vivre à la campagne ? Ils pouvaient décider tous les deux de ne pas quitter leur maison et de s'en accommoder pour quelques années en assumant les conséquences de ce choix, ou l'un d'eux pouvait choisir la nouvelle maison même si elle n'était pas située à l'endroit de sa préférence. C'est Rémi qui, le premier, fit la proposition d'acheter une nouvelle propriété parce qu'il voulait plus d'espace pour bricoler, un bureau pour travailler, un jardin pour avoir le plaisir d'y planter des fleurs et des arbres. Il demanda toutefois à Claire d'opter pour un endroit dans le quartier le plus vert de la ville, ce qu'elle accepta avec plaisir. Il voulait absolument vivre près d'un parc.

Le choix qu'ils ont fait les a rendus entièrement libres parce qu'ils en ont assumé les conséquences. Elle avait renoncé au centre-ville qu'elle privilégiait comme lieu d'habitation. Il avait perdu la campagne. Mais ils étaient heureux d'avoir trouvé un point d'entente et de s'occuper ensemble de l'actualisation de leur projet. Nous voyons, par cet exemple, comme dans les deux précédents, que la liberté ne se trouve pas dans le fait d'essayer de changer l'écueil mais dans le fait d'accepter la réalité et d'y faire face de façon responsable.

J'insiste sur l'importance d'apprendre à choisir et accepter de perdre et sur l'importance, encore plus grande, d'assumer les conséquences de nos choix si nous voulons connaître la véritable liberté au regard des écueils extérieurs. La plupart des gens qui rencontrent un écueil, ne veulent pas arrêter de choix pour ne rien perdre. En agissant de cette façon, ils s'emprisonnent parce qu'ils perdent leur pouvoir et ils emprisonnent l'autre à qui ils ne donnent aucun droit de combler ses besoins, ses goûts et ses rêves. Pour ne pas être perdant à court terme, ils finissent, à long terme, par perdre la qualité de leur relation qui s'envenime parce qu'elle devient de plus en plus aliénante et paralysante.

Plus nous sommes en mesure de faire des choix lorsque se présentent des obstacles extérieurs dans nos relations affectives, plus nous tissons la toile de notre liberté, à condition, je le répète, d'en assumer les conséquences. Si le mari, qui voulait un immense terrain, a choisi d'acheter une maison à la ville avec un terrain plus étroit, et que ensuite, il ne cesse de reprocher à son épouse de l'avoir empêché de vivre à la campagne comme il le souhaitait, il n'est pas libre parce qu'il n'assume pas les conséquences de son choix. Il s'agit là d'une condition fondamentale à l'existence même de la liberté. Si nous faisons des choix et si nous rendons ensuite les autres responsables de notre vécu résultant de ces choix, nous perdons par le fait même notre liberté parce que nous nous enlevons le pouvoir que nous nous étions donné.

C'est d'ailleurs ce qui est arrivé à Gisèle. Mariée à Gilles depuis plus de dix ans, elle était l'épouse d'un homme fidèle et honnête. Cependant, son ambition n'ayant pas de limites, il consacrait tellement d'heures à son travail qu'il privait son épouse de sa présence et la contraignait ainsi à élever seule leurs deux enfants. Souvent exaspérée, elle lui exprimait sa peine, sa colère, lui faisait des reproches, le rendait responsable de ses manques et le menaçait même de le quitter. Mais comme elle ne mettait jamais ses menaces à exécution, il ne la prenait pas au sérieux et ne tenait jamais compte de ses plaintes, de ses accusations ni de ses ultimatums.

C'est son impuissance et son sentiment d'abandon et d'inexistence qui la poussèrent à consulter un psychothérapeute. Au cours de sa démarche avec lui, elle découvrit que, pour ne pas avoir à faire des choix, elle avait désespérément tenté de changer son mari et ainsi cherché à faire disparaître l'écueil extérieur qui la rendait malheureuse. Elle avait, par le fait même et inconsciemment, entretenu une dépendance qui lui avait enlevé toute sa liberté. Elle comprit que la seule façon de résoudre son problème était de récupérer le pouvoir sur sa vie plutôt que de contrôler celle de son mari. Elle devait changer elle-même au lieu d'essayer de le changer. Cette transformation ne s'effectua cependant pas sans difficulté.

Travailler à trouver la véritable liberté dans une relation affective, c'est faire l'apprentissage de l'autonomie et de la maturité. Ceux qui reprochent constamment aux autres de les empêcher d'être libres sont les êtres les plus dépendants et les plus immatures qui soient. Ce sont pourtant ces êtres-là qui accusent les autres de manquer d'indépendance et de maturité parce qu'ils ne sont pas conscients de leurs projections. Tant qu'ils font des reproches et qu'ils croient que la satisfaction de leur besoin de liberté dépend des autres, ils demeurent les geôliers de la prison qu'ils ont construite eux-mêmes. Ces personnes pensent qu'en changeant de partenaire, elles trouveront la clé de leur cachot. En agissant de cette façon, elles ne voient pas que la clé qu'elles cherchent est dans leur propre main et qu'elles ne pourront la découvrir et s'en servir que si elles acceptent d'être les seules artisanes de leur bonheur. Cette prise de conscience, bien que porteuse de liberté, n'entraîne pas moins des conséquences plus ou moins douloureuses dont celle d'avoir à faire des choix. C'est dans l'aptitude à choisir que se trouve la clé de la libération lorsque nous sommes confrontés à un écueil extérieur. C'est ici que beaucoup de personnes ne veulent rien perdre. Elles préfèrent entretenir la dépendance et attendre que l'autre change ou se batte pour qu'il devienne différent. Si elles réussissent à le changer, elles auront fabriqué un personnage qui, après un certain temps, ne leur inspirera plus l'amour mais l'indifférence ou le mépris.

Quand Gisèle s'est vue contrainte de faire des choix, elle eut très peur. La menace de perdre son mari, sa sécurité affective et matérielle, ses enfants, était telle qu'elle ne pouvait se décider à choisir quoi que ce soit. Elle dut traverser une longue étape pour retrouver confiance en elle-même avant d'envisager sa responsabilité quant à son avenir, à son bonheur, à sa recherche de liberté. Le chemin de la maturité n'est pas toujours facile à parcourir, surtout pour celui qui a été éduqué dans la dépendance. D'ailleurs, le problème d'assujettissement au monde extérieur ne s'est-il pas posé dans la plupart des familles judéo-chrétiennes dont le bonheur dépendait de la croyance en un Dieu extérieur qui avait sur elles tous les pouvoirs.

C'est de l'asservissement aux désirs et aux besoins de réussite professionnelle de son mari que Gisèle avait à se libérer. Pour ce faire, elle savait qu'elle aurait à faire un choix, à fixer des limites claires et à en assumer les conséquences. Elle devait agir non pas dans le but de changer son mari, ce qui l'aurait maintenue dans la dépendance, mais dans le but de trouver le bonheur par le respect et l'amour d'elle-même. Ses limites ne devaient donc pas être des menaces mais le reflet de l'affirmation d'une femme décidée à se donner l'importance qu'elle souhaitait se voir accorder par son mari. Avec le temps et grâce au travail assidu qu'elle a fait sur elle-même, son choix est devenu clair. Elle savait ce qu'elle voulait et c'est de la façon suivante qu'elle exprima ses limites à son mari : «Pendant des années, j'ai souffert de tes absences et de ma solitude. J'ai souffert d'avoir à assumer seule l'éducation de nos enfants. Je me suis d'abord oubliée au profit de la réalisation de tes rêves pour ensuite essayer par tous les moyens de changer tes priorités. Je n'ai pas réussi à me faire entendre parce que je n'étais centrée que sur toi. Je croyais que tu étais le seul qui soit capable de satisfaire mes besoins d'amour, de reconnaissance et de liberté. Aujourd'hui, je sais que tu n'es pas responsable de mon bonheur et que c'est à moi et à moi seule de m'en occuper. Cet apprentissage n'a pas été facile à intégrer pour moi parce que j'avais trop peur de te perdre. Bien que ma peur de te perdre soit toujours présente, je sais maintenant que je ne peux plus continuer à vivre avec toi dans les conditions actuelles. Je ne veux plus vivre comme une mère de famille monoparentale. J'ai besoin de ta présence à la maison le soir et les fins de semaines. J'ai besoin de toi et je suis même prête à te perdre même si je t'aime profondément plutôt que de vivre à côté de toi en étrangère comme nous le faisons présentement.»

En parlant ainsi à son mari, Gisèle avait fait le choix de prendre le risque de le perdre plutôt que de se perdre elle-même. Ce choix était d'autant plus difficile à faire qu'elle devait en assumer les conséquences. Nous voyons ici la différence entre les limites que nous posons par amour de soi et la menace. Lorsque nous partons de l'intérieur de nous-mêmes pour faire des choix c'est beaucoup plus facile de passer à l'action parce que nous savons que notre satisfaction ne dépend pas de l'autre mais de nous et nous savons aussi que, si nous parlons sans passer à l'action, nous perdons notre crédibilité, le pouvoir sur notre vie et notre liberté devant les écueils extérieurs. Gisèle était consciente de ce qu'elle faisait quand elle a parlé à Gilles. Elle souhaitait de tout son cœur continuer à vivre avec cet homme qu'elle aimait, mais, après discussion, négociations et réflexions, Gilles se rendit compte avec beaucoup de tristesse qu'il était trop obsédé par sa réussite professionnelle. Aussi, accepta-t-il de faire certains compromis.

L'histoire de Gisèle et de Gilles nous montre encore une fois que nous ne pouvons trouver la liberté que nous recherchons devant les écueils extérieurs qu'en acceptant de faire des choix et d'en assumer les conséquences. C'est la seule façon de trouver l'autonomie et de nous acheminer vers la maturité psychologique. La vie quotidienne nous place fréquemment devant des obstacles et des choix à faire. Nous pouvons nous laisser emprisonner par notre refus de choisir pour ne rien perdre. Dans ce cas, notre bonheur et notre malheur dépendent du monde extérieur et non de nous-mêmes.

Choisir de nous impliquer dans une relation affective, c'est choisir ipso facto de faire face à des écueils qui risquent de susciter en nous le sentiment d'être étouffé par la personne aimée, le sentiment qu'elle fait trop souvent obstacle à nos désirs, à nos besoins, à nos interdits, à nos projets. Et si nous n'identifions pas le vécu que ces écueils extérieurs déclenchent en nous, nous serons à la merci d'obstacles beaucoup plus subtils et beaucoup plus aliénants : les écueils intérieurs. Mais avant de passer à ces derniers, voyons, par l'exercice qui suit, quels moyens concrets peuvent vous aider à vous libérer des obstacles extérieurs.

••• *Réflexion et application* •••

■ Chez une des personnes importantes, pour vous, il y a certaine-ment un écueil extérieur auquel vous vous heurtez. Quel est cet écueil ? S'agit-il d'un trait de caractère, d'un comportement ou d'une habi-tude? S'agit-il de ses principes, de ses valeurs, d'une décision qu'elle a prise ? Peut-être est-ce sa façon d'envisager la vie de couple, la famille, l'éducation des enfants, l'avenir qui vous dérange ? Peut-être êtes-vous ennuyé par ses goûts, ses intérêts, ses désirs, ses amis, ou alors, par le genre de travail qu'elle fait ? Essayez de trouver un écueil extérieur qui vous gêne dans votre relation avec cette personne et tentez de le préciser.

■ Soyez attentifs à ce que vous ressentez au moment où vous êtes importuné par cet écueil. Cette étape de l'exercice est fondamentale parce qu'elle vous permet de trouver en vous la source de vos insatis-factions plutôt que de la chercher en-dehors de vous-même et de per-dre ainsi votre liberté. Il y a le danger, si vous n'identifiez pas ce que vous ressentez, que vous tentiez de changer l'autre ou d'argumenter pour avoir raison ou encore de vous engager dans une discussion stérile qui risque de se terminer par un conflit.

■ Vous savez que, derrière votre vécu, se dissimulent des besoins. Dans votre relation avec cette personne, à cause de cet écueil, quels sont vos besoins non satisfaits ? Si, par exemple, cette personne est jalouse et qu'elle doute de vous, peut-être avez-vous besoin de sa confiance ? Si elle prend des décisions concernant vos enfants sans vous consulter, peut-être avez-vous besoin de vous sentir plus im-portant ? Si elle est renfermée et secrète, peut-être avez-vous besoin de sécurité ? Si elle reçoit toujours beaucoup de monde à la maison et que vous n'êtes jamais seuls tous les deux, peut-être avez-vous besoin de plus d'intimité et besoin de communiquer ? Si elle juge et ridiculise vos opinions et vos valeurs, peut-être avez-vous besoin d'être respecté ? Si elle ne vous manifeste pas beaucoup d'attention et d'affection, peut-être avez-vous besoin d'être aimé ?

■ Maintenant que vous savez ce que vous ressentez et que vous connaissez vos besoins, essayez de trouver ce que vous pouvez faire vous-même pour éprouver de la satisfaction sans perdre votre liberté. Quel choix pouvez-vous arrêter ? Vous pouvez choisir de souffrir en silence et d'entretenir du ressentiment envers cette personne ou de lui parler. Dans ce dernier cas, vous pouvez lui dire ce que cet écueil vous fait vivre, lui exprimer vos besoins et lui faire des demandes claires sans la blâmer et sans essayer de la changer. Si, par exemple, elle est toujours en retard aux rendez-vous que vous vous fixez, vous pouvez lui exprimer votre impatience, votre impuissance, votre in-quiétude, votre insécurité ou votre colère et lui exprimer votre be-soin d'être important pour elle et d'être respecté par elle. Prenez non seulement le temps de vous dire mais aussi celui d'entendre jusqu'au bout la réponse de la personne à qui vous vous adressez. Intéressez-vous à ce qu'elle vit et portez attention à ses besoins. Établissez une véritable communication sans jeux de pouvoir avec elle.

■ Il est possible que le fait d'exprimer vos émotions et vos besoins et de faire des demandes précises de façon sentie et authentique et non pas d'une manière machinale ou uniquement rationnelle ait un impact qui vous satisfasse. Si ce n'est pas le cas, vous devez poursuivre votre dé-marche en faisant votre propre analyse de cette expérience.

- Avez-vous agi dans le but non avoué de changer l'autre per-
  sonne ou dans le but de vous occuper de vos besoins et de créer une relation plus satisfaisante ?
- L'avez-vous blâmé ? critiqué ? jugé ? culpabilisé ? moralisé ? ménagé ? menacé ? Avez-vous banalisé son point de vue et son vécu ?

94

- Avez-vous parlé de vos émotions de façon rationnelle et impersonnelle, sans les sentir ?
- Avez-vous été authentique ou avez-vous soustrait de votre communication tout ce qui risquait de la blesser ?
- Avez-vous parlé de vous ou de l'autre ? Autrement dit, vous êtes-vous exprimé au «je» ou au «tu» ?
- Avez-vous écouté jusqu'au bout la réponse de l'autre personne sans intervenir pour parler de vous ?
- Lui avez-vous laissé le droit à son propre vécu, à ses propres besoins, à ses réactions ?
- Si sa réponse vous a touché, lui avez-vous exprimé dans l'ici et maintenant votre vécu plutôt que de vous en défendre par la justification, la rationalisation, le jugement, l'argumentation, le rejet, le retrait ou par tout autre mécanisme de défense ?

Votre réponse honnête à ces questions oriente la suite de votre démarche. Ou vous retournez voir la personne pour vous réajuster et reconnaître vos propres écueils ou, si vous n'avez fait aucune erreur de communication et que vous vous trouvez toujours devant le même écueil, votre prochain choix consiste à accepter cette personne telle qu'elle est avec sa personnalité, ses valeurs, ses goûts, ses intérêts, ses limites, ses écueils ou à lui fixer des limites claires et à en assumer les conséquences.

Supposons, par exemple, que cette personne s'emporte facilement et vous fait périodiquement des colères incontrôlées quand elle vit un malaise ou quand elle est contrariée. Supposons aussi que vous lui avez exprimé vos peurs, votre insécurité et vos besoins, que vous lui avez demandé clairement de vous dire ce qu'elle vit plutôt que de se perdre dans ses colères défensives qui la submergent et lui enlèvent sa liberté et que la situation ne s'améliore pas. Dans ce cas, vous devez vous demander à vous-même si vous êtes prêt à poursuivre la relation avec cette personne en l'acceptant telle qu'elle est sans essayer constamment de la changer.

Supposons que la personne que vous aimez est très engagée socialement, très occupée et très peu disponible, que vous lui avez parlé sans lui faire de reproches, que vous lui avez exprimé claire- ment votre besoin de sa présence, votre besoin de partager des activi- tés avec elle et que votre demande semble ne pas avoir de résonance chez elle, vous avez encore ici à vous questionner pour savoir si vous pouvez continuer à vivre ainsi sans tenter de la changer.

La réponse à cette question ne doit pas être impulsive. Vous devez vraiment vous y arrêter sérieusement pour ne pas passer votre vie à exercer du pouvoir sur elle en lui faisant des reproches, des blâmes et en l'accusant, ou passer votre vie à attendre qu'elle décide de changer. Vous ne pouvez pas non plus prendre une décision que vous regretterez par la suite. Ce qui est important, c'est que vous soyez en mesure d'envisager les trois réalités devant lesquelles vous place cet écueil.

La première est que vous ne pourrez jamais rencontrer une per- sonne parfaite qui ne vous fera vivre que des émotions agréables et qui devinera tous vos besoins, d'autant plus que vous n'êtes pas non plus l'être idéal qui comble totalement ceux qu'il aime. Quelle que soit la personne que vous choisirez comme compagnon ou comme compagne, ou quelle que soit la personne avec laquelle vous avez établi une relation affective significative pour vous, vous aurez tou- jours à faire face à des obstacles qui vous feront plus ou moins souf- frir parce que cette personne aura, comme vous, des limites et qu'elle sera, comme vous, différente. Chercher la personne parfaite, c'est aussi difficile que chercher une aiguille enfouie dans une meule de foin; c'est se lancer dans une aventure impossible. Avant de passer trop rapidement d'une relation à une autre ou, pire encore, de briser la relation, il vous faut affronter cette réalité.

La deuxième réalité que vous devez accepter est celle de l'exis- tence des systèmes relationnels. Il est possible que vous ayez été attiré par la personne en question justement parce qu'elle rappelle à votre mémoire inconsciente votre expérience primitive de l'amour. Elle est peut-être un bourreau parce que vous êtes une victime. Elle est peut-être absente parce qu'elle se sent inutile à vos côtés étant donné que vous contrôlez tout et que vous prenez tout en charge. Elle est peut-être envahissante parce que cédez inconsciemment tout l'espace pour ne pas perdre son amour. Elle prend peut-être beaucoup de place parce que vous n'en prenez pas. Elle parle peut-être beaucoup parce que vous ne parlez pas ou vice versa. Dans ce cas, vous avez une part de responsabilité dans cette difficulté. Au lieu d'essayer de changer l'autre, vous auriez avantage à chercher ce que vous pourriez changer en vous-même pour améliorer la situation. La théorie des systèmes a ceci de particulier : il suffit d'en changer un des éléments pour faire bouger tous les autres. Votre transformation aura un impact indéniable sur la personne que vous aimez, d'autant plus qu'en travaillant sur vous-même plutôt qu'en cherchant à travailler sur elle, vous garderez le contrôle de votre vie et, par conséquent, vous satisferez votre besoin de liberté.

La troisième réalité à considérer pour faire un choix éclairé, c'est l'amour de soi. Rester en relation avec une personne que vous n'aimez pas, mais que vous tolérez parce que vous ne voulez pas la blesser, c'est vous blesser vous-même et faire davantage mal à l'autre à cause de votre lâcheté. Vivre dans une telle situation, c'est manquer d'amour pour l'autre et manquer d'amour pour soi. De la même manière, si vous restez en relation avec une personne que vous n'aimez pas et avec laquelle vous êtes malheureux simplement parce que vous avez peur du changement, de l'inconnu, de l'avenir, de la solitude ou parce que vous ne faites pas confiance à vos capacités, vous faites un choix qui vous maintiendra dans la souffrance parce qu'il n'est pas fondé sur l'amour de vous-même. Choisir en fonction de vos peurs, c'est risquer très fortement de vous tromper et c'est ne pas vous aimer. Choisir en fonction de vos besoins, de vos désirs et de vos aspirations, sans nier les peurs, c'est généralement faire le bon choix parce qu'il est fondé sur l'amour de soi. Un choix ne peut donc être éclairé et juste sans passer par l'amour de soi.

Maintenant que vous avez considéré les trois réalités que sont l'imperfection permanente de l'être humain, les systèmes relationnels et l'amour de soi, vous êtes prêt à faire le choix le plus approprié par rapport à l'écueil extérieur devant lequel vous place la personne aimée ; ou vous l'acceptez telle qu'elle est ou vous lui fixez des limites. L'accepter telle qu'elle est, c'est apprendre à vivre avec l'écueil sans le subir et sans le combattre mais en vous donnant le droit d'exprimer vos émotions et vos besoins quand vous en sentirez la nécessité. Si vous faites ce choix, vous devez l'assumer entièrement et ne pas blâmer l'autre chaque fois qu'il vous dérange. C'est quand ce choix fondamental est assumé dans une relation affective que naît l'humour. Au lieu de combattre ou de subir l'écueil, on en rit à deux de bon cœur et sans méchanceté, ce qui l'adoucit et le rend beaucoup plus supportable.

Par contre, si vous faites le choix de fixer vos limites, vous devrez en assumer les conséquences précises. N'oubliez pas que les limites ne sont pas des menaces. Elles n'ont pas pour but de changer l'autre mais de se respecter soi-même. Elles sont l'expression de nos propres limites à vivre avec un écueil. Si, par exemple, votre copain ou votre copine a un amant ou une maîtresse et que vous ne pouvez pas, par respect et par amour de vous-même, vivre avec cet écueil, vous aurez à prendre le risque de le perdre et à lui dire clairement votre incapacité à poursuivre la relation dans ces conditions.

Vous avez maintenant traversé tout le processus qui mène à la liberté compte tenu des écueils extérieurs dans une relation affective. Voyons maintenant ce que sont les écueils intérieurs et comment les aborder.

## Les écueils intérieurs

Les écueils les plus difficiles à cerner et à gérer sur le chemin qui mène à la liberté dans les relations affectives sont les écueils intérieurs, des obstacles qui naissent à l'intérieur de nous-mêmes.

Contrairement aux obstacles extérieurs qui sont visibles, palpables, concrets en ce sens qu'ils passent par le biais d'une personne ou d'une situation, les écueils intérieurs sont invisibles, impalpables, immatériels. De plus, à cause de leur subtilité et de la tendance naturelle de la plupart des êtres humains à chercher en dehors d'eux-mêmes la solution à leurs problèmes tout comme la source de leurs insatisfactions, ces écueils échappent très souvent à la conscience. Bien qu'ils fassent de plus en plus l'objet d'un intérêt général et celui de nombreux spécialistes des sciences humaines, voire des sciences physiques, ils n'en sont pas moins abordés, pour la plupart, de façon plutôt rationnelle et intellectuelle. C'est précisément parce qu'ils sont appréhendés uniquement comme des objets de connaissance qu'ils demeurent des entraves à la recherche de la liberté. En effet, nous pouvons étudier, analyser, décomposer et reconstruire le phénomène émotionnel et rester incapables de sentir les émotions qui nous animent ici et maintenant. J'ai rencontré quantité de personnes qui utilisaient le langage de la relation avec soi-même et avec les autres, le langage de l'écoute de soi, le langage de la communication authentique, mais qui n'avaient absolument pas intégré tout ce qu'ils disaient. Et, pire encore, ils n'en étaient pas conscients. Beaucoup de personnes sont d'accord avec ce langage, mais rarissimes sont celles qui s'en pénètrent vraiment.

La seule approche rationnelle des phénomènes irrationnels entraîne parfois des conséquences dramatiques. Nombre d'intervenants, qu'ils soient psychothérapeutes, psychologues, psychiatres, psychanalystes ou enseignants, croient que, parce qu'ils adhèrent intellectuellement à une théorie qui concerne la vie intérieure, ils sont en mesure de l'appliquer dans leur pratique sans plus de formation ni d'intégration. Inconscients du tort qu'ils peuvent causer par ce manque d'intégration, dans leur propre vie, du langage qu'ils utilisent, ils sont trop souvent porteurs de doubles messages qui créent ou augmentent chez les autres une confusion intérieure.

Cette réalité confirme que les émotions, les besoins et les mécanismes de défense sont des écueils internes à la liberté lorsqu'ils ne
sont pas identifiés et acceptés. Je ne parle pas ici d'une identification
et d'une acceptation rationnelle et définitive qui amènerait la personne à se définir et à s'enfermer dans des caractéristiques qui lui
enlèveraient sa liberté d'action, sa spontanéité et son authenticité. Je
parle plutôt de l'identification et de l'acceptation de ce qui se passe
en soi à chaque instant. Cela suppose la capacité de faire face à l'inconnu, à la contradiction - ce que la conscience rationnelle ne sup-
porte pas - aux paradoxes, aux changements. C'est précisément
l'aptitude à identifier et à accepter la réalité intérieure dans l'ici et
maintenant qui empêche cette réalité de se transformer en écueils qui
agissent à l'insu de la personne dans ses relations par toutes sortes de
manifestations, lesquelles lui enlèvent toute liberté d'action et de réaction.

Le but de ce chapitre est d'éclairer le labyrinthe de nos écueils
intérieurs pour favoriser la prise de conscience des embûches à notre
liberté de réagir comme nous le souhaiterions. Comme j'ai déjà apporté certaines précisions à propos des émotions et des besoins au
chapitre précédent en démontrant ce qui se produit lorsqu'ils ne sont
pas identifiés par la conscience rationnelle, je consacrerai plutôt ce
chapitre aux mécanismes de défense parce qu'ils constituent la
meilleure porte d'entrée sur les émotions et les besoins non identifiés. Comme ils sont des moyens inconscients utilisés par le psychisme pour se protéger des émotions désagréables qui émergent du
processus relationnel ou imaginaire, nous pouvons affirmer que derrière les mécanismes de défense se cachent toujours une ou plusieurs
émotions trop difficiles à supporter pour être accueillies directement
et que, derrière ces émotions, se trouvent des besoins comme ceux
d'être aimé, sécurisé, reconnu, accepté, écouté ou celui de s'affirmer.
C'est pourquoi nos mécanismes de défense méritent d'être ramenés à
la conscience et acceptés comme faisant partie de notre monde intérieur. Ils peuvent ainsi devenir les clés de nos prisons personnelles et
relationnelles.

Les moyens utilisés par le psychisme pour se protéger contre la souffrance sont tellement nombreux et subtils qu'il est absolument impossible d'en faire ici une étude exhaustive. Ceux que j'ai choisis de développer ne sont pas, pour la plupart, considérés comme des mécanismes de défense parce qu'ils n'en présentent pas, à deux exceptions près, les caractéristiques telles que définies par la psychanalyse ; les données conceptuelles de départ de mon approche ne sont pas les mêmes que celles de cette approche traditionnelle qui voit le mécanisme de défense comme un moyen à la disposition de l'individu pour se protéger inconsciemment contre les conflits intérieurs suscités par les désirs, les instincts et les pulsions.

Aussi, selon les conceptions élaborées dans ce livre, pour se protéger de la souffrance émotionnelle non identifiée, l'être humain peut se défendre, entre autres, par la tendance à la verbalisation excessive, à l'introjection, à l'idéalisation, à l'oubli de lui-même, au contrôle, à la culpabilisation, à la banalisation ou à la compulsion à exercer un pouvoir sur les autres.

Mais comment peut-on se protéger d'une l'émotion désagréable par la verbalisation excessive ?

### La verbalisation excessive

Verbaliser, c'est extérioriser sa pensée, ses opinions, ses émotions au moyen du langage. Quand une personne a développé une tendance à la verbalisation excessive, elle s'exprime avec une surabondance de paroles qui agace parfois les autres parce que sa propension à parler est très souvent défensive.

Lucie avait environ quarante-cinq ans lorsque je l'ai connue. Elle avait choisi d'entreprendre une démarche de croissance personnelle en groupe malgré les expériences répétées de rejet qu'elle avait connues auparavant. Déterminée à trouver un lieu d'appartenance où elle aurait sa place, elle était convaincue qu'un cheminement basé sur l'approche non directive créatrice lui serait bénéfique. Sachant, pour avoir lu mon livre *Relation d'aide et amour de soi*, que cette approche reposait sur la relation, l'acceptation, le respect et l'amour de soi et des autres, elle était certaine qu'elle trouverait dans mes groupes ce qu'elle cherchait depuis si longtemps : un milieu où, enfin, elle ne subirait plus de rejet, où elle ne connaîtrait plus cette solitude à laquelle elle finissait toujours par être confrontée dans tous les endroits qu'elle fréquentait. En fait, Lucie cherchait à l'extérieur d'elle-même la solution à son problème et croyait que son nouveau groupe allait combler toutes ses attentes. Son bonheur dépendait donc des autres, non d'elle-même. Elle n'exerçait aucun pouvoir sur sa vie parce qu'elle n'était pas consciente des causes intérieures du rejet, franc ou subtil, qu'elle subissait. Elle avait d'ailleurs développé une carapace qui lui permettait d'affronter le rejet avec indifférence. C'est du moins ce qu'elle montrait. Pour mieux entretenir sa carapace, elle se faisait accroire que les autres ne l'aimaient pas parce qu'ils étaient jaloux de sa beauté, de sa classe, de ses connaissances, de sa profession et de son statut social. Effectivement très attrayante, distinguée et cultivée, elle ne manquait pas, paradoxalement, d'utiliser sa séduction et le savoir qu'elle détenait pour impressionner.

Malgré ses convictions et ses efforts pour être aimée, elle a connu avec son nouveau groupe le même parcours qu'à l'occasion de ses expériences précédentes. Lorsque les gens la voyaient, ils étaient attirés vers elle et, lorsqu'ils l'entendaient, ils la fuyaient. Que ce soit en atelier ou à l'heure des pauses, quand Lucie se retrouvait dans un grand ou un petit groupe, elle parlait toujours beaucoup. Une force intérieure qu'elle ne connaissait pas la poussait à bavarder et à interrompre ceux qui prenaient la parole. Quand on lui reprochait de ne pas écouter, elle répétait machinalement et mot pour mot les dernières phrases qu'elle avait entendues pour poursuivre un monologue qu'elle lançait dans le désert parce que personne ne l'écoutait. Puis arrivait le moment où tout le monde la fuyait systématiquement et où elle se retrouvait encore seule à croire qu'elle dérangeait parce que les gens se sentaient inférieurs en sa présence.

Quand elle s'exprima dans mon groupe pour parler de tout sauf de son problème, j'ai tout de suite vu qu'elle parlait sans vraiment tenir compte de ceux qui l'écoutaient, sans établir de relation avec eux. Quand j'intervenais, elle s'arrêtait un moment, puis reprenait son discours là où elle l'avait laissé comme si je n'avais rien dit. Je me suis rendu compte que cette femme ne m'écoutait pas parce qu'elle n'était pas à l'écoute d'elle-même. Quelque chose en elle, qu'elle ne s'était jamais arrêtée à entendre, la poussait à parler. Elle, qui connaissait tout sur le monde extérieur, n'avait aucune liberté dans ses relations parce qu'elle ne connaissait pas son monde intérieur. Elle était devenue ce qu'il serait convenu d'appeler un moulin à paroles qui fabrique des mots pour ne pas sentir ses malaises relationnels. La parole avait d'ailleurs été un mécanisme de survie quand elle était enfant et adolescente. Rejetée par sa soeur aînée qui avait été forcée de s'occuper d'elle pendant des années après la mort de sa mère, la petite Lucie, qui voyait sa grande soeur comme un modèle, n'avait éprouvé le sentiment d'exister pour elle que lorsqu'elle parlait. En effet, lorsqu'elle pleurait, elle était réprimandée, lorsqu'elle se mettait en colère, elle était punie, lorsqu'elle posait des questions, elle était ridiculisée et lorsqu'elle se murait dans le silence, elle était ignorée. Elle a vite constaté que, lorsqu'elle parlait, sa sœur lui accordait une certaine attention.

Il n'est pas nécessaire d'avoir connu une enfance qui ressemble à celle de Lucie pour développer l'habitude de parler afin de dissiper ses malaises. De nombreuses personnes ont ce réflexe d'utiliser une pléthore de mots pour ne sentir ni leurs émotions ni leurs besoins. Et ce qu'elles disent n'a pas d'intérêt parce qu'elles ne sont pas en harmonie avec elles-mêmes. Elles sont à la merci d'un chaos irrationnel dont les composantes ne sont pas identifiées. Peuvent-elles trouver leur liberté en changeant de comportement sans prendre conscience de leur vie émotionnelle ? Il est possible, en effet, qu'une personne qui se fait dire clairement qu'elle importune les autres par la surabondance de ses paroles, décide de se taire. Cependant, comme son changement d'attitude sera motivé par des forces extérieures, elle passera d'un mécanisme de défense inconscient à un autre qui sera, par exemple, le refoulement. Elle n'aura pas plus de liberté dans son silence qu'elle en avait dans ses verbalisations excessives. La force intérieure qui la poussera à se taire lui sera aussi inconnue que celle qui la portait à parler. Elle sera encore à la merci d'un monde auquel elle n'aura pas donné de visage. Elle n'atteindra une liberté profonde que quand elle saura ce qui, de l'intérieur, la pousse inconsciemment à parler ou à se taire.

C'est son chaos que Lucie devait identifier. Il était fait de tellement de souffrance qu'elle ne pouvait chercher qu'à le fuir. S'ouvrir à ses émotions, c'était s'ouvrir à la souffrance du vide affectif. C'est pour combler ce manque qu'elle parlait et c'est paradoxalement parce qu'elle parlait qu'elle n'arrivait jamais à le combler puisque sa parole ne lui attirait que du rejet. Quand elle identifia sa douleur réelle et l'exprima ouvertement, elle reçut une attention et un accueil qui la surprirent et qu'elle ne comprenait pas. Rejetée, enfant, lorsqu'elle exprimait sa peine, elle était aujourd'hui vraiment écoutée quand elle exprimait son manque et son besoin d'être aimée. Elle constata, à la suite de cette expérience, que l'authenticité la rapprochait des gens alors que sa parole sans âme les éloignait. Ce jour-là, Lucie a vécu une situation qui lui a donné les clés de sa prison. Elle n'allait pas pour autant cesser de recourir au réflexe automatique de parler quand elle avait des malaises, mais elle connaissait maintenant la véritable raison du rejet qu'elle subissait, ce qui lui donnait la clé de son monde intérieur. Il n'en tenait qu'à elle d'en ouvrir la porte pour être libérée de son manque en sachant que, derrière la douleur qu'elle rencontrerait, se trouvait la liberté de celui qui se montre tel qu'il est dans ses relations affectives et le bonheur de celui qui, par son authenticité, crée le lien nécessaire à toute relation.

L'histoire de Lucie ressemble peut-être à la vôtre ou à celle de personnes qui vous sont chères. Elle n'a pas été écrite pour susciter un jugement mais pour faciliter l'acceptation et fournir des pistes de compréhension de certains de nos conflits, de certaines de nos souffrances et de nos insatisfactions relationnelles. Je me souviens que adolescente, pour obtenir l'attention et l'écoute de ma mère, j'utilisais une pléthore de mots qui ne correspondait pas du tout à ma réalité intérieure. Je me souviens aussi de certaines rencontres avec des amis dont je ressortais avec un sentiment profond de tristesse et avec une insatisfaction dont je ne connaissais pas la cause. Un jour, j'ai compris que j'étais habitée par ces malaises chaque fois que, pour combler mon besoin d'être aimée, j'avais parlé comme une machine. J'en sortais avec un manque, tout à fait inconscient, qui me faisait mal. Je n'avais pas réussi à me nourrir de ma relation avec les autres parce que, n'étant pas en relation avec moi-même, je n'avais pas établi de lien avec eux.

Le réflexe de masquer ses besoins et son monde émotionnel par une surabondance de paroles est très présent chez certaines personnes de nature plutôt rationnelle, chez d'autres dont les habiletés langagières sont très développées ou qui cherchent à tout expliquer par la raison ou, enfin, chez les personnes qui cherchent à prouver et à impressionner . Il est aussi présent chez des personnes qui considèrent la subjectivité du monde émotionnel et du monde imaginaire comme non crédible parce qu'elles ne peuvent le dominer comme elles dominent les mots. Ces gens-là, qui se présentent souvent comme supérieurs aux autres, ne savent pas qu'ils sont dépendants de ce monde qu'ils rejettent parce qu'il leur est inconnu. Ils ne savent pas que c'est souvent lui qui enclenche leur «machine à paroles» et que, croyant être les maîtres, ils sont en réalité les valets d'une force qui les dépasse. Ils peuvent parler de l'émotion comme des savants sans jamais sentir celles qui les habitent et les gouvernent à leur insu dans l'ici et maintenant.

La parole est essentielle pour informer, pour enseigner, pour discuter de sujets qui nous intéressent. Elle peut cependant devenir un piège dans le monde des relations affectives quand elle exprime inconsciemment un langage qui cherche à dissimuler la réalité intérieure. Elle est, par contre, le moyen le plus efficace de communiquer authentiquement quand elle est le reflet d'un monde dont l'intervention ne peut échapper à une relation affective vécue dans la liberté, le monde des émotions et des besoins.

Mais qu'est-ce qui empêche un grand nombre d'êtres humains d'accéder librement à leur vie intérieure ? Nous pourrions donner plusieurs réponses à cette question. Nous allons cependant nous limiter en tentant de démontrer, après l'exercice qui suit, la puissance aliénante de l'introjection.

### ••• *Réflexion et application* •••

■ Il vous est peut-être arrivé d'écouter passivement quelqu'un qui parle beaucoup et en présence duquel vous avez du mal à placer un mot. Retracez une situation dans laquelle cela s'est produit avec une personne qui est près de vous sur le plan affectif et que vous côtoyez assez régulièrement : votre mère, votre père, votre copain, votre copine, votre frère, votre sœur, votre amie, votre époux, votre épouse.

Que se passe-t-il quand vous tentez de communiquer avec cette personne ? Observez-vous. Avez-vous tendance à l'écouter patiemment sans intervenir ? Avez-vous tendance à la fuir ? Êtes-vous porté à la ridiculiser, à la juger ou à la critiquer, à la blâmer ? Préférez-vous la subir pour ne pas la blesser ? Peut-être avez-vous le désir constant de la confronter ou de la provoquer.

Si vous adoptez inconsciemment et spontanément l'un ou l'autre de ces comportements, vous n'êtes pas libre. Comme la personne qui parle trop parce qu'elle n'écoute pas ses émotions et ses besoins, vous vous défendez autrement, avec elle, pour la même raison. Votre seule différence se situe dans le choix inconscient du mécanisme de défense.

La prochaine fois que vous vous trouverez en présence de cette personne ou d'une personne qui lutte contre ses malaises par une surabondance de paroles, vous devez d'abord prendre le temps d'identifier ce que vous ressentez (ennui, agacement, impatience, indifférence ou agressivité), pour ensuite prendre conscience de vos besoins (besoin d'exister, de parler ou d'être écouté). Il est fondamental, pour ne pas vous laisser emprisonner par cette situation que vous vous occupiez vous-même de vos besoins. N'attendez pas que cette personne vous prenne en charge et s'occupe de vous, ce n'est pas sa responsabilité mais bien la vôtre. Prenez votre place dans la conversation et si elle ne vous écoute pas, soyez authentique. Ne la jugez pas, ne la critiquez pas quand elle n'est pas là, mais rendez-lui le service de lui parler de vous, de votre difficulté à l'entendre quand elle parle trop, de votre besoin d'exister. Surtout, ne la ménagez pas. Parlez-lui sans la blâmer dans le but d'améliorer la relation. Si cette personne est proche de vous affectivement, vous avez doublement avantage à intervenir. Vous serez le premier ou la première à en bénéficier.

■ Le souci d'honnêteté vous pousse peut-être aussi à reconnaître qu'il vous arrive parfois de parler un peu trop pour dissiper un malaise. Certaines personnes, qui sont mal à l'aise, quand on leur fait un compliment par exemple, réagissent en se diminuant et en banalisant la reconnaissance de l'autre plutôt que de prendre le temps de l'accueillir. Prendre ce temps signifie écouter le malaise et vivre avec lui ou le dire plutôt que de se défendre par des paroles inutiles et autodestructrices.

Il peut vous arriver de prononcer des paroles défensives quand vous êtes jugé, critiqué, culpabilisé, dominé, plutôt que de prendre le temps de ressentir ce que vous vivez.

Parfois, vous pouvez parler de façon excessive parce que vous avez besoin d'exister, d'être important ou par besoin d'attention. Dans ce cas, c'est votre besoin d'être reconnu qui n'est pas entendu par vous-même et qui, parce qu'il n'est pas identifié, vous enlève votre pouvoir sur ce que vous dites.

Dans vos relations affectives, soyez vigilant et observez vos tendances à trop parler ou à parler défensivement. Dans ces cas-là, vous n'êtes pas en relation avec vous-même dans l'ici et maintenant. Ce sont, je le répète, vos émotions et vos besoins non entendus qui dominent et qui biaisent votre comportement à votre insu. Vous ne reprendrez le pouvoir sur votre vie que si vous devenez conscients de ce qui se passe à l'intérieur de vous-même. Vous aurez alors un sentiment de liberté personnelle et relationnelle. Aucune situation extérieure ni aucune personne ne pourront vous enlever cette liberté en vous dominant subtilement si vous êtes à l'écoute de vos malaises. Vous aurez alors la possibilité d'adopter des moyens de protection conscients pour ne pas perdre votre liberté profonde.

Je vous encourage donc fortement, aujourd'hui et dans les jours qui vont suivre, à observer vos réactions défensives. N'oubliez pas qu'elles sont vos portes d'entrée sur votre vie émotionnelle. Observez les déclencheurs extérieurs et vos réactions à ces déclencheurs. Vous savez maintenant qu'elles sont porteuses d'émotions non identifiées. À la fin de chacune de vos journées, remémorez-vous les communications importantes que vous avez eues et prenez des notes, faites ressortir les constantes pour faciliter la prise de conscience de vos fonctionnements et pour avoir une meilleure connaissance de vous-même. Vous verrez alors quelles émotions vous poussent à vous perdre dans la verbalisation excessive. De plus, la suite de la lecture de ce livre vous permettra d'identifier d'autres mécanismes aussi peu satisfaisants dont, entre autres, l'introjection.

## L'introjection

Introduite en psychanalyse par Sandor Ferenczi et adoptée par Freud, l'introjection a été définie par ce dernier comme un mécanisme inconscient par lequel on intègre (incorporation) l'image d'une personne à son Moi et à son Surmoi. En introjectant l'image, les qualités, les exigences et les interdits de ses parents ou de leurs substituts, l'enfant construit une partie de sa personnalité. Pendant que certaines de ces valeurs s'intègrent au Moi, d'autres, particulièrement celles qui sont récupérées par le Surmoi, s'installent comme des greffes et deviennent des obstacles perturbateurs de la liberté dans les relations affectives. Ces greffes, jamais intégrées au Moi se manifestent, en quelque sorte, sous la forme d'une petite voix intérieure qui dirige la personne à son insu. C'est la voix du père intérieur qui défend, de la mère intérieure qui évalue, du grand-père, de la grand-mère, de la tante ou du professeur qui culpabilise et qui juge ; c'est le censeur qui l'habite et qui contrôle ses émotions, ses opinions, ses actions ; c'est le monarque psychique qui dirige subtilement son monde émotionnel et mental ; c'est le défenseur d'une moralité qui tue la liberté d'être soi-même.

Lorsqu'une personne est guidée par une image contrôlante et aliénante acquise par introjection, elle n'est plus authentique. Elle devient un personnage fabriqué par ses juges intérieurs qui sont des ambassadeurs de ses premiers éducateurs, un être composé qui n'arrive pas à se définir ni à trouver sa véritable nature. Elle ressemble à une marionnette guidée par des fils internes actionnés par une puissance qui lui échappe.

Il existe de nombreuses images, convictions ou comportements introjectés qui contrôlent de l'intérieur la vie émotionnelle et enlèvent à l'être humain la liberté d'exprimer authentiquement son vécu dans ses relations affectives. Si l'enfant a été fréquemment réprimé lorsqu'il exprimait ses émotions, il peut intégrer l'image du parent répressif qui, de l'intérieur, gardera la maîtrise sur son monde émotionnel. Une petite voix intérieure lui répétera les phrases qu'il aura très souvent entendues : «Tu es trop sensible, trop vulnérable, trop braillard, trop émotif, trop impressionnable.» ou «Être jaloux, c'est anormal.» ou encore «Si tu es en colère, c'est que tu es méchant.» ou mieux «Cesse de pleurer comme une fillette.»

Il est très difficile, pour la personne qui utilise l'introjection, de faire confiance à ses perceptions. Elle lui enlève la possibilité de sentir dans l'ici et maintenant ce que la personne aimée déclenche en elle. Si, par exemple, son conjoint est infidèle et qu'elle a introjecté que la jalousie est une émotion anormale, elle risque de ne pas ressentir ce vécu ou bien de le refouler par peur d'être jugée anormale. Elle agira donc avec la personne aimée de façon défensive plutôt que d'exprimer son émotion réelle et le besoin qui la sous-tend.

Les ravages de l'introjection sur la vie émotionnelle sont considérables et les conséquences sur les plans de l'authenticité et de la liberté d'être soi-même sont souvent désastreuses. Dans les relations affectives, chacun nie, contrôle ou déforme ses propres émotions, et nie, contrôle ou déforme aussi celles de l'autre. Il s'ensuit une confusion intérieure qui se reflète sur la relation et la rend souvent conflictuelle ou, du moins, nous nous rendons compte que la vie relationnelle est perturbée mais nous ne savons pas pourquoi. Combien d'hommes sont incapables d'exprimer leur peine et leur souffrance parce qu'ils sont prisonniers d'un mécanisme étouffant introjecté ! Combien de femmes répriment leur colère parce qu'elles ont peur d'être considérées comme hystériques. L'introjection est tellement puissante qu'elle influence les comportements et qu'elle prive la personne de sa capacité de discernement. Il y a, en effet, une différence entre la colère et l'hystérie. De plus, l'expression de la sensibilité n'enlève rien à la nature masculine d'un homme. Il n'est pas moins «homme» parce qu'il pleure, il est tout simplement plus authentique. La femme n'est pas moins «femme» lorsqu'elle exprime une colère réelle, elle est tout simplement plus vraie.

Mais le propre de ce mécanisme contrôlant qu'est l'introjection est d'enlever à l'être humain sa liberté d'être lui-même. Elle l'empêche non seulement d'exprimer ses émotions réelles mais surtout de les sentir et même de les identifier, ce qui a pour conséquence, comme l'écrivait André Gide, que «les sentiments authentiques sont extrêmement rares et que l'immense majorité des êtres humains se contentent de sentiments de convention qu'ils s'imaginent réellement éprouver». Ils expriment des sentiments qu'ils croient être de cir-

110

constance. Par exemple, à la mort de quelqu'un, ils se doivent d'être tristes et même peinés, ce qui n'est pas nécessairement ce qu'ils ressentent. De plus, ils traduisent leur monde émotionnel par des mots qui correspondent beaucoup plus à ce qu'ils entendent de l'extérieur qu'à ce qu'ils vivent.

C'est le cas de Noémie qui, lors d'une séance de psychothérapie, a découvert qu'elle vivait beaucoup d'insécurité dans sa relation de couple. Depuis lors, chaque fois qu'elle vit une émotion ou ressent un malaise par rapport à son mari, elle le nomme insécurité. Beaucoup de gens expriment leur souffrance par des mots qui n'ont rien à voir avec leur réalité intérieure. Ils ont introjecté tellement d'interdits par rapport à l'émotion, qu'ils sont incapables d'identifier celle qui les habite dans l'ici et maintenant. Jacques qui, un jour, a lu un livre qui traitait du complexe de castration, se sent, depuis lors, castré pour tout et pour rien. Chaque fois qu'il éprouve une émotion désagréable, il l'appelle sentiment de castration. Fier d'avoir fait cette heureuse découverte à propos de lui-même, il ne se rend pas compte qu'il s'en sert pour s'emprisonner davantage. Il l'utilise pour expliquer son chaos intérieur, ce qui lui donne un moyen de plus pour s'en défendre et ne pas vraiment le sentir. De plus, il lui arrive souvent de projeter ce sentiment sur les autres et de les percevoir, généralement à tort, comme des personnes souffrant du complexe de castration.

Il n'y a pas d'émotions correctes ou incorrectes. Il n'y a que celles que nous ressentons réellement à chaque moment de notre vie, celles qui nous maintiennent affectivement vivants parce qu'elles varient en nature, en quantité et en intensité. Les vraies émotions ne sont pas celles qui sont filtrées par nos introjections ni celles qui renferment notre monde irrationnel coulé dans le moule de nos dernières découvertes, mais celles que nous ressentons authentiquement dans l'ici et maintenant. Seule la conscience et l'identification de ces émotions réelles peut nous libérer de la charge affective reliée à nos images introjectées et nous fournir la possibilité d'être nous-mêmes et rendre nos relations affectives plus satisfaisantes.

Cela dit, il ne faut pas oublier que les interdits parentaux, intégrés par introjection et mêlés à notre personnalité ne nous ont pas seulement imposé une façon de sentir mais ont interféré de manière à rendre impersonnelle, voire à dépersonnaliser, notre façon de penser. Ils sont à l'origine de principes, de valeurs et de jugements qui, en réalité, ne nous appartiennent pas nécessairement, mais n'en influencent pas moins, en perturbant notre vie affective. Je pense, par exemple, aux propos dévalorisants que l'on entend au sujet des femmes et des hommes, propos qui ont été introjectés par le psychisme et greffés à la personnalité. Ces idées introjectées naissent souvent des expériences désagréables vécues par une personne qui, sans discernement, en fait des généralisations. Inculquées comme par osmose à un enfant, elles deviennent des écueils intérieurs certains sur le chemin qui mène à sa liberté d'être lui-même. Voyons le cas de Jeannette.

Quand elle et Donald se sont rencontrés, il furent tout de suite follement attirés l'un par l'autre. Leur histoire, à ses débuts, avait été très romantique. Ils s'étaient connus lors d'un voyage dans les îles grecques et il l'avait demandée en mariage à l'aéroport avant de prendre l'avion qui les ramenait dans leur pays. Malheureusement, l'intensité de leur passion diminua considérablement dès leur retour. Jeannette, qui lui avait manifesté ouvertement et chaleureusement son affection et son amour en Grèce, devint plus froide et plus réservée dès qu'elle mit les pieds dans l'avion. Donald, qui crut d'abord qu'elle était fatiguée, ne s'inquiéta pas outre mesure de son changement. Après quelques jours cependant, le doute s'installa en lui. Il pensa que, peut-être, Jeannette ne l'aimait plus. Mais quand il vérifiait auprès d'elle, elle lui assurait que, au contraire, elle l'aimait plus que jamais et qu'elle ne voulait pas le perdre. Comme le comportement de Jeannette contredisait ses paroles, Donald était totalement confus. Les semaines passèrent sans que des changements se produisent. Aussi, prit-il la décision de s'éloigner d'elle parce que cette nouvelle relation était trop insatisfaisante et le rendait trop malheureux. Quand il lui annonça qu'il souhaitait ne plus la revoir, il fut profondément surpris de la voir éclater en sanglots. Elle, si contenue depuis leur retour de voyage, comment pouvait-elle se permettre un tel débordement de peine ? C'est alors qu'il apprit la cause du comportement réservé et distant de cette femme qu'il n'avait pas cessé d'aimer.

Lorsqu'elle avait huit ans, son père avait quitté sa famille parce qu'il était tombé amoureux de la meilleure amie de sa mère qui était une femme attrayante et très affectueuse. Cette histoire d'amour dura à peine six mois mais la mère de Jeannette fut trop blessée par la trahison de ces deux personnes à qui elle avait fait confiance pour accepter les excuses sincères de son mari et refaire sa vie de couple avec lui. À la suite de cette expérience, elle critiqua sévèrement son ex-amie et inculqua à sa fille des principes très subjectifs au sujet du comportement des femmes avec les hommes. Généralisant sa propre histoire mêlée de ses projections, elle lui enseigna que les femmes séduisantes et affectueuses étaient des filles faciles et infidèles qui brisaient les ménages et finissaient toujours par se retrouver seules et abandonnées parce que les hommes se lassaient d'elles. Lorsqu'elle était adolescente, Jeannette avait entendu sa mère lui réitérer ces recommandations au sujet de son comportement avec les hommes. Elle intériorisa donc les principes appris et grandit avec la conviction que, pour se créer une relation durable et satisfaisante avec un homme, elle se devait de maîtriser ses élans.

Quand elle rencontra Donald à Mikonos, elle crut qu'elle vivrait avec lui une simple aventure de voyage. Aussi, a-t-elle laissé libre cours à sa nature chaleureuse et passionnée. C'est à partir du moment où il l'a demandée en mariage que tout a basculé et qu'elle perdit involontairement sa liberté d'être elle-même. Elle devint alors spontanément distante et retenue. L'homme avec lequel elle avait vécu une merveilleuse aventure allait peut-être devenir son mari. Il lui fallait donc garder la tête froide si elle ne voulait pas le perdre. Cependant, quand elle a vu que c'était plutôt à cause de sa froideur qu'elle perdrait Donald, Jeannette a réagi. Il n'a pas été facile pour elle de se débarrasser de ses automatismes et d'adopter devant ses peurs, de nouveaux comportements. Il lui a fallu vivre avec Donald plusieurs expériences positives d'affection et apprendre à s'abandonner pour «dégreffer» puis repousser en dehors d'elle les vieilles croyances que sa mère lui avait léguées. Lorsqu'elle avait peur de perdre Donald ou d'être trahie, sa voix intérieure la poussait à redevenir instantanément réservée. Pour retrouver sa liberté d'être elle-même, elle devait prendre conscience de ses peurs et les exprimer à Donald.

Prendre conscience, identifier, accepter et exprimer nos peurs est une excellente façon de dominer les images intégrées par introjection et de les empêcher de mener notre vie à notre insu. Autrement, infiltrées dans le psychisme, elles peuvent intervenir à tout moment pour fausser la réalité. Nous ne savons jamais par quelle voie elles peuvent nous atteindre.

Le cas de Denis illustre également l'effet néfaste des images introjectées à propos de la réussite. Fils cadet d'une famille de huit enfants, il avait cinq frères et deux soeurs. Comme ses frères aînés, il ne réussissait pas à l'école. Aussi, souhaitait-il que son père, un jour, le retire de l'école et le laisse aller sur le marché du travail. Mais la vie l'orienta sur une toute autre voie. En effet, un jour, il rencontra Violaine dans une soirée d'amis. C'était une fille intelligente et cultivée qui était plus avancée que lui à l'école même si elle avait le même âge. Cette relation eut sur lui un effet propulsif. Encouragé et aidé par elle, il termina avec succès des études secondaires et, à la grande surprise de ses parents, il décida d'entreprendre des études universitaires. Quand il épousa Violaine, il venait de terminer son baccalauréat en psychologie. C'est au cours de ses années d'études qu'il découvrit pourquoi il était devenu un étudiant brillant alors qu'il avait eu tant de mal à réussir à l'école primaire et à l'école secondaire. Il comprit aussi pourquoi ses frères et soeurs n'avaient pas réussi à terminer leur cours secondaire.

Le père de Denis était un homme qui ne savait ni lire ni écrire. Contraint par cette limite d'avoir constamment recours à sa femme, il avait tendance à se dévaloriser et à se défendre de son sentiment d'infériorité en critiquant les personnes instruites et bien nanties, les qualifiant de suffisantes, de malhonnêtes et de profiteuses. C'était, malgré cette tendance, un homme bon et généreux, un grand travailleur qui aimait profondément sa femme et ses enfants et qui le leur témoignait bien. Denis, comme ses frères et soeurs, avait toujours aimé et admiré cette homme qui, en dépit de son manque d'instruction, avait toujours pourvu aux besoins matériels de sa famille et leur avait donné l'essentiel : sa tendresse, sa capacité à être en relation, sa présence, son affection. Inconsciemment, il avait tellement peur de perdre l'amour de son père, qu'il agissait, sans le savoir, de façon à ne pas le dépasser. Il voulait suivre ses traces sur le plan professionnel plutôt que de choisir de réussir dans une profession à laquelle son père n'avait pu accéder. À entendre ce dernier démolir les personnes instruites, Denis, tout comme sa fratrie, avait intériorisé inconsciemment la conviction que, s'il était instruit, il serait rejeté par son père. N'eussent été l'amour et l'encouragement de Violaine, il n'aurait jamais poursuivi ses études jusqu'à l'université et il n'aurait probablement jamais cru qu'il avait l'intelligence pour le faire. Sans cette rencontre, Denis aurait limité l'exploitation de ses talents. L'introjection avait tellement ancré cette conviction en lui qu'elle lui avait enlevé la liberté de se réaliser avec tout ce qu'il était et d'être entièrement lui-même avec son père.

L'expérience de Denis n'est pas unique. Beaucoup de gens, par peur inconsciente de perdre l'amour de leurs parents ou de leur entourage, accumulent les échecs et entretiennent leur sentiment d'infériorité, d'incompétence et la conviction qu'ils ne sont pas intelligents. D'autres, par contre, incapables d'assumer leur réussite, se diminuent et parlent d'eux-mêmes par euphémismes pour ne pas blesser, déranger ou susciter l'envie de leur entourage. Ils ne se donnent pas la liberté d'exister pleinement avec la réalité de leur réussite, encore une fois, parce qu'ils sont inconsciemment dirigés par des idées, des principes introjectés.

J'ai moi-même ralenti considérablement l'exploitation de mes potentialités à cause de certaines introjections. Étant une enfant qui avait beaucoup de caractère, très jeune, je savais ce que je voulais. Aînée de ma famille, j'ai développé un sens du leadership que j'exerçais auprès de mes soeurs et de mon frère avec une aisance remarquable. Ai-je abusé de mes aptitudes de meneuse ? Je ne saurais le dire mais ce dont je suis certaine, c'est que je les ai progressivement étouffées pour empêcher un de mes éducateurs de me surnommer : «la mère supérieure». À l'école, j'ai tenté de m'intégrer le plus possible à la majorité parce que j'avais introjecté l'idée que mon leadership était négatif et qu'il m'attirerait le rejet, le jugement et la critique de mon entourage. Je ne voulais plus correspondre à celle que mon éducateur appelait péjorativement une mère supérieure. J'ai donc nié une partie importante de moi-même pour être aimée. Je suis devenue une femme qui émettait des messages confus, qui n'osait pas s'affirmer pour ne pas déplaire. Cette attitude eut un impact sur mes relations affectives et sur ma vie personnelle. J'avais tendance à laisser mon mari prendre les décisions pour ensuite lui reprocher de ne pas m'avoir consultée. L'introjection était donc à la source de nombreuses frustrations et de nombreuses déceptions. Quand j'ai pris conscience de mon vécu et du pouvoir que je donnais à la Mère supérieure, des transformations progressives se sont opérées dans ma vie. J'ai travaillé mon rapport à l'affirmation et j'ai de nouveau assumé mon leadership. Pour ce faire, j'ai dû affronter ma peur de déranger et de déplaire et accepter ce que je n'avais pas compris lorsque j'étais enfant, c'est-à-dire qu'il n'est pas possible de s'affirmer et de se manifester avec tout ce que nous sommes sans déranger et sans risquer d'être jugés ou critiqués.

D'autres introjections ont bloqué mon pouvoir d'affirmation. Quand j'étais adolescente, j'attirais beaucoup les garçons et mon père me répétait souvent à quel point il était important que je ne cède pas à mes désirs. Il me disait qu'une femme qui ne gardait pas sa virginité jusqu'au mariage perdait sa réputation auprès des hommes sérieux et qu'elle était rejetée, et par eux et par son entourage. J'aimais beaucoup mon père et je faisais confiance à tout ce qu'il me disait. J'ai donc introjecté l'idée que perdre sa réputation, c'était catastrophique et que, si je la perdais un jour, pour une raison ou pour une autre, je serais abandonnée de tous. Cette conviction m'a rendue extrêmement sensible à la critique. Un événement qui s'est produit il y a quelques années, m'a aussi fait faire un cheminement considérable parce que je me suis libérée d'une autre conviction paralysante. Un étudiant de l'école de formation de psychothérapeutes dont je suis la fondatrice m'a menacée de solliciter l'intervention des médias pour rendre publiques ses insatisfactions au sujet de l'institution. À la suite de l'évaluation défavorable de ses formateurs, la date d'émission de son diplôme de fin de formation avait été différée d'une année. Il devait reprendre des supervisions et certains cours. Sa menace a eu sur moi un pouvoir remarquable. J'ai failli céder à ses revendications pour ne pas prendre le risque d'être critiquée publiquement. J'étais convaincue que je serais rejetée de tous et ce, sans trop savoir pourquoi. Ma peur m'empêchait de voir la réalité avec discernement. N'était-il pas, en fait, le seul étudiant mécontent sur les quelque cinq cents que compte mon école ?

Cette expérience m'a fait souffrir parce qu'elle réveillait de vieilles émotions non identifiées que j'avais accumulées et traînées toute ma vie. Quand, après quelques mois de travail sur moi, j'ai pris conscience de la peur que j'avais de perdre ma réputation et, par conséquent, d'être rejetée, j'ai compris tout le pouvoir que je donnais au monde extérieur à cause de cette introjection. J'ai compris aussi à quel point je ne faisais pas confiance à ma force intérieure et à ma capacité de vivre avec la critique. Cette prise de conscience ne m'a pas rendue indifférente et froide aux attaques dévalorisantes et méprisantes, mais elle m'a permis d'enlever à mon père intérieur le pouvoir que je lui avais donné sur une partie de ma vie. Je n'ai donc pas cédé aux menaces de cet étudiant. Je ne pouvais accepter de lui remettre son diplôme alors qu'il n'avait pas répondu aux exigences requises. J'aurais perdu ma crédibilité auprès des autres étudiants. J'ai pris cette décision ferme en assumant qu'il puisse mettre sa menace à exécution, ce qu'il n'a pas fait. Je crois d'ailleurs que ma peur et mon imaginaire m'avaient fait transformer en incendie de forêt ce qui n'était, en fait, qu'un feu de paille. Cet étudiant avait touché en moi une corde sensible qui, chaque fois qu'elle vibrait, me faisait donner au monde extérieur tout le pouvoir sur ma vie et m'enlevait ma liberté de choix.

À la suite de cette expérience, a germé en moi la certitude que, quoi qu'il arrive à l'extérieur, qu'on me critique ou qu'on me juge, j'ai les ressources pour transformer ma faiblesse en force. J'ai la capacité de rester en contact avec la réalité extérieure et de l'observer avec discernement et j'ai aussi la capacité d'identifier ma réalité intérieure. C'est dans cette attitude que je trouve ma sécurité, ma puissance, bref ma liberté. La critique n'est plus, pour moi, la menace de perdre ma réputation. Elle est même devenue, dans plusieurs cas, un outil important de remise en question personnelle et professionnelle parce que je suis maintenant en mesure de discerner ce qui peut me faire avancer de ce qui me fait marcher, ce qui m'appartient de ce qui appartient à l'autre.

Mais le processus qui m'a amenée à cette capacité de discernement et à cette liberté profonde m'a aussi permis de découvrir comment nous pouvons nous libérer de nos introjections.

Comme l'introjection s'exprime par la voix des juges intérieurs inconscients que sont, le plus souvent, nos parents ou leurs substituts, elle est, en fait, l'intériorisation des autorités extérieures qui ont marqué notre histoire par la culpabilisation, la désapprobation, les leçons de morale, les menaces de punition, la réprobation, la répression, les critiques dévalorisantes, les jugements dépréciatifs. L'introjection nous asservit parce qu'elle nous rend dépendants de leur regard réprobateur que nous projetons sur le monde extérieur, ce qui a pour conséquence de nous assujettir au regard des autres.

Lorsqu'une personne dépend du regard des autres, elle n'est plus libre. Elle dépend de ce que pensent les autres, de ce qu'ils disent ou de ce qu'elle croit qu'ils pensent. Elle devient un personnage qui investit ses énergies dans le «paraître» plutôt que dans «l'être». La distance augmente entre son «vrai self»[1] et son «faux self». Ou bien, elle essaie de se comporter de façon à n'être pas jugé par son entourage ou bien, elle a constamment besoin de prouver, de montrer, de se donner de l'importance aux yeux du monde extérieur. Dans un cas comme dans l'autre, elle ne prend pas ses références à l'intérieur d'elle-même mais à l'extérieur. Elle entretient un manque de confiance en elle-même et un sentiment d'infériorité qu'elle ne connaît généralement pas. Elle risque alors de s'éteindre pour ne pas être jugée ou de se montrer supérieure et de devenir elle-même inconsciemment ce juge moralisateur qui s'exprime au moyen de belles phrases souvent toutes faites, au moyen de généralisations et de morales qui enferment les autres dans son propre moule parce qu'elle y est elle-même enfermée, à son insu. Ce genre de personne, par exemple, vous écrira à votre anniversaire de belles phrases empruntées qui vous impressionneront mais qui ne vous nourriront pas parce qu'elles s'appliquent à tout le monde. Vous aurez la tête remplie de beaux mots mais le cœur vide. Votre attention sera portée sur les performances de l'autre plutôt que sur la relation et sur les sentiments réels qu'il ressent envers vous.

Les phrases généralisatrices utilisées dans les relations interpersonnelles incluent ceux à qui elles s'adressent dans une matrice qui n'est pas la leur et dans laquelle ils risquent de ne pas se reconnaître et de se perdre s'ils ne sont pas à l'écoute d'eux-mêmes. Elles les confrontent au danger de prendre pour la vérité les «il faut que» que les moralisateurs emploient dans leurs conversations quotidiennes : il faut aimer si nous voulons être aimés, il faut donner

---

[1] Les expressions «true self» et «false self» sont du psychanalyste anglais Winnicott et ont été traduites par «vrai self» et «faux self» dans *Le processus de maturation chez l'enfant: développement affectif et environnement*, Paris, Bordas, 2e éd., 1980.

119

pour recevoir, il faut aborder la vie avec le sourire si nous voulons qu'elle soit agréable, il faut accepter la vieillesse si nous voulons bien vieillir, etc.

Ces généralisations, lorsqu'elles sont servies dans une relation affective, ne font qu'entretenir la dépendance à des principes et que renforcer la puissance néfaste de certaines introjections. Elles sont une forme de pouvoir sur les autres que se donnent inconsciemment certaines personnes par des formules générales qui en font des détenteurs de vérité. En effet, si, par exemple, vous souriez pour que la vie soit agréable et non parce que vous le ressentez vraiment, vous dépendez d'une phrase toute faite et vous ne vous donnez pas la liberté d'être vous-mêmes. Si vous acceptez la vieillesse parce qu'on vous a dit que c'est là la façon de bien vieillir, vous agirez en fonction d'un principe plutôt que d'agir en fonction de vous-mêmes. Être libre, c'est accepter la vieillesse parce que cette acceptation vient de l'intérieur de vous-même et qu'elle est réelle. Être libre, c'est aussi vous donner le droit, à certains moments de votre vie, de ne pas être toujours bien dans ce processus de vieillissement et d'exprimer la souffrance qui vous habite à ces moments-là sans apitoiement. C'est la seule façon de retrouver la véritable acceptation, la seule façon d'être authentiques et la seule façon d'être libres.

Mais si nous nous laissons dominer par nos juges intérieurs, par le regard des autres et par les généralisations dans lesquelles nous enferment certaines personnes, c'est que nous ne sommes pas attentifs à nos malaises. C'est d'ailleurs ce qui, la plupart du temps, nous prive de notre liberté d'être nous-mêmes et nous empêche d'agir dans le sens qui nous convient vraiment. Quand nous écoutons ce que nous ressentons et que nous donnons plus d'importance à nos émotions subtiles et à nos besoins qu'au monde extérieur, nous empruntons la seule voie qui mène à la véritable liberté. C'est l'écoute de ce qui se passe en nous-mêmes qui nous rend de plus en plus libres, l'écoute révélatrice de nos perceptions sensorielles et émotionnelles, non pas l'écoute obéissante de nos juges intérieurs. Nos perceptions nous conduisent à nos besoins, ce qui fait que nous pouvons orienter notre action dans le sens de ces besoins plutôt que de l'orienter dans le sens des besoins et des valeurs des autres. Elles nous permettent aussi de ne pas nous laisser dépersonnaliser par les généralisations, les morales et les phrases toutes faites, mais de rester authentiques, même si ce que nous sommes ne convient pas à tout le monde. C'est cette attention à nos perceptions qui nous libère progressivement de nos monarques et de nos inquisiteurs intérieurs.

Cependant s'affranchir de nos introjections se révèle parfois un passage douloureux parce que cet affranchissement est une forme de renaissance à notre nature profonde, une renaissance qui nous arrache à des dépendances, à des principes, à des valeurs et à des croyances difficiles à déloger parce qu'elles sont souvent liées à la satisfaction de nos besoins d'être aimé et reconnu. Il suffit de nous rappeler les histoires de Jeannette et de Denis pour saisir à quel point notre besoin d'amour peut être source d'emprisonnement au point que nous en oublions l'amour de nous-même. Nos introjections sont vraiment des écueils intérieurs subtils dont nous devons nous libérer par l'identification de nos malaises et de nos déchirements si nous voulons être libres et cesser de limiter l'exploitation de nos potentialités à cause de ces fausses certitudes qui, inconsciemment, dictent notre conduite. Ces certitudes nous disent, par exemple, que nous ne valons rien ou que ça ne sert à rien d'essayer, parce que, de toute façon, nous allons échouer ou que nous ne pourrons être heureux si les autres sont malheureux ou encore que, si on nous connaissait vraiment, on ne nous aimerait plus, ou pire, que si tout va bien, c'est que ça ira mal ou enfin qu'une relation réussie ne connaît jamais de conflit.

L'éducation a semé en nous des traces qui ne sont pas toujours indélébiles. Rendre nos parents responsables de l'intériorisation de nos introjections, c'est entretenir une dépendance qui nous prive du pouvoir que nous avons de nous en libérer. Nous avons tous la possibilité de prendre notre vie psychique en main et d'y déceler les écueils intérieurs qui nous empêchent d'être libres. C'est à nous de nous donner les moyens d'y arriver. L'exercice suivant vous y aidera.

### ••• *Réflexion et application* •••

■ Peut-être vous souvenez-vous d'exigences et d'interdits, imposés par vos premiers éducateurs, que vous avez introjectés ou de déductions que vous avez tirées des expériences relationnelles que vous avez vécues avec eux qui ont, aujourd'hui encore, une influence sur vous en ce sens qu'ils briment votre liberté d'être vous-même ou d'agir sans vous laisser emprisonner par le regard des autres.

Exemples d'introjections :

| | |
|---|---|
| Je ne serai pas aimé | si je fais une erreur ; |
| | si je ne réussis pas ; |
| | si je ne suis pas le meilleur ; |
| | si je ne suis pas parfait ; |
| | si je me mets en colère. |
| Je suis méchant | si je fais pleurer quelqu'un ; |
| | si je ne suis pas d'accord. |
| Pour avoir de l'attention, | je dois exceller ; |
| | je dois confronter ; |
| | je dois provoquer. |
| On pensera que je suis faible | si je pleure. |
| On profitera de moi | si je me montre vulnérable. |
| Je serai jugé et rejeté | si je dis vraiment ce que je pense. |

• Retracez bien la valeur introjectée la plus limitative pour vous et dites quel est son impact sur vos relations. Autrement dit, qu'est-ce que cette valeur, croyance ou principe vous empêche de dire ou de faire quand vous êtes en présence de certaines personnes. Pour vous aider à répondre à cette question, remémorez-vous une situation précise où une telle limitation vous a privé de votre liberté d'agir ou d'être vous-même.

• Quelles sont les conséquences de telles valeurs sur votre vie personnelle, relationnelle et professionnelle ? Si, par exemple, vous croyez que vous ne serez jamais aimé si vous n'êtes pas parfait, vous serez une personne très exigeante envers vous-même, vous n'exploiterez pas suffisamment vos potentialités, vous ne prendrez pas de risques, vous ne serez pas attentifs aux manifestations affectives des personnes qui vous aiment. Vous exigerez des autres la perfection que vous exigez pour vous-même et vous leur transmettrez peut-être cette valeur à leur insu. Vous projetterez sur eux vos propres peurs. Vous vous dévouerez corps et âme au détriment de votre santé physique et psychique. Vous serez démoli par les critiques, vous ne retiendrez des commentaires des autres à propos de ce que vous faites que le négatif ; vous serez souvent fatigué et découragé.

• En réalité, vous n'êtes pas libre parce ce que c'est la conviction que vous avez introjectée qui vous mène. Maintenant que vous en avez pris conscience, votre première étape de libération est de vous arrêter à ce que vous perdez parce que vous êtes dominé par cette intériorisation. Si, pour revenir à l'exemple précédent, vous croyez que vous ne serez pas aimé si vous n'êtes pas parfait, il y a de fortes possibilités que votre vie manque de plaisir, de défis, de changement, de fantaisie, de spontanéité, de loisirs, de moments de détente, de liberté d'action, de rêves réalisables.

- Il s'agit maintenant d'intégrer dans votre vie ce qui vous manque et d'expérimenter tous les jours une nouvelle façon d'aborder la vie. Pour y arriver plus facilement, prévoyez tous les soirs au moins un changement pour le lendemain. Il est important de vous préparer mentalement à la transformation pour devenir maître de votre valeur introjectée. Comme elle est ancrée en vous depuis votre enfance ou votre adolescence, elle a pris racine. Puisque le combat est une source d'affaiblissement, il n'est pas question de vous battre contre elle pour la détruire mais il importe d'intégrer de nouvelles croyances, de nouvelles valeurs qui correspondent davantage à vos besoins réels et qui, si vous êtes persévérant, prendront progressivement la place de l'introjection étouffante qui finira par disparaître.

Vous n'intégrerez pas de nouvelles croyances uniquement au moyen d'affirmations et de visualisations. Ces méthodes ne donnent des résultats que si, d'une part, vous sentez intérieurement le besoin profond de vous libérer et d'agir dans le sens de votre vraie nature et si, d'autre part, vous passez à l'action et intégrez à votre vie de nouvelles expériences. Encore ici, si vous faites ces expériences machinalement parce qu'elles font partie de l'exercice, votre introjection continuera à garder le pouvoir sur votre vie. Voilà pourquoi il est si important que vous preniez le temps de vous arrêter pour faire le choix conscient de vos besoins de changement, de vos besoins de libération et pour prendre les moyens d'atteindre vos buts en ce qui concerne votre recherche de liberté. Au début du processus, une partie de chaque journée doit être consacrée à faire le bilan de vos nouvelles expériences, de vos difficultés, de vos erreurs, de vos réussites, de vos satisfactions de façon à orienter les expériences du lendemain. Acceptez de vous ajuster et ne vous demandez pas d'y arriver trop vite car vous risquez d'être souvent frustré et vous risquez aussi d'abandonner et de demeurer à la merci de vos introjections. «Cent fois sur le métier remettez votre ouvrage» écrivait Boileau. Et si Abraham Lincoln avait abandonné chaque fois qu'il a essuyé un échec, il ne serait jamais devenu président des États-Unis. Si vous abandonnez chaque fois que vous rencontrez un obstacle, vous ne deviendrez jamais libre. N'oubliez pas que l'obstacle est un outil pour mesurer votre degré de détermination, pour enrichir votre expérience, pour vous permettre d'apprendre et pour vous procurer, si vous ne le fuyez pas ou ne le contournez pas, une plus grande confiance en vous-même et en vos ressources, lesquelles, vous le constaterez, sont illimitées.

■ Arrêtons-nous maintenant à l'une des manifestations de l'introjection qui est la tendance inconsciente à moraliser, à généraliser, à s'exprimer par des phrases toutes faites qui incluent tout le monde et qui sont souvent présentées comme des vérités absolues. Il est possible que, dans vos communications avec certaines personnes, vous ressentiez des malaises sans trop savoir pourquoi. Souvent, ces malaises ne sont pas pris au sérieux parce que vous n'en connaissez pas la source. Vous avez peut-être alors tendance à les banaliser ou à les attribuer à des causes générales comme, par exemple, la fatigue. Toutefois, il est important que vous accordiez une attention particulière à vos perceptions émotionnelles désagréables lorsque vous êtes en présence de certaines personnes, non pas dans le but de les rendre responsables de vos inconforts intérieurs mais dans le but de ne pas les laisser prendre du pouvoir sur votre vie.

Parfois, les déclencheurs de vos malaises sont précisément des généralisations, des leçons de morales intégrées à partir des discours de personnes qui vous incluent dans leur situation alors que vous n'êtes même pas concerné ; elles vous enferment dans un modèle qui ne vous convient pas nécessairement. C'est souvent le cas de ceux qui parlent d'eux à la troisième personne en utilisant le pronom «on» ou qui généralisent leur expérience personnelle. Par exemple, si votre frère, qui revient d'un séjour d'un an en Inde, vous dit que tout le monde a besoin de vivre dans un ashram pour trouver sa voie ou que son expérience à Calcutta auprès des pauvres et des malades a été tellement difficile que personne n'aurait pu traverser les obstacles qu'il a franchis, il ne donne pas de place et d'importance aux voies différentes de la sienne. Il fait, dans les deux cas, une affirmation non généralisable fondée sur sa seule expérience. Étant donné que vous n'avez pas vécu l'expérience, il ne peut pas présumer de votre incapacité à la vivre aussi. Et si votre beau-frère vous dit : «Depuis que nous sommes de la même famille, nous avons beaucoup appris l'un de l'autre», il risque de déclencher en vous un malaise parce qu'il parle de vous. Peut-être a-t-il, lui, beaucoup appris de vous alors que ce n'est pas votre cas. Et que dire de votre belle-sœur qui vous dit que les enfants ont besoin de la présence constante de leur mère au cours des cinq premières années de leur vie. Elle généralise à partir de ses valeurs et de son expérience à elle. Elle ne donne pas de place, si elles sont différentes, à vos valeurs et à votre expérience ni à celles des autres. Elle se place en détentrice de la vérité, ce qui risque fortement de faire d'elle une personne qui juge ceux qui ne partagent pas ses principes.

■ Pour garder votre liberté devant les généralisations et les leçons de morale, je vous propose de faire l'exercice suivant. Arrêtez-vous un moment pour trouver une personne de votre entourage affectif qui se protège de ses sentiments d'infériorité et d'insécurité par ce moyen et avec laquelle vous ressentez parfois des malaises sans trop savoir pourquoi. Lors de votre prochaine communication avec cette personne, puisque vous êtes désormais conscient des déclencheurs de vos malaises, soyez d'abord à l'écoute de vos perceptions émotionnelles et observez si elles ne sont pas déclenchées par le pouvoir inconscient que cette personne prend sur vous en introduisant dans son discours des formulations qui vous incluent alors qu'elles ne vous concernent pas. Dans ce cas, il est important que vous exprimiez votre inconfort et que vous disiez clairement à cette personne, non pas qu'elle exerce un pouvoir sur vous, mais que ce qu'elle dit manifeste son point de vue et non le vôtre et que vous souhaiteriez ne pas être inclus dans ses généralisations ou encore que vous aimeriez qu'elle vous laisse la liberté d'exprimer vous-même ce qui vous concerne. Cette liberté, vous la trouverez aussi si vous

travaillez votre rapport à un autre écueil intérieur dans vos communications : l'interprétation.

## *L'interprétation*

Il est impossible d'établir un lien avec une personne que nous
aimons sans communiquer avec elle. La difficulté à communiquer
authentiquement dans les relations affectives est à la source de beaucoup d'insatisfactions, de conflits, voire de séparations. Il ne suffit
pas d'aimer pour réussir ses relations affectives. Il est fondamental
aussi de savoir exprimer ses besoins, ses émotions et ses désirs de
façon à être bien entendu par l'autre et de savoir aussi percevoir la
vérité profonde de la personne aimée sans déformation. Combien de
couples vivent ensemble pendant des années sans jamais vraiment se
rencontrer en profondeur ! Bon nombre de ces conjoints sont habités
par des émotions non identifiées tels la frustration, la déception et le
ressentiment qu'ils nourrissent en alimentant leur imaginaire et sur
lesquels ils n'ont pas de prise. Ils veulent aimer et être aimés mais ne
s'attirent qu'amertume et désillusion. Dès qu'ils tentent de parler d'eux,
ils ne font qu'envenimer la relation et susciter des conflits. Serait-ce
qu'ils ne savent pas comment s'exprimer ou qu'ils ne savent pas
écouter ?

Mon expérience personnelle et mon expérience professionnelle
auprès des couples m'a appris que les difficultés à communiquer viennent du fait que les personnes qui s'aiment ne savent pas parler d'elles ; elles parlent plutôt de l'autre en interprétant ses gestes, ses paroles,
ses silences, ses comportements et ses actes à partir de leur chaos
intérieur non identifié, ce qui engendre non seulement la confusion
mais aussi l'incommunicabilité. Elles n'arrivent pas à se faire entendre ni à écouter l'autre parce que leur langage est l'expression déformée d'un monde intérieur qu'elles connaissent mal ou ne connaissent
pas et parce qu'elles ne savent pas écouter. Aussi modifient-elles
considérablement le contenu des messages de l'autre qui n'est pas
entendu tel qu'il est vraiment exprimé mais, plutôt interprété. Comme

ces personnes ne sont pas conscientes des émotions déclenchées en elles par la personne aimée, ces émotions interfèrent à leur insu dans la conversation et les amène à transformer considérablement les paroles de l'autre, en les colorant du sens de leur propre monde intérieur, plutôt que de les accueillir, en conservant toute la fidélité du message de la personne qui parle. La déformation des paroles fait naître chez l'autre des sentiments d'impuissance, de trahison et de ressentiment qui causent parfois le repliement ou les éternelles chicanes de ménage, dans lesquelles chacun attaque l'autre jusqu'à ce que l'un des deux s'écrase, humilié, vaincu, psychiquement épuisé.

Ces situations plus ou moins dramatiques sont très proches de la réalité de plusieurs couples. Le plus douloureux pour les personnes concernées est qu'elles n'ont plus la liberté de leurs réactions. Elles sont menées par des forces intérieures, le plus souvent inconnues, sur lesquelles elles n'ont aucune prise parce qu'elles ne les ont pas identifiées. Aussi, en dépit de leur désir profond et sincère de changer, elle n'y arrivent pas.

Quand nos comportements sont déterminés par des forces profondes non identifiées, il est impossible de les changer même s'ils nous dérangent et dérangent les autres, la puissance intérieure inconsciente finissant toujours par prendre le pouvoir sur nos réactions. C'est pourquoi les approches qui visent uniquement le changement du comportement, bien qu'elles soient parfois efficaces à court terme, ne le sont pas toujours à long terme.   Une mère désespérée me parlait un jour de ses difficultés avec son fils de quatorze ans qui ne s'intéressait pas à ses études. Comme les résultats scolaires de son enfant étaient nettement insatisfaisants et qu'elle s'inquiétait de son avenir, elle intervenait plusieurs fois par jour pour lui rappeler d'étudier et de faire ses devoirs. Quand il lui disait qu'il était fatigué ou qu'il était malheureux à l'école, elle entendait qu'il était paresseux et qu'il tentait de la manipuler. Sa souffrance non identifiée l'empêchait d'écouter le message réel de son fils qu'elle interprétait à partir de son insécurité et de ses doutes inconscients. Quand elle consulta un spécialiste en éducation, elle était à bout de ressources. Il lui montra très justement que son fils n'avait pas à se préoccuper de ses études puisqu'elle le faisait à sa place et que son comportement à elle l'empêchait, lui, de prendre la responsabilité de sa vie. Il lui proposa de s'engager à ne plus le harceler, mais à lui fixer des limites claires et à les faire respecter en déterminant des conséquences précises pour tout engagement non respecté. Elle était bien d'accord avec cette solution qui lui paraissait excellente. Cependant, malgré sa bonne volonté, elle ne réussit pas à cesser de talonner son fils. «C'est plus fort que moi», me confia-t-elle.

Cette femme ne pouvait changer son comportement parce qu'elle n'avait pas identifié les composantes du chaos intérieur qui la poussait à réagir ainsi malgré sa volonté. Elle n'était pas consciente de l'insécurité, des peurs et des besoins qui influençaient ses réactions et lui enlevaient sa liberté. Elle n'était pas consciente non plus que ces émotions portaient une histoire qui s'échelonnait sur toute sa vie.

Mais l'exploration du monde intérieur demande beaucoup plus de temps que les tentatives souvent décevantes de changer les seuls comportements. Elle suppose que nous développions une ouverture à l'inconnu qui nous habite et que nous apprivoisions un monde dont le fonctionnement est régi par des mécanismes qui diffèrent complètement de ceux qui régissent le monde rationnel et le monde extérieur. Elle suppose aussi une intégration de la capacité à identifier les chaos intérieurs qui renaissent chaque fois qu'une personne les déclenche. Elle suppose enfin le développement de l'acceptation de ce qui émerge de l'intérieur de soi-même, surtout si c'est désagréable à vivre.

En cette époque de haute technologie où nous cherchons des réponses rapides à nos questions et des solutions instantanées à nos problèmes, il est plus difficile d'emprunter «le chemin le moins fréquenté»[2] qui mène de l'extérieur vers l'intérieur, que de prendre le

---

[2] Scott PECK, *Le chemin le moins fréquenté*, Paris, Robert Laffont, 1987, s.p.

chemin malheureusement le plus fréquenté qui consiste à chercher nos points de référence en dehors de nous-mêmes. Le premier chemin est pourtant le seul qui, à mon avis, peut mener à la liberté intérieure, le seul qui peut nous apprendre à faire face à la réalité de la vie affective et relationnelle, laquelle est faite d'un amalgame de joies et de souffrances, de satisfactions et d'insatisfactions, d'accords et de désaccords. Sur ce chemin, nous découvrirons les écueils qui nous privent de notre liberté de réaction, enveniment nos relations et rendent nos communications conflictuelles. C'est lorsque nous sommes trop tournés vers l'extérieur sans prendre le temps d'écouter notre monde intérieur que nous déformons les paroles des gens que nous aimons.

Émile et Rose étaient au bord de la rupture quand je les ai connus. Profondément blessés l'un par l'autre, ils songeaient sérieusement à la séparation lorsqu'un couple de leurs amis leur suggéra de demander de l'aide psychologique. C'est avec beaucoup de réticences qu'ils se résignèrent à consulter un spécialiste, motivés par l'idée qu'ils auraient au moins tout essayé avant de passer à l'action et briser ainsi une relation qu'ils subissaient depuis plus de quinze ans. Au cours des dernières années, ils avaient vécu comme des étrangers en évitant le plus possible de communiquer pour ne pas déclencher de tempêtes et surtout pour ne pas effrayer leurs trois enfants.

Lors de leur première séance de psychothérapie, j'ai pu voir, en les mettant en relation, que non seulement ils ne s'écoutaient pas, mais interprétaient tout ce qu'ils entendaient, en ce sens qu'ils donnaient aux paroles de l'autre une signification qui ne correspondait pas du tout à la réalité. Quand Rose a exprimé en pleurant son manque d'affection et la souffrance que lui faisait vivre la distance qu'ils avaient prise l'un par rapport à l'autre, il entendait qu'elle lui attribuait l'entière responsabilité de leur échec relationnel, ce qu'elle n'avait absolument pas dit. Je me suis alors demandé ce qui se passait dans le monde intérieur d'Émile pour qu'il déforme ainsi les paroles de sa femme. Comme il ne ressentait aucune émotion, il ne pouvait s'ouvrir facilement à sa réalité intérieure. Cependant, lorsqu'il y parvint, il découvrit qu'il était habité par une profonde culpabilité qui l'avait toujours empêché d'entendre la peine, les besoins ou les désirs de sa femme. Dès qu'elle vivait des malaises, il se sentait coupable même s'il n'en était aucunement responsable. Quand elle exprimait un besoin, il s'en voulait de ne pas l'avoir deviné. Comme il n'était pas conscient de sa culpabilité, il réagissait en lui disant qu'elle voulait le manipuler par ses larmes et le contrôler par ses demandes. Il ne se rendait pas compte que c'était lui qui contrôlait sa liberté d'exprimer ses émotions et ses besoins. Il ne se rendait pas compte non plus qu'il transférait sur sa femme ce qu'il avait vécu avec sa mère qui l'avait manipulé et contrôlé en le culpabilisant par des larmes et des reproches.

Rose n'était toutefois pas sans reproche. Elle avait sa part de responsabilité dans leur échec relationnel. Quand il lui a dit, par exemple, qu'il ne ressentait plus d'amour pour elle, elle a entendu qu'il ne l'avait jamais aimée et que, de toute façon, elle n'était pas la femme qu'il lui fallait, ce qu'il n'avait pas dit non plus. Derrière cette interprétation se trouvait la souffrance d'une femme qui était convaincue qu'elle ne méritait pas l'amour d'un homme. Elle parla de sa peine, quand, adolescente, elle n'arrivait pas à trouver un garçon pour l'accompagner à son bal de fin d'études et de toutes ces parties où elle voyait ses deux soeurs sollicitées par les garçons alors qu'elle ne les intéressait visiblement pas, Émile se laissa alors, pour la première fois, toucher par Rose et ressentit de nouveau l'affection profonde qu'il avait pour elle. Il découvrit que c'était son ressentiment qui l'avait empêché de ressentir son amour. Il lui en avait voulu parce qu'il avait le sentiment qu'elle le manipulait. Il lui en avait aussi voulu de ne pas être heureux. Il lui en avait voulu d'être devenu un homme frustré et taciturne.

Nous pourrions encore aller plus à fond pour comprendre la provenance inconsciente des réactions spontanées de Rose et d'Émile. Mais ce qui est important ici, c'est de saisir le principe de l'interprétation qui trouve sa source dans la zone d'ombre du psychisme et qui mène très souvent à des difficultés sérieuses de communication. Derrière l'interprétation se cache un pouvoir généralement inconscient que nous risquons de prendre sur la vie des autres parce que nous percevons leur monde à la lumière du nôtre ou de nos connaissances plutôt que tel qu'il est. Par ce pouvoir, nous emprisonnons l'autre dans une vision étroite et étouffante qui ne lui laisse pas de place.

C'est pourquoi il est dangereux, malsain et aliénant d'utiliser l'interprétation de quelque type qu'elle soit en psychothérapie et en éducation. Elle risque d'emprisonner l'aidé ou l'éduqué dans le moule des connaissances de l'aidant ou encore dans celui de ses projections personnelles ou de ses croyances. Elle risque aussi d'être la réaction défensive d'un psychothérapeute ou d'un éducateur qui n'est pas spontanément conscient de ses émotions subtiles, voire de ses propres malaises. Elle risque enfin et surtout de fournir à l'aidé une vision réduite, partielle ou déformée de sa réalité psychique.

Aucun être humain ne devrait donner à un thérapeute ou à une autre personne le pouvoir de faire des interprétations péremptoires de ses paroles ou de ses actes. L'interprétation, même si elle émane d'une théorie, reste une hypothèse sans preuves et l'aidant qui l'utilise comme une vérité abuse de son pouvoir sur la vie de l'aidé. Le rôle du psychothérapeute, qu'il soit psychiatre, psychanalyste ou psychologue, ou de l'éducateur, n'est pas d'interpréter le sens caché d'une conduite mais d'aider le patient ou l'élève à vaincre sa peur d'affronter sa vérité intérieure pour qu'il puisse lui-même donner à ses attitudes et à ses comportements insatisfaisants, un sens qui correspond à sa propre réalité.

Mon expérience de la psychothérapie m'a appris que, si nous, psychothérapeutes, savons identifier ce que nos aidés déclenchent en nous-mêmes à chaque instant, nous serons en mesure de bien distinguer notre vécu du leur, d'une part, et, d'autre part, nous saurons intervenir à partir uniquement de ce qu'ils nous donnent comme informations plutôt qu'à partir d'un mélange indistinct de données

132

qui proviennent autant de nous-même que d'eux. Un bon psychothé-rapeute comme un bon éducateur sait travailler non seulement avec ce que l'aidé ou l'éduqué dit à propos de lui, de ses rapports avec les autres, de ses relations affectives ou professionnelles, mais il sait aussi observer l'aidé et se saisir du même coup de ce qui se passe dans l'ici et maintenant de sa propre relation avec lui. Il obtient alors toutes les informations dont il a besoin pour vraiment aider l'autre, par des interventions qui reflètent le plus fidèlement possible les émotions de l'aidé, ses besoins, son fonctionnement psychique, voire ses systèmes relationnels. N'exerçant ainsi aucun pouvoir sur lui, il lui permettra, au contraire, d'identifier et d'accepter tant sa réalité consciente qu'inconsciente et d'expérimenter ainsi la liberté d'être entièrement lui-même au cours de ses relations avec les autres et de ne plus laisser ces derniers le dominer. C'est ce chemin que propose l'exercice suivant.

••• *Réflexion et application* •••

Pour éviter l'interprétation et la déformation des messages dans vos communications avec les personnes qui sont proches de vous, je vous propose un exercice très simple.

■ Choisissez d'abord une personne avec laquelle vous vous heurtez souvent à des problèmes de communication. La prochaine fois que vous parlerez avec elle de sujets importants, proposez-lui de le faire de la façon suivante : d'abord, chaque fois qu'elle s'exprimera, laissez-la parler sans intervenir. Quand elle aura ter-miné, dites-lui ce que vous avez compris de son discours. Si vous déformez ses paroles, demandez-lui de vous le dire et de vous rappeler ce qu'elle a vraiment exprimé. Ne vous obstinez pas avec elle. Le but n'est pas d'avoir raison mais d'intervenir à partir de ce que l'autre a vraiment dit plutôt que d'interpréter son discours et de créer des conflits.

■ Quand vous êtes sûr d'avoir bien compris le message de cette personne, vous parlez à votre tour et vous lui demandez de faire exactement le même exercice, c'est-à-dire celui de vous écouter jusqu'au bout et de vous dire ce qu'elle a compris.

Si vous faites cet exercice fréquemment, vous améliorerez votre capacité d'écoute et vous aurez de meilleures communications à condition, bien sûr, que vous parliez de vous plutôt que de parler de l'autre et que vous ne tentiez pas de dominer l'autre et de lui enlever, par conséquent, sa liberté.

### Les diverses formes de pouvoir

Le mot pouvoir ne fait pas toujours référence à des réalités négatives. Pouvoir, c'est aussi être capable de quelque chose, c'est disposer de nos ressources pour passer à l'action. En ce sens, le pouvoir est propulsif et même créateur, ce qui n'est pas le cas quand il est utilisé pour dominer quelqu'un, pour le subjuguer ou pour l'asservir. C'est ce qui se produit lorsque, pour dissiper un malaise, nous prenons inconsciemment de l'ascendant sur les autres et leur enlevons par le fait même leur liberté.

Les formes du pouvoir qui régissent la vie relationnelle sont nombreuses. Si nous pouvons dominer inconsciemment ou tenter de dominer en recourant à l'interprétation, les principes de morale, la répression, le contrôle, la manipulation, la double contrainte, l'envahissement, le harcèlement, l'autopunition, l'intimidation, la volonté compulsive de changer l'autre, le reproche, l'accusation, le déni, le paternalisme, nous pouvons aussi le faire à l'aide de moyens qui ne sont pas toujours des formes de pouvoir mais qui peuvent le devenir tels le savoir, le silence, la rationalisation, la généralisation.

Comme les formes du pouvoir sont nombreuses, je n'en développerai que quelques-unes dont l'explication fournira un éclairage

sur les autres soit, la manipulation, l'envahissement, la volonté compulsive de changer l'autre, le silence et le paternalisme.

● La manipulation

En quoi la manipulation peut-elle être une forme du pouvoir
que certains exercent sur les autres ?

J'ai déjà parlé de cette forme de manipulation dans mon premier
livre *Relation d'aide et amour de soi*. J'y reviendrai donc succinctement ici pour sensibiliser le lecteur à l'emprise qu'il prend parfois sur
les autres ou qu'il leur laisse prendre sur lui-même sans même, parfois, s'en rendre compte.

Manipuler, c'est se comporter de façon à influencer une personne pour la faire agir dans le sens qui convient à nos besoins. Dans
la relation affective, le manipulateur est celui qui se dévoue pour la
personne aimée dans le but, inconscient ou non avoué, qu'elle lui soit
redevable. Il prend alors des moyens détournés pour aller chercher la
satisfaction des besoins inconscients d'être aimé et valorisé, des
moyens tels le compliment, les petites attentions, le service. Il n'est
pas seulement disponible pour répondre aux demandes des personnes qu'il aime mais il prévient ces demandes et, c'est là le noeud du
problème, il s'attend à ce qu'elles lui rendent la pareille.

Il n'y a rien de préjudiciable à valoriser quelqu'un et à lui être
utile si nous le faisons sans espoir de rétribution, ce qui n'est pas le
cas du manipulateur qui rend les personnes aimées dépendantes de
lui parce qu'il s'attend à recevoir d'elles autant qu'il leur a donné. Ses
services ne sont pas gratuits mais intéressés au point qu'il peut faire
des reproches et culpabiliser ceux qui ne lui en sont pas reconnais-
sants.

Comme cette forme subtile du pouvoir est directement liée au
besoin inconscient d'être aimé et valorisé et que la personne qui

l'exerce n'est généralement pas consciente qu'elle asservit les autres, c'est souvent celui que j'appelle le «manipulé» qui favorise la libération de ce fonctionnement automatique chez le manipulateur. S'il prend conscience du malaise qu'engendre son sentiment permanent d'être redevable, s'il prend conscience qu'il se sent souvent emprisonné dans sa relation avec le manipulateur, il risque de réagir défensivement en rejetant, pour se sentir libre, celui qui le complimente et lui rend service. Il ne sait pas que ce n'est pas l'autre qui force la reconnaissance mais que ce sont ses propres besoins d'amour et de considération non identifiés qui le maintiennent sous la dépendance des attentions intéressées du manipulateur. S'il prend conscience de ses besoins, de ses malaises et de ses mécanismes de défense, il recevra ce qui lui est donné tout en se dégageant du sentiment d'obligation envers l'autre, ce qui, par influence inconsciente, entraînera le manipulateur, dans cette relation entre autres, à donner sans rien attendre en retour. Les deux pourront alors commencer à vivre ensemble une relation affective où ils se sentiront de plus en plus libres de donner et de recevoir, une relation où ils seront de moins en moins, voire plus du tout, aliénés par la manipulation.

Généralement la découverte d'un mécanisme de domination de l'autre qui régit une relation affective rend les personnes concernées plus sensibles aux autres formes de domination qui perturbent leur relation. Elle favorise une plus grande vigilance devant un autre aspect du pouvoir qui est la tendance à envahir l'autre en occupant son espace.

● L'envahissement

L'espace vital dont une personne a besoin pour se sentir libre comprend plusieurs aspects: l'espace personnel matériel, l'espace personnel physique, l'espace personnel professionnel et l'espace personnel psychique, lesquels se subdivisent en de multiples sous-espaces spécifiques.

L'envahisseur ne respecte pas ces espaces. Il envahira l'espace matériel de l'autre à la maison : son mobilier, ses biens personnels, etc. Il aura parfois du mal à respecter aussi son espace physique : son corps, sa santé, sa vie, voire sa mort. Il envahira avec désinvolture son espace professionnel, s'immisçant dans son rôle et dans sa tâche au travail. Il aura tendance à intervenir dans sa vie relationnelle et psychique en ne considérant pas avec respect ses expériences, ses idéologies, ses croyances, ses échecs, ses réussites, ses émotions et ses besoins. Pour combler son vide affectif inconscient et dissiper son sentiment d'insécurité non identifié, il tentera de s'approprier ce qui appartient à la personne aimée et il tentera aussi d'intervenir dans sa vie pour se donner de l'importance à ses yeux. Il s'appropriera ses biens matériels, cherchera à se gagner l'affection de ses amis et de son entourage, interviendra dans sa vie privée plutôt que d'exprimer son insécurité et de s'occuper directement de ses besoins.

Avec un envahisseur, nous avons souvent l'impression de nous faire enlever ce qui nous appartient. Nous avons même le sentiment, que nous jugeons généralement absurde et enfantin, qu'il nous en-lève nos amis. Nous sommes d'autant plus confus que nous avons habituellement, au contraire, un grand plaisir à les partager avec ceux que nous aimons. Mais comme l'envahisseur a tendance à s'appro-prier une part du monde de la personne aimée pour combler son man-que affectif, notre sentiment d'être dépossédés de ceux que nous aimons correspond souvent à une triste réalité. Avec une telle per-sonne, nous sentons parfois le besoin de nous protéger en étant se-crets sur ce qui nous concerne, pour garder une part de notre chère liberté.

Puisque, comme personne responsable, nous n'avons pas à lui prêter d'intentions ni à le rendre responsable de ce que nous vivons, notre ressource la plus efficace devant un envahisseur est de prendre en considération nos malaises parce que, en réalité, comme le dit si bien Guylaine Champagne dans son mémoire soutenu au Centre de

Relation d'Aide de Montréal, intitulé *L'envahissement par manque d'affirmation*, le véritable envahissement ne vient pas de l'extérieur mais de l'intérieur de nous-mêmes. En fait, ce qui nous envahit, c'est l'émotion que nous fait vivre le comportement de l'envahisseur. C'est donc en étant attentif à cette émotion subtilement étouffante que nous pourrons trouver des moyens de nous protéger et de nous affirmer pour nous libérer de cet aliénant processus générateur de malaises.

Cette façon d'aborder l'envahissement nous redonne les rennes de notre pouvoir personnel en nous empêchant de nous laisser sombrer dans une attitude de victime qui rend l'envahisseur/déclencheur responsable de notre désagrément, ce qui nous installe dans une position de juge et de critique de l'autre à cause d'un manque d'écoute réelle de soi et d'un manque d'affirmation franche et directe. Nous devons toutefois être conscients qu'il est difficile de nous défaire du pouvoir d'un envahisseur et de toucher un sentiment profond de liberté en sa présence parce que son processus à lui est essentiellement une recherche compulsive de combler à la fois son besoin de reconnaissance et son besoin d'amour. Le résultat de cet acharnement produit chez la personne envahie une ébullition émotionnelle fort désagréable dont elle ne peut se débarrasser que lorsque l'autre n'est plus là. Aussi, chaque intervention de la personne envahie pour se libérer de ses envahisseurs émotionnels est souvent vécue par l'autre comme un rejet. Se sentant rejeté, voire coupable, et n'en étant généralement pas conscient, il devient alors celui qui rejette et qui culpabilise, ce qui rend la relation souvent conflictuelle. La personne envahie, épuisée, impuissante, finit souvent par abdiquer, c'est la solution la moins douloureuse, et par se laisser envahir sans plus de résistance. Une bonne dose d'amour de soi, de volonté, d'effort et de courage est·essentielle pour passer à l'action et se dégager de l'emprise des émotions désagréables que déclenche en nous un envahisseur. C'est cet amour d'elle-même qui donnera à la personne envahie la force de prendre le risque d'être rejetée, culpabilisée et même de prendre le risque de détruire cette relation. C'est encore l'amour de soi qui lui donnera la force de se protéger en délimitant clairement son territoire, en fixant fermement ses limites et en faisant impérativement respecter ses espaces, matériel, physique, professionnel et psychique, de façon à trouver la liberté intérieure, espaces essentiels dont elle a besoin pour vivre des relations affectives propulsives. Cette démarche sera satisfaisante si elle n'est pas entreprise dans le but de changer l'autre mais dans un profond de respect de soi.

● La volonté compulsive de changer l'autre

La volonté compulsive de changer l'autre est une autre forme de pouvoir qu'on rencontre fréquemment chez les personnes qui sont engagées dans une relation affective. Dès que la personne aimée déclenche un malaise qui n'est pas identifié, nommé ou exprimé à l'autre, la réaction défensive la plus courante est de tenter de changer le déclencheur du malaise pour ne plus souffrir. Pour illustrer cette nouvelle forme de pouvoir, imaginons le couple Louise et Ronald. La nature spontanée et naïve de Louise dérange Ronald ; il essaiera, par le blâme, le reproche, le ridicule, le jugement ou la critique de détruire sa spontanéité plutôt que de tenter de prendre conscience de ce que cela lui fait vivre et de trouver ce qu'il peut changer en lui-même pour apprendre à respecter cette femme qu'il aime et continuer à l'aimer telle qu'elle est. Par ailleurs, si, pour garder l'amour de Ronald, Louise réprime son authenticité, elle risque fort, après un certain temps, de ne plus être heureuse avec lui. Leur relation deviendra terne et monotone. En réalité, quand nous essayons d'altérer la personnalité d'une personne que nous aimons et que nous réussissons parce qu'elle nous a laissé prendre ce pouvoir sur elle, notre sentiment d'amour s'estompe progressivement parce qu'elle ne sera plus elle-même. Elle deviendra un personnage construit à partir de nos exigences et non plus une personne vivante et vraie.

Heureux celui qui aime une personne qui refuse de se laisser changer. Je n'insisterai jamais assez sur la responsabilité que nous avons tous de rester nous-mêmes dans nos relations affectives et de ne pas donner à l'autre le pouvoir de nous dénaturer. J'ai moi-même laissé à mon mari, pendant quelques années, le droit de m'imposer ses goûts et ses désirs. Comme il aime les femmes troublantes et séduisantes, j'ai voulu me soumettre à ses fantasmes en me donnant l'allure des femmes qui, généralement, ont sur lui un effet particulier. Quand j'allais dans les magasins pour m'acheter des vêtements, je les choisissais en fonction de ses goûts sans trop me questionner sur les miens. Je n'étais pas vraiment à l'écoute de moi. Je retirais évidemment certains avantages à agir de la sorte. J'avais le bonheur de lui plaire et le sentiment d'être séduisante à ses yeux. Ils n'était donc pas responsable de ce comportement que j'adoptai jusqu'au jour où il m'a offert, en cadeau d'anniversaire, un déshabillé dont le décolleté, plongeait jusqu'à la taille. Comme je ne suis pas pulpeuse, je devais, lorsque je portais ce vêtement, constamment faire l'effort de me tenir très droite pour être à l'aise. Pour ne plus supporter ce disgracieux inconfort, j'ai fini par enfouir soigneusement le déshabillé au fond de la boîte de vêtements que nous donnons chaque année aux organismes de charité.

La minute de vérité s'est présentée lorsque mon mari, qui avait la tâche de porter ces boîtes aux organismes en question a décidé d'en vérifier le contenu. Ce fut un moment désagréable, pour le moins explosif, mais combien important parce que, ce jour-là, a commencé pour moi et, je dirais pour nous deux, un cheminement qui m'a amenée à découvrir ce que j'aimais vraiment et qui m'a amenée aussi à choisir mes vêtements dans le respect de mes goûts en prenant le risque de ne pas toujours lui plaire. Et lui, il a compris qu'il pouvait exprimer ses goûts sans me les imposer. Par cette expérience, je me suis donné la liberté d'être moi-même dans ce domaine et j'ai acquis, par la suite, la certitude d'être aimée pour ce que je suis et non pour mon apparence. Il y a donc de grands avantages à ne pas laisser à l'autre le pouvoir de nous changer et à rester authentiques dans nos relations affectives. C'est la meilleure assurance de pérennité d'une relation satisfaisante. Mais les formes de pouvoir étant souvent très subtiles, il n'est pas toujours facile, pour celui qui n'est pas à l'écoute de lui-même, de les percevoir. C'est ce qui se produit généralement lorsque la personne aimée exerce de l'ascendant sur nous par le biais du silence défensif.

● Le silence

Il arrive, dans les relations affectives, des moments où l'autre est déclencheur de blessures plus ou moins profondes. Certaines personnes se défendent contre leur souffrance par l'accusation alors que d'autres s'emmurent dans un mutisme total. Inutile d'essayer de les rejoindre, elles sont complètement fermées et le mur qu'elles érigent entre elles et l'autre est infranchissable, ce qui est très douloureux pour ce dernier parce qu'il est généralement confronté à un intense sentiment d'abandon. Il se retrouve seul en présence de l'autre, ce qui est très éprouvant. Aussi, tentera-t-il par tous les moyens, de percer le mur qui l'empêche d'entrer en relation. Très souvent, plus il tente de le faire, plus le mur s'épaissit et plus la distance qui le sépare de l'autre grandit. C'est là, malgré que ce ne soit pas toujours le cas, que le silence peut devenir une forme de pouvoir.

La personne blessée reste la plupart du temps fermée dans le but inconscient, ou même conscient, de faire mal comme elle a mal. Il est donc important, quand nous sommes devant une personne qui se défend par le silence, de lui exprimer notre manque et notre désir d'être en relation avec elle mais de ne pas ajouter à la tension. Nous devons apprendre à vivre avec nos malaises, à laisser à l'autre le droit à son silence et à lui laisser aussi la responsabilité de sortir, à son rythme, de son mutisme et de recréer, quand il sera prêt, la relation qu'il a lui-même coupée. Si nous insistons trop pour le faire parler de façon à nous libérer, nous, de nos sentiments d'impuissance et d'abandon, nous risquons de lui donner le pouvoir de se servir de son silence pour se donner de l'importance et pour nous dominer davantage. Si la personne aimée revient à la relation parce que nous l'avons suppliée, redoublé de gentillesse ou satisfait tous ses désirs et tous ses besoins, nous lui laissons du pouvoir sur nous et nous entretenons et nourrissons notre sentiment d'abandon. De plus, nous renforçons inévitablement le système insatisfaisant qui nous aliène mutuellement. En effet, si nous faisons toujours toutes les démarches pour assurer la réconciliation, nous ne saurons jamais si l'autre nous aime assez pour faire son propre bout de chemin dans la résolution du conflit. Nous nous sentirons alors emprisonnés par l'insécurité du doute et du manque affectif. C'est en laissant à l'autre la responsabilité d'assumer les conséquences de son repliement que nous retrouverons peu à peu le sentiment d'être aimés et d'être libres. C'est en prenant la responsabilité de nos émotions, de nos besoins, de nos difficultés et de notre vie que nous nous donnerons les moyens d'affronter les écueils qui nous enlèvent le pouvoir sur notre vie, des écueils aussi subtils que, par exemple, le paternalisme.

● Le paternalisme

Le paternalisme se rencontre surtout chez les personnes qui sont en position d'autorité. De nombreux parents, grands-parents, grands frères, grandes soeurs, aidants dans tous les domaines, patrons, chefs d'entreprises, enseignants, ont développé une tendance paternaliste avec leurs enfants, leurs patients, leurs employés, leurs élèves. Dans les couples, nous rencontrons souvent un conjoint paternaliste. Bien que le terme fasse référence au père et, par extension, à l'homme, il ne s'applique pas moins à l'attitude de nombreuses femmes.

Être paternaliste, c'est avoir une tendance inconsciente au contrôle et à la domination sous le couvert de la protection et de la prise en charge.

Il peut paraître pour le moins incongru de parler de la tendance paternaliste comme d'un mécanisme de défense. Mais nous pouvons nous demander ce qui pousse une personne à adopter de tels comportements. Des malaises non identifiés, des besoins non satisfaits sont inévitablement à la source des manifestations de cette forme de pouvoir.

Les personnes qui cherchent à contrôler en adoptant une attitude protectrice sont très souvent inconsciemment poussées par des sentiments ou des émotions peu ou pas ressenties qui donnent naissance, hors de tout contrôle, à un chaos intérieur qu'elles ne saisissent pas mais qui les incite spontanément à agir ainsi. Quand elles réussissent à identifier les composantes de ce chaos, elles découvrent presque toujours de profonds sentiments d'insécurité et un grand besoin de valorisation. Ainsi, le père qui protège ses enfants à l'excès exerce sur eux un contrôle et, sans le vouloir, les garde sous sa dépendance. Il n'est pas conscient qu'il a sans doute peur de perdre son importance à leurs yeux. Il n'est pas conscient non plus que, en contrôlant de la sorte, il se protège lui-même contre sa propre peur du changement et de l'inconnu, et, à coup sûr, contre sa propre peur d'être contrôlé et dominé. Il ignore qu'il n'arrive pas à faire confiance aux autres parce qu'il projette sur eux sa propre fragilité. Il n'est surtout pas conscient qu'il entretient chez ses enfants l'insécurité et l'infériorité qui l'habitent lui-même.

Le cas de Fabien est éloquent à cet égard. Le jour où il entra en fonction comme directeur d'école, il offrit à tout son personnel un cocktail de bienvenue qui fut fort apprécié. Sa nature chaleureuse et accueillante plut à tout le monde et chacun était heureux d'entreprendre sa nouvelle année scolaire avec un patron si cordial. La réunion pédagogique qui suivit sema cependant le doute chez certains enseignants qui se sentirent mal à l'aise avec ses directives. Quand il leur demanda de remettre à son bureau un rapport détaillé du déroulement de leurs cours sous prétexte qu'il voulait les protéger contre les critiques des élèves et des parents, certains restèrent plutôt perplexes. Quand il leur a dit qu'il ferait une tournée hebdomadaire des classes pour être plus en mesure d'apprécier leur travail et pour impressionner les élèves paresseux et agités, il suscita plus de méfiance que d'approbation. Certains se sentaient beaucoup plus contrôlés que protégés, mais doutant de leurs propres perceptions, ils n'ont pas osé intervenir.

Les jours et les semaines qui suivirent, les enseignants furent divisés. Certains approuvaient sans restriction les pratiques de leur nouveau directeur, lui faisant entièrement confiance étant donné qu'il avait leur bien-être et leur réputation à coeur et qu'il n'était ni avare de son temps ni de sa générosité. Ceux-là profitaient d'ailleurs avec beaucoup de plaisir des avantages du nouveau système qu'il avait instauré dans l'école. Ne prenait-il pas en considération tous les cas difficiles qui lui étaient présentés ? N'était-il pas disponible pour résoudre tous les problèmes, qu'ils soient d'ordre matériel ou pédagogique ? N'était-il pas à l'écoute de tous leurs besoins et ne tentait-il pas de les satisfaire quand il en avait la possibilité ? N'était-il pas toujours prêt à dispenser des conseils à ceux qui éprouvaient des difficultés ? Par contre, si certains se sentaient en sécurité avec leur nouveau directeur, les autres, beaucoup moins nombreux, se sentaient infantilisés et avaient le sentiment que, malgré sa bonne volonté apparente, ce directeur les enfermait dans une prison dorée. Ils n'appréciaient pas devoir faire approuver toutes leurs initiatives même les plus naturelles et les plus inoffensives. Ils n'acceptaient pas de justifier leurs méthodologies d'enseignement et leur planification de cours.

À la réunion pédagogique du mois de novembre, Karl s'aventura à exprimer ses malaises. Il dit à son directeur qu'il ne voulait pas présumer de ses intentions mais qu'il avait besoin de sa confiance. Sans l'accuser de quoi que ce soit, cet enseignant lui expliqua que le système de protection et de prévention qu'il avait mis en place le privait, lui, de la liberté de faire sa propre expérience et d'apprendre de ses erreurs. Visiblement très mal à l'aise devant ce témoignage qu'il n'avait pas prévu à l'ordre du jour, Fabien eut du mal à contenir son insécurité. Il répondit toutefois à Karl qu'il décodait bien sa demande mais il devait comprendre que, à titre de directeur d'école, il avait affaire à plusieurs autres personnes et qu'il était de son devoir de prévenir les problèmes plutôt que d'avoir constamment à les résoudre. Même lorsque Karl lui rétorqua qu'il avait assez de maturité pour assumer lui-même les conséquences de ses erreurs et la résolution de ses problèmes, Fabien maintint sa position.

Malheureusement, dans des situations professionnelles du genre, le paternalisme est souvent en cause, mais on ne s'occupe que de ses manifestations ; souvent, il n'est pas vraiment identifié et, quand il l'est, il ne se règle pas pour autant parce qu'on en reste aux symptômes extérieurs sans jamais s'attaquer aux causes intérieures. Le fait de polariser l'attention uniquement sur les symptômes a pour conséquence d'entretenir les malaises et les insatisfactions et d'orienter les efforts vers une recherche de solutions précaires parce qu'elles sont fondées sur des changements de structures et de comportements plutôt que sur le changement des personnes. Comme le monde émotionnel est généralement banni de la plupart des milieux professionnels, les ressources sont à peu près inexistantes dans le cas des problèmes déclenchés par le paternalisme de certains patrons. Inconscients de leur tendance et des forces intérieures qui l'entretiennent, à leur insu, il leur est à peu près impossible de s'en sortir, de retrouver leur propre liberté et de laisser la leur aux autres. Il ne sert à rien de les blâmer et d'essayer de les changer. Tant que les problèmes professionnels ne seront pas abordés en profondeur, en consacrant les énergies sur les personnes, il n'y aura pas d'amélioration satisfaisante.

Ce qui ressort de la personne qui a une tendance au paternalisme, c'est plutôt sa nature protectrice que sa tendance dominatrice. Il est donc très souvent difficile de déceler le contrôle qu'elle exerce sur les autres. De plus, il y a chez plusieurs êtres humains, qui n'ont pas atteint la maturité correspondant à leur âge, une tendance inconsciente à rechercher constamment le parent protecteur, le parent qui se charge de leurs problèmes, de leurs difficultés, de leurs insatisfactions. Ce sont d'ailleurs souvent ces personnes d'ailleurs qui s'attirent des conjoints paternalistes et reproduisent avec eux le même système relationnel que celui qu'ils ont vécu et qu'ils vivent encore avec leurs parents : le système du parent protecteur et de l'enfant protégé. L'histoire de Guylaine et Henri illustre bien ce système.

À les voir de l'extérieur, sans les connaître, personne n'aurait pu se douter que Guylaine et Henri entretenaient une relation du type père/fille. Chef d'une entreprise florissante, Henri était un homme prospère et d'allure très suffisante. De son côté, Guylaine était institutrice à l'école primaire de son quartier. Tous les deux autonomes matériellement, ils ne dépendaient pas l'un de l'autre sur le plan financier. C'est toutefois à d'autres niveaux que la dépendance se manifestait.

Henri était très attentif à son épouse. Galant et raffiné, il prévoyait tous ses besoins. C'est lui qui faisait les courses et qui se levait pendant les repas pour faire le service ou s'occuper des enfants. Il était tellement présent et attentif à Guylaine qu'elle se fiait sur lui pour régler tous les problèmes qui se présentaient à la maison, y compris les siens. Il s'informait de tout. Même si son propre travail lui demandait du temps et de l'énergie, il ne prenait pas moins en charge tout ce qui se passait à la maison. Il avait besoin d'avoir le contrôle sur tout. C'était sa façon à lui de se défendre contre son insécurité profonde et de s'occuper de son besoin d'être reconnu et important. Cette surprotection devenait une forme de contrôle par laquelle il se protégeait lui-même contre une force intérieure qu'il n'avait pas identifiée. Il ne voulait pas consciemment contrôler et dominer. Il le faisait inconsciemment avec, au contraire, le sentiment d'être serviable, disponible et généreux. Son comportement avait l'avantage de lui donner une image de lui-même plutôt valorisante. Il était donc loin de se rendre compte qu'il était prisonnier de besoins et d'émotions non identifiées. Prévenant et protecteur au point d'avoir réponse à tout, il s'était rendu indispensable auprès de sa femme qui avait appris à se fier sur lui dans presque tous les domaines de sa vie. Elle savait que, quoi qu'il arrive, elle n'avait qu'à lui téléphoner et qu'il serait là pour la rassurer, la conseiller, la protéger et prendre en charge la résolution de la plupart de ses problèmes. Elle retirait tellement d'avantages à se laisser porter par lui qu'elle ne se rendait pas compte, elle non plus, de sa dépendance.

Ce n'est que le jour où son mari a été retenu au travail à cause d'une grève générale de ses employés qu'elle dut faire face seule à toutes les responsabilités de la vie familiale. Bouleversé par la peur angoissante de perdre son commerce qu'il avait créé et fait progresser avec beaucoup de succès, Henri n'avait plus de disponibilité physique ni psychologique pour sa famille. Lui, qui, habituellement, maîtrisait tout, était devenu un homme préoccupé et absent. Cette épreuve fit prendre conscience à Guylaine de sa dépendance, de son manque de confiance en elle-même et de son manque d'initiative et de débrouillardise. Vu l'insécurité dans laquelle ils étaient tous les deux plongés à cause des difficultés qui s'étaient présentées à l'entreprise de son mari, elle ne pouvait embaucher personne pour l'aider. Elle traversa donc seule, sans le support matériel et psychologique d'Henri, une des périodes les plus ardues de sa vie. À certains moments, elle était tellement découragée qu'elle s'en voulait amèrement d'avoir laissé à cet homme toute la responsabilité de la vie familiale et de sa vie personnelle. Elle se promit que si la situation se rétablissait un jour à l'usine, elle ne se laisserait plus prendre en charge et contrôler comme auparavant. Elle reconnaissait qu'elle avait donné à son mari le pouvoir sur sa vie par manque de confiance en elle-même. Elle avait été une enfant protégée, il lui fallait maintenant apprendre à devenir une femme libre.

D'apparence un peu dramatique, cette expérience vécue reflète malheureusement la réalité. Dans plusieurs foyers, c'est la femme qui maîtrise tout, sous couvert de protection, et le système parent/ enfant est tellement intégré à la vie du couple et de la famille qu'il est presque impossible de le déraciner. La plupart du temps, les couples l'entretiennent toute leur vie à moins qu'un événement force le conjoint infantilisé à s'affranchir du conjoint paternaliste. Tant que le premier ne se libère pas de l'aile protectrice et contrôlante du second, le système se fortifie et chacun est emprisonné par sa dépendance inconsciente de l'autre. Le maintien du système est assuré par le fait qu'ils sont tous les deux inconscients de leur fonctionnement et du vécu qui le sous-tend. Il est aussi maintenu par le fait que chacun y trouve de nombreux avantages. C'est généralement quand le conjoint qui s'infantilise réagit que des transformations s'amorcent

147

chez le conjoint paternaliste et dans le système relationnel du couple. C'est à ce moment-là que chacun prend le chemin de l'autonomie et de la liberté, démarche nécessaire pour avoir une relation affective satisfaisante. Tant que le système fonctionne sans trop de soubresauts, il n'y a aucune raison de le changer puisqu'il est générateur d'avantages considérables dont celui de se sentir important et valorisé pour le conjoint paternaliste et celui d'être pris en charge pour l'autre. Ce qui fait bouger un système, c'est toujours la souffrance. Il arrive parfois un moment dans la vie du conjoint infantilisé où la douleur de sa dépendance ou de son impuissance est tellement grande que les avantages du système ne suffisent plus. C'est quand il réussit à identifier les émotions qui le font souffrir que naît, en arrière plan, son besoin de liberté. C'est ce besoin qui le poussera à s'affranchir du contrôle du conjoint paternaliste.

En touchant au problème du contrôle protecteur, nous avons abordé deux écueils importants à la recherche de liberté dans les relations affectives : le paternalisme et la tendance à l'infantilisation. Quand l'être humain actualise l'une ou l'autre de ces tendances, il se défend contre les émotions et les besoins dont il n'est pas conscient, ce qui nous fait voir encore une fois que la liberté intérieure passe par l'identification de l'écueil et du monde émotionnel qui le fait naître et renaître incessamment. Apprendre à écouter notre vérité profonde, c'est apprendre à nous libérer du pouvoir que nous donnons aux autres sur notre vie. Comme ce pouvoir prend plusieurs formes, il est très souvent difficile de le percevoir. Il n'y a pas que ceux qui contrôlent, qui dominent, qui manipulent et qui détiennent «la» vérité qui jouissent d'un pouvoir, il y surtout ceux qui maîtrisent les autres très subtilement en se défendant contre leurs malaises par la culpabilisation. Nous verrons comment se manifeste cet écueil à la liberté dans la relation affective après le prochain exercice de réflexion et d'application.

Mon expérience de pédagogue et de psychothérapeute m'a confirmé que personne n'est à l'abri du pouvoir de dominer les autres tant sur les plans social et professionnel que sur le plan relationnel. Ceux qui ont le plus peur d'être dominés sont souvent les plus dominateurs. Leur peur les amène à projeter sur les autres leur propre compulsion à les asservir. L'exemple le plus frappant à ce propos est celui des représentants politiques qui dénoncent le pouvoir que prennent leurs adversaires et qui ne sont à peu près jamais conscients de leurs propres moyens de domination. Les effets de ce pouvoir sont plus nocifs lorsque nous n'en sommes pas conscients ou lorsque nous refusons de reconnaître les formes de pouvoir que nous utilisons pour dissiper nos malaises dans nos relations avec les autres. C'est à cette prise de conscience et à cette acceptation que vous convie l'exercice qui suit.

### ••• *Réflexion et application* •••

Dans la relation affective la plus importante de votre vie, vous utilisez peut-être inconsciemment une forme de pouvoir pour ne pas ressentir les émotions qui vous font souffrir. Afin de vous aider à l'identifier, cochez le comportement qui suit si vous êtes concerné.

- la généralisation ☐
- la tendance à moraliser ☐
- l'autopunition ☐
- le personnage du «saint homme» ☐
- le personnage de la «sainte femme» ☐
- la négation ☐
- le harcèlement ☐
- l'envahissement ☐
- l'agression verbale ☐
- l'agression non verbale ☐
- la répression ☐
- l'intimidation ☐
- la double contrainte ☐
- la recherche compulsive de réussite ☐

- la performance ☐
- la rationalisation ☐
- le savoir ☐
- l'attitude de supériorité défensive ☐
- le dogmatisme ☐
- le contrôle ☐
- le silence ☐
- l'interprétation ☐
- la volonté compulsive de changer l'autre ☐
- la manipulation ☐
- la tendance au paternalisme ☐
- la culpabilisation ☐

La prochaine fois que vous glisserez dans ces mécanismes de défense, prenez conscience des émotions que vous vivez et des besoins que vous éprouvez par rapport à cette personne.

Si vous répétez cet exercice chaque fois que vous vous rendez compte que vous exercez un pouvoir sur cette personne ou sur une autre, vous connaîtrez de plus en plus vos principaux mécanismes de défense et ce qui les sous-tend, et vous serez plus en mesure de gérer vos émotions et vos réactions ainsi que de vous occuper de vos besoins. Vous ne serez plus dépendants des diverses formes de pouvoir qui vous enchaînent à l'autre. Vous pourrez ainsi devenir plus attentifs à cette autre forme de puissance, d'asservissement qu'est la culpabilisation.

● La culpabilisation

G. Lalonde, dans *Psychiatrie clinique : approche bio-psycho-sociale*, distingue deux sortes de pouvoirs : les pouvoirs directs comme l'argent, la connaissance, les talents, la profession, et les pouvoirs indirects parmi lesquels se trouvent le blâme, la manipulation, la culpabilisation. Si les premiers confèrent à celui qui les possède la liberté d'agir et de créer, ils peuvent aussi être utilisés comme pouvoirs indirects dans le but de contrôler les autres, ce qui entraîne des relations aliénantes où les pouvoirs indirects entretiennent la domination subtile et, par conséquent, l'insatisfaction et la souffrance.

L'un des pouvoirs indirects les plus destructeurs de relations et les plus aliénants est la culpabilisation que je définis comme le fait d'amener une personne à se sentir coupable ou responsable d'une faute qu'elle a commise ou non. Aussi souvent inconscient que conscient, le sentiment de culpabilité a pour effet de rendre les personnes qu'il envahit, largement dépendantes du besoin ou du désir des autres.

Culpabiliser, c'est aussi diriger subtilement les actes, les paroles, les comportements des autres parce que, en fait, nous leur donnons le sentiment d'être fautifs, responsables de nos malheurs et de nos problèmes, honteux, indignes et méchants. Aussi, pour ne pas vivre avec cette souffrance insupportable, ils finissent par tout céder, tout accepter et même, se donner corps et âme pour racheter «leur faute».

Nous ne pouvons parler de culpabilisation sans, bien sûr, parler de culpabilité. Elles sont indissociables l'une de l'autre, l'un des mécanismes de défense de la personne coupable étant, du coup, la culpabilisation. Autrement dit, c'est parce que l'un se sent coupable qu'il culpabilise l'autre, ce qui entretient un système relationnel structuré dans un rapport culpabilisant/culpabilisé.

Les moyens de rendre coupable la personne aimée dans une relation affective sont trop nombreux et parfois trop subtils pour être abordés exhaustivement. Les plus importants sont, sans contredit, le reproche, le jugement, l'accusation, la menace, la moralisation, l'humiliation, la réprimande, le silence défensif, l'autopunition, le personnage du «saint homme» ou de la «sainte femme», l'attitude de victime de celui qui se plaint, s'apitoie et rend les autres responsables de ses problèmes, de ses malaises, de ses erreurs et de ses échecs.

Il arrive même, dans une relation, qu'une personne culpabilise sans être «culpabilisante» tout simplement parce qu'une parole qu'elle prononce, un geste qu'elle pose ou une émotion qu'elle exprime, réveille chez l'autre, une culpabilité ancienne. Ce geste, cette parole ou cette émotion peut rappeler à la mémoire inconsciente de cet autre, la culpabilité suscitée dans le passé par des déclencheurs semblables. Si, par exemple, enfant, elle était punie chaque fois qu'elle faisait une erreur, si elle était réprimandée ou humiliée parce qu'elle n'était pas parfaite, si elle se sentait responsable des malheurs des autres, elle aura vraisemblablement introjecté un père et une mère intérieurs qui réveilleront son sentiment de culpabilité à la moindre erreur. La culpabilisation viendra de l'intérieur, de cette instance psychique que Freud appelle le Surmoi. Dans ce cas, elle pourra, par exemple, se sentir coupable de la souffrance qu'elle provoque involontairement chez l'autre, surtout si elle a hérité psychologiquement d'un parent qui souffrait de «victimite». Elle pourra aussi se sentir coupable quand elle fera une erreur, quand elle aura le sentiment d'être imparfaite, inadéquate ou incorrecte, quand elle sera coupable d'un oubli, quand elle sera en retard ou même quand elle ressentira des émotions désagréables telles la haine, la jalousie ou la colère envers quelqu'un qu'elle aime. Ses comportements seront déterminés par son sentiment de culpabilité inconscient ce qui fait qu'elle n'aura pas la liberté de ses choix ni celle de ses réactions.

Les déclencheurs de culpabilité étant tout autant extérieurs que intérieurs, il nous est très difficile de les identifier si nous ne prenons pas d'abord conscience de nos malaises. Sans cette prise de conscience, nous risquons de prendre les autres en charge, d'oublier nos besoins pour nous pencher sur les leurs, de prendre la responsabilité entière de leurs problèmes, de leurs souffrances ou de leurs conflits, de répondre à toutes leurs attentes, de nier notre propre vécu, d'être incapables de fixer nos limites ou de dire non à certaines de leurs demandes. Nous deviendrons des êtres aliénés sans capacité de discernement.

Si nous ne dirigeons pas l'éclairage sur nos labyrinthes émotionnels, nous risquons, d'une part, de fuir la relation ou, d'autre part, de blâmer, de culpabiliser, d'accuser, de confronter, de vouloir avoir raison à tout prix, de dominer ou de contrôler la vie des autres par besoin de les changer pour qu'ils ne déclenchent plus notre perpétuel sentiment de culpabilité. Nos réactions défensives nous font non seulement glisser vers la domination, mais elles nous enlèvent une grande part de notre sentiment de liberté.

Trouver les moyens de nous libérer de l'emprise de la culpabilité sur notre vie personnelle et relationnelle, c'est passer progressivement de l'inconscience à la conscience. Ce processus demande parfois des années. Mon expérience personnelle en témoigne. En effet, j'ai longtemps cru, à cause de la souffrance parfois insupportable qui m'habitait lorsque j'étais enfant, adolescente et jeune adulte, que j'avais tous les complexes, excepté le complexe de culpabilité. Dans mon esprit, la culpabilité, c'était le problème des autres, absolument pas le mien. Aujourd'hui, quand je pense à cette inconscience, je me demande comment j'ai pu passer tant d'années à ressentir abandon, insécurité, infériorité et angoisse, sans jamais identifier ma propre culpabilité, ce Minotaure sacré et caché qui a guidé, à mon insu, la plupart de mes choix, de mes retraits, de mes silences, de mes confrontations, ce monstre qui a hanté mes rêves et m'a maintenue, en quelque sorte, dans une terreur paralysante.

L'inconnu qui nous habite a parfois un pouvoir qui nous envahit et nous dépasse. C'est ce pouvoir-là que faisait peser sur moi la culpabilité, un pouvoir sur lequel je n'avais pas de prise, un pouvoir d'autant plus fort qu'elle avait marqué ma vie dès ma plus tendre enfance et qu'elle était, dans mon inconscient, la sœur jumelle de l'abandon, de la rupture et de la mort.

J'étais encore une toute petite fille quand mon frère, de quinze mois mon cadet, est tombé dans un bassin d'eau glacée qui servait autrefois à la conservation du lait. Je le vois encore se pencher sous le robinet pour s'abreuver. L'image de son corps qui bascule m'a hantée pendant des années. C'était moi l'aînée : j'aurais dû le retenir, j'aurais dû prévenir, j'aurais dû... Heureusement, j'ai couru chercher ma mère qui l'a sauvé et arraché de justesse à la mort.

Quelques mois plus tard, j'étais encore seule avec lui quand, dans la remise, il a tiré un quartier de bois qui a fait tomber toute la cordée sur son corps d'enfant. Je ne le voyais plus. Il avait disparu, enfoui sous les rondins. J'avais beau crier son nom, il ne répondait pas. Rapidement s'installa en moi le sentiment que c'était ma faute, que j'aurais dû empêcher cela et ce, tout simplement parce que j'étais là. Cette fois encore et à d'autres reprises par la suite, il s'est sorti vivant de divers accidents, sauf la dernière fois... C'était un soir de novembre. J'étais au pensionnat ; il revenait de l'école à bicyclette comme tous les soirs. Et, en un instant, tout a basculé. Une voiture l'a frappé. Je ne l'ai plus jamais revu vivant. Ce soir-là, je voulais mourir avec lui. Et cette fois, j'étais convaincue que c'était ma faute parce que je n'avais pas été là.

Je crois que c'est à ce moment précis, parce que la souffrance due à la culpabilité était trop angoissante, que je l'ai occultée. Le psychisme est bien fait. Pendant des années, je n'ai plus éprouvé ce sentiment horrible qui aurait pu m'entraîner vers l'abîme. Mais même occultée, ma culpabilité n'avait rien perdu de sa force et une lutte intrapsychique me vidait de mon énergie vitale. Pendant toutes ces années, je me suis battue en réalité contre moi-même. J'étais comme un capitaine de vaisseau dans la tempête qui, pour calmer son angoisse, assume la responsabilité de la vie des membres de l'équipage, s'occupe de la sauvegarde du bateau et prend tout en charge pour empêcher la catastrophe.

Quelques mois plus tard, ma sœur âgée de 4 ans et moi de sept, nous revenions de chez ma grand-mère qui habitait de l'autre côté de la route nationale menant, à cette époque, de Montréal à Ottawa. Je ne voulais pas lâcher la main de ma sœur. La voiture qui l'a frappée roulait à grande vitesse. Cette fois-là, la mort a perdu la partie de justesse, mais cette expérience m'a laissée avec la peur viscérale de lâcher la main de l'autre. La conséquence était trop lourde à porter. Je suis donc devenue une enfant et, plus tard, une femme responsable des autres. C'était, dans mon inconscient, une question de vie ou de mort. Et cette responsabilité m'a maintenue en vie. Elle était à la fois ma bouée de sauvetage et mon mécanisme de défense, le seul moyen que j'avais inconsciemment trouvé pour ne pas sentir le poids de la culpabilité qui avait failli m'entraîner au fond, à la mort de mon frère.

Pendant toutes ces années, j'ai souvent composé avec l'angoisse, une angoisse sans nom et sans visage, jusqu'au jour où le monstre que j'avais si longtemps occulté s'est imposé à ma conscience sans préavis.

C'était un soir de printemps. Il faisait pourtant beau et je profitais de la vie comme un nénuphar qui, heureux, s'offre à la lune sans se douter qu'au fond de l'étang qui le soutient se cachent des mystères parfois troublants. Le monstre s'est faufilé avec l'arrivée de mon fils, ce fils qui me ressemble tant par sa recherche de vérité, d'autonomie, d'identité et de liberté. La présence de ce fils ajoutait à la plénitude du moment une intensité plus grande encore. J'étais heureuse qu'il soit là, si beau, si grand, si fort. Puis, en l'espace de quelques mots, tout a de nouveau basculé. Il avait suffi d'un instant pour transformer un état de quiétude en un état de souffrance. Il m'a parlé de ses manques, de son sentiment d'abandon déclenchés par mes absences, à une certaine époque de sa vie alors qu'il avait besoin de moi.

Du coup, je me suis sentie emportée vers le fond et au cours des heures et des jours qui ont suivi, j'ai de nouveau ressenti cette envie de mourir que j'avais vécue à l'occasion de la mort d'Henri. J'ai eu peur, peur de me perdre. Je me sentais comme dans un gouffre sans fond, dans un labyrinthe. Des images de mon enfance remontaient une à une : l'image de la petite fille qui a peur du noir, de celle qui se réveillait la nuit, effrayée par les monstres énormes qui voulaient l'écraser.

Toutes ces images défilaient sans cesse dans ma tête et nourrissaient mon angoisse de la mort. J'ai cherché une prise, une seule pour ne pas me laisser emporter dans le tourbillon de mon passé. Cette prise est apparue dans ma noirceur quand j'ai identifié ce sentiment occulté depuis tant d'années : la culpabilité. C'est souvent ce qu'on appelle un miracle, ces moments de la vie où, au bord du gouffre, nous reprenons le contrôle de notre vie, ces moments où la tête vient au secours du cœur en ouvrant une porte qu'elle avait fermée, ces moments d'unification, d'harmonisation de toutes nos dimensions.

Cette expérience a mis en lumière le Minotaure de mon labyrinthe intérieur. Elle m'a permis de voir ce labyrinthe sous un éclairage nouveau. Elle m'a ouverte à d'autres perspectives, a dénoué d'autres noeuds et a pansé d'autres blessures. C'est le cadeau qu'offre, aux moments souvent les plus inattendus, le travail qu'on fait sur soi-même.

Par surcroît, cette découverte m'a apporté le discernement. En restant à l'écoute de mon sentiment de culpabilité, j'ai pu me souvenir clairement que j'avais choisi, adolescente, d'avoir des enfants mais de ne pas être une mère sacrifiée qui délaisse sa soif de réalisation personnelle pour s'occuper uniquement de leurs besoins. Mon fils a souffert de mes absences physiques parce que je me suis, à ce moment, occupée de ma carrière, alors que, pour ma part, j'avais beaucoup souffert des absences psychiques de ma mère qui, parce que, elle, avait sacrifié sa carrière, ses besoins, ses rêves, à sa famille, avait été dépressive pendant une période de douze années consécutives, dépression qui s'est terminée le jour où elle est retournée enseigner. Elle avait été une très bonne mère. Elle avait donné le meilleur d'elle-même. Elle n'était donc pas responsable de mes manques. C'était ma responsabilité de composer avec mon héritage psychique et de m'en servir pour me construire ou me détruire.

J'avais alors fait ce que je croyais être le meilleur pour mon fils à ce moment précis de ma vie en tenant compte de ses besoins mais aussi des miens. Je n'étais donc pas responsable de ce qu'il ferait de son héritage psychique. Je ne pouvais que l'écouter exprimer ses manques, être très sensible à sa souffrance, l'accueillir dans son vécu tout en lui laissant le pouvoir sur sa vie. J'ai compris ce jour-là que si, à cause de ma culpabilité, je prenais la responsabilité de ses malaises et que, pour me déculpabiliser, je faisais tout ce qu'il voulait, je le priverais par le fait même de son autonomie affective et je perdrais du même coup la mienne. Je sais que, comme moi, mon fils a une force intérieure assez grande pour se créer avec ce qu'il est et que le plus beau cadeau que j'aie pu lui faire, c'est de lui avoir remis son pouvoir et d'avoir retrouvé ma liberté. Ce cadeau, je le lui ai donné en faisant confiance à sa capacité de composer avec son héritage psychique et en ne me donnant pas le mandat de le prendre en charge psychologiquement parce que j'avais été pour lui un déclencheur de manque affectif et de souffrance dans le passé.

Mon discernement et mon aptitude à départager sa souffrance de la mienne m'ont permis de créer avec lui une relation où il n'y a pas de dépendance affective, une relation authentique fondée sur l'attachement et non sur l'asservissement que créent insidieusement le reproche, la «victimite» et la culpabilité. Ce type de relation destructrice, que j'ai entretenue autrefois avec certaines personnes parce que je n'étais pas consciente des sentiments qui m'habitaient, m'avait enfermée dans une prison intérieure de laquelle je cherchais désespérément à m'évader.

Je me suis, à l'époque, tellement débattue pour ne pas sentir ce monstre qui me grugeait de l'intérieur, qui s'appropriait mon énergie vitale et qui envenimait mes relations affectives ! J'étais souvent fa-

LA LIBERTÉ DANS LA RELATION AFFECTIVE

tiguée, voire épuisée. Un moteur puissant que je n'entendais pas me dirigeait vers des réactions qui nuisaient à mes relations. J'avais l'impression de conduire une voiture sans volant. Je n'avais pas la liberté de diriger mon véhicule où je voulais. Je me laissais guider par lui au gré des vents et des tempêtes parce que je n'avais plus de pouvoir sur mes réactions défensives. Même si je décidais rationnellement de ne plus prendre l'autre en charge, de ne plus blâmer ou encore de ne plus nier mes propres besoins, au moment où la tempête intérieure arrivait, cette sempiternelle culpabilité resurgissait, je perdais le contrôle de ma vie et je glissais inévitablement vers les mêmes écueils parce que j'étais inconsciente de ce qui se passait réellement en moi.

Je sais maintenant que si je suis tombée si souvent de Charybde en Scylla, c'est que je ne sollicitais pas les ressources de ma tête pour identifier celles de mon coeur. C'est la prise de conscience des malaises causés par mon asservissement psychologique aux personnes que j'aimais qui m'ont rendu ma liberté. Aujourd'hui, je suis encore habitée par le sentiment de culpabilité, mais la différence c'est qu'il ne mène plus ma vie aussi souvent à mon insu. Je suis plus consciente des mécanismes de défense dans lesquels il me fait glisser et des déclencheurs qui le suscitent, ce qui me donne beaucoup plus de pouvoir sur ma vie et beaucoup plus de liberté.

Il est important de préciser ici que le fait d'être conscient de nos mécanismes de défense et des composantes du désordre intérieur qui les soulèvent ne signifie pas qu'ils vont disparaître progressivement. Nous n'avons aucun contrôle sur l'influence immédiate des déclencheurs extérieurs et imaginaires sur notre vie émotionnelle. Autrement dit, nous n'avons pas le pouvoir de décider si nous serons affectés ou non par des émotions, mais nous avons le pouvoir d'en prendre conscience. C'est cette nouvelle connaissance de nous-mêmes qui nous accordera d'emblée plus de pouvoir sur notre vie et qui augmentera notre sentiment de liberté. Nous avons donc tort de lutter contre nos besoins, nos émotions et nos mécanismes de défense puisque, lorsqu'ils sont accueillis et identifiés, ils ne sont plus des ennemis mais des alliés dans notre recherche de liberté intérieure.

La verbalisation excessive, l'interprétation, l'introjection, le paternalisme et la culpabilisation ne sont pas des éléments de notre personnalité contre lesquels il faut lutter pour nous en débarrasser parce que si nous agissons ainsi, nous leur donnons du pouvoir tout comme nous donnons du pouvoir et de l'importance aux autres quand nous les combattons dans le but d'avoir raison d'eux. La seule façon d'aborder nos mécanismes de défense sans perdre notre liberté c'est d'en faire nos alliés plutôt que des ennemis en les accueillant sans les juger de sorte qu'ils n'interviennent plus à notre insu dans notre psychisme, mais que, sensibles à leurs manifestations, nous devenions instantanément conscients de leur présence et que nous nous en servions comme portes d'entrée sur notre monde émotionnel pour l'appréhender clairement. En les combattant, nous en faisons des barrages, alors qu'en les acceptant, nous créons les prémisses de notre libération. Voyons un peu comment y arriver.

*••• Réflexion et application •••*

■ Si vous vous replacez dans le contexte de votre relation affective la plus importante, vous pouvez sûrement vous arrêter pour constater que vous êtes parfois habité par un sentiment de culpabilité. Si c'est le cas, il serait intéressant que vous identifiiez ce qui, chez la personne aimée, déclenche en vous de la culpabilité.

| | réponse (a) | réponse (b) |
|---|---|---|
| • le reproche | ☐ | ☐ |
| • l'accusation | ☐ | ☐ |
| • le silence défensif | ☐ | ☐ |
| • l'humiliation | ☐ | ☐ |
| • le ridicule | ☐ | ☐ |

- la moralisation ☐ ☐
- l'apitoiement ☐ ☐
- le personnage du «saint» ☐ ☐
- le regard ☐ ☐
- l'abdication ☐ ☐
- l'autopunition ☐ ☐
- la plainte ☐ ☐
- le jugement ☐ ☐
- la critique ☐ ☐
- la désapprobation ☐ ☐
- autre ☐ ☐
  précisez : _____

■ Quelles sont vos réactions lorsque vous vous sentez coupable ? Avez-vous tendance à réagir défensivement ou à exprimer votre sentiment de culpabilité ? Si vous vous défendez, comment le faites-vous ? Répondez en vous servant de la liste de la question précédente. (réponse b).

Y a-t-il un lien entre les mécanismes de défense de la personne aimée qui vous culpabilisent et vos propres mécanismes de défense ? Si oui, quel est ce lien. Si non quelle est la différence ?

Comme le sentiment de culpabilité risque de vous enlever passablement de pouvoir sur votre vie, il est important, pour garder votre sentiment de liberté, d'être conscient de votre fonctionnement, de l'accepter et surtout de ne pas juger ni essayer de changer la personne qui le déclenche, ce qui vous enchaînerait à elle. Le but du présent travail consiste à recueillir le plus d'informations par rapport à vous-même et à favoriser le développement d'une plus grande écoute de vous-même afin d'être en mesure de gérer davantage vos sentiments, vos besoins et vos réactions. Cela vous permettra non pas de ne plus vous défendre mais de remplacer vos habituels moyens de contrôle par des moyens de gestion de votre vie émotionnelle. N'est-il pas fascinant de pouvoir ainsi se donner soi-même accès au vital sentiment de liberté ? Cependant, d'autres entraves surgiront encore sur le chemin qui mène à la libération intérieure. Il se peut aussi que certains problèmes relationnels découlent d'autres causes comme, par exemple, de l'idéalisation.

● L'idéalisation

Le phénomène de l'idéalisation est très présent dans les relations avec certaines personnes en position d'autorité sur lesquelles sont projetées les constructions imaginaires de la mère idéale, du père idéal ou de l'autorité idéale. Nous le rencontrons aussi dans un grand nombre de relations amoureuses à leur début et dans la relation de l'enfant avec ses parents. **Il consiste à prêter à la personne aimée des caractéristiques exemplaires, de l'embellir, de se la représenter comme le modèle absolu de la perfection.**

Ce phénomène se développe au cours de l'enfance. En effet, l'enfant idéalise généralement ses parents et les autres adultes de son entourage parce que la satisfaction de ses besoins physiologiques et psychologiques dépend d'eux. Comme ils sont les personnes de qui dépend son bonheur, ils prennent, à ses yeux, une importance capitale. Il n'est pas rare de voir des petits garçons et des petites filles parler de leurs parents comme de modèles sans faille. C'est pourquoi d'ailleurs ils cherchent à s'identifier à eux par l'imitation de leurs comportements, voire par une sorte de fusion où ils s'approprient leurs caractéristiques physiques et psychologiques. Et s'ils ne peuvent pas, en l'absence de modèles valables, s'identifier à ces personnes, ils chercheront leurs modèles en dehors du cercle familial.

Si cette forme d'identification peut contribuer à l'élaboration de sa personnalité, elle peut aussi, quand elle est exagérément prolongée, le maintenir dans la dépendance. Effectivement, cela se produit si l'enfant ne traverse pas l'étape de différenciation qui le conduira à l'autonomie. C'est après la puberté que, normalement, le moi de l'adolescent prend un dernier virage pour se démarquer vraiment de ses éducateurs. Même s'il aura toujours besoin de modèles, c'est à ce moment qu'il doit apprendre à exister comme un être unique, différent et de plus en plus indépendant, ce qui signifie qu'il aura à découvrir ses propres valeurs, ses propres pensées, son propre vécu et qu'il aura à prendre progressivement la responsabilité de ses besoins pour devenir entièrement libre et autonome.

Cette étape fondamentale de la vie qu'est l'adolescence ne conduit malheureusement pas tous les jeunes vers la maturité. Déchirés entre le désir d'être libres de leurs actions, de leurs opinions et de leur choix et la dépendance de leurs parents par rapport à la satisfaction de leurs besoins physiques et psychiques, beaucoup d'adolescents traversent difficilement cette période et en ressortent avec des déséquilibres plus ou moins grands ou un manque plus ou moins important d'autonomie et de maturité.

Le rôle des éducateurs est ici fondamental. C'est à eux qu'incombe la tâche d'apprendre au jeune à devenir libre, autonome et mature, ce qu'un grand nombre d'entre eux ne peuvent pas faire parce qu'ils ne sont pas en mesure de donner ce qu'ils n'ont pas eux-mêmes reçu ou développé. Trop souvent, l'éducation à l'autonomie est limitée aux aspects matériels et organisationnels. Un grand nombre de parents croient que leurs enfants sont entièrement autonomes s'ils s'assument financièrement, s'ils savent se discipliner, se débrouiller et s'organiser sur le plan matériel et professionnel. Tout un pan du large éventail qu'est la maturité leur échappe parce que ces jeunes n'ont pas d'autonomie psychologique, cette forme d'autonomie qui consiste à prendre en charge leurs propres besoins psychiques et à assumer la responsabilité de leurs malaises comme de leurs satisfactions, de leurs échecs comme de leurs réussites, de leurs erreurs comme de leurs bons coups, de leurs choix, de leurs décisions, de leurs opinions, de leurs actes. C'est par l'intégration de l'autonomie psychologique que les adolescents traversent le processus de différenciation qui les conduit vers la maturité. Trop souvent, ils veulent une liberté d'action tout en se faisant prendre en charge psychologiquement.

L'éducateur averti et compétent saura leur apprendre à identifier leurs besoins matériels, physiques et surtout leurs besoins psychiques et à s'en occuper. L'enfant qui, par exemple, n'identifie pas et ne prend pas en charge son besoin d'être valorisé, trouvera une satisfaction compensatoire à ce besoin, la plupart du temps inconscient, en essayant d'attirer l'attention, de prouver sa valeur, de prendre beaucoup de place dans ses relations avec les autres. Il manifestera le besoin compulsif de montrer aux autres ses capacités, ses talents, ses connaissances, ses performances. Il concentrera sa valeur sur le faire, le savoir et le réussir au détriment de l'être. Sous des apparences extérieures impressionnantes, il restera un être immature, non authentique, dépendant du regard des autres. Ce jeune-là ne trouvera la liberté et l'autonomie que lorsqu'il sera conscient de son besoin et qu'il pourra identifier clairement par quelle personne en particulier il a besoin d'être reconnu et de quelle façon. Il pourra alors agir librement et authentiquement avec cette personne sans disperser ses énergies dans des représentations stériles, ce qui lui procurera une satisfaction profonde qu'il ne pourra jamais trouver autrement et une maturité qui le rendra beaucoup plus humain et accessible.

Ceci nous montre à quel point le rôle de l'éducateur est important pour aider les jeunes à devenir vraiment autonomes. C'est lui qui leur apprendra, surtout par ce qu'il est, à ne pas rendre les autres responsables de leurs souffrances et de leurs problèmes mais à faire preuve d'assez d'autonomie pour récupérer, par la prise de conscience de leurs processus fonctionnels relationnels, le pouvoir sur leur vie. Par son attitude et son comportement avec les adolescents, il leur fera traverser le processus de la différenciation de façon à ce qu'ils deviennent des adultes véritablement matures. Quand ils auront atteint la maturité que la plupart des personnes d'âge mur n'ont pas atteinte, ils n'agiront plus par opposition ni par identification fusionnelle, dans laquelle ils perdent leur propre personnalité, mais dans le respect de ce qu'ils sont. Cela ne signifie pas qu'ils n'auront plus besoin de modèles, bien au contraire, mais le modèle deviendra quelqu'un à qui ils pourront dire : «J'aimerais être comme toi, c'est-à-dire être moi-même, me réaliser, comme tu le fais, avec ce que je suis en suivant ma voie et non en empruntant la tienne». De plus, ils seront assez conscients de ce qu'ils sont pour reconnaître leurs forces, leurs limites et leurs faiblesses et pour voir les personnes qu'ils admirent telles qu'elles sont plutôt que de les idéaliser.

Si le phénomène d'idéalisation est nourri par l'imaginaire de l'enfant et de l'adolescent déçus qui rêvent du parent idéal et par l'attitude d'éducateurs et de psychothérapeutes qui offrent une image de perfection, il est aussi entretenu par l'imaginaire de l'homme et de la femme qui rêvent du conjoint parfait. Voici une autre histoire de cas pour illustrer cet énoncé.

Quand j'ai rencontré Sylvain pour la première fois, à l'occasion d'une soirée d'amis, il avait vingt-huit ans. Sensible, intelligent et de belle apparence, il avait tout pour plaire. Pourtant, il n'arrivait pas à trouver une compagne qui réponde à ses aspirations. Quand je lui ai demandé ce qu'il attendait d'une femme, il m'a répondu spontanément et sans vergogne qu'il recherchait une personne qui soit aussi bien que sa mère. La suite de notre conversation m'a fait découvrir pourquoi il n'arrivait pas à créer la relation amoureuse qu'il voulait. La leucémie lui avait ravi sa mère alors qu'il n'avait que six ans. Comme il n'avait jamais réussi à s'entendre avec la femme que son père avait épousée par la suite, il fuyait la réalité douloureuse en se remémorant le souvenir de sa mère et, bien sûr, en l'embellissant. C'est ainsi que s'était créée dans son imagination l'image d'une mère parfaite qui comblait tous ses désirs et tous ses besoins. La relation qu'il entretenait avec elle sur le plan imaginaire l'empêchait de vivre la réalité d'une relation amoureuse. Il avait idéalisé sa mère, il cherchait donc l'épouse idéale qui guérirait ses blessures d'enfant et satisferait tous ses besoins.

Chaque fois qu'il rencontrait une femme qui lui plaisait, il croyait que enfin, il avait trouvé le trésor tant espéré. Les premières semaines de ses relations étaient d'ailleurs presque toujours idylliques. Il vivait, à ces moments-là, le bonheur que connaissent ceux, hommes et femmes, qui projettent sur leur amoureuse ou leur amoureux l'image qu'ils se sont fabriquée du compagnon ou de la compagne idéale. C'est l'étape de la relation où, les yeux remplis d'amour, elle lui dit à quel point il est extraordinaire, à quel point elle apprécie sa tendresse, sa générosité et sa compréhension. C'est le moment intense où il avoue n'avoir jamais connu une femme aussi douce et chaleureuse. Et, comme chacun a tendance à vouloir incarner la personne parfaite que l'autre recherche, chacun des deux tentera de répondre à l'idéal qu'il se fait d'elle. Elle adoptera en tout lieu et en toute circonstance le personnage de la femme douce et chaleureuse et niera, pour ce faire, les autres aspects de sa personnalité. L'illusion du paradis terrestre se maintiendra jusqu'à ce que, après avoir refoulé ses colères, ses déceptions et ses frustrations pour ne pas le décevoir, elle ne puisse plus tenir son rôle. La femme remplie de douceur qu'il a connue se transformera soudainement sous ses yeux en ce qu'il percevra peut-être comme une femme agressive. Devant cet état de fait, sa merveilleuse compréhension se dissoudra pour être remplacée par un jugement sévère et catégorique. De prince charmant, il deviendra un homme indigne d'amour. Le beau rêve sera terminé. Il leur faudra encore et encore le recréer pour sans cesse aboutir aux mêmes déceptions parce qu'ils seront incapables de composer avec la réalité.

En fait, la véritable relation commencera le jour où, d'une part, il acceptera qu'elle n'est pas toujours douce et chaleureuse et, d'autre part, elle acceptera aussi qu'il n'est pas toujours bon et compréhensif. C'est ce jour-là que mourront les personnages, les compagnons idéalisés, et que naîtront les vraies personnes. L'apparition, mais surtout l'acceptation, du «vrai self» tuera le faux. C'est ce jour-là que chacun passera de l'illusion à la réalité. Ceux qui ne traversent pas ce passage de la relation idéalisée à la relation authentique ne réussissent jamais à établir un lien durable parce que le pont qu'ils ont construit est un décor de théâtre qu'on démolit toujours quand la pièce est finie.

L'idéalisation est un écueil intérieur important parce qu'il enlève la liberté d'être soi-même. L'idéalisation, en quelque sorte, cristallise l'autre. Elle est aussi une sorte de fuite de la réalité, une fuite de la souffrance qui existe sporadiquement dans toute relation humaine normale. Une relation fondée sur l'idéalisation place les personnes concernées à l'abri des déclencheurs de malaises. L'autre étant parfait, il ne peut qu'apporter le plaisir et le bonheur. C'est donc l'émotion désagréable qui est la cause réelle du désenchantement et de la séparation qui s'ensuit et non la personne idéalisée. Apprendre à vivre une relation authentique et durable dans ce cas, c'est apprendre à accueillir ses malaises et à trouver les moyens de vivre avec ce vécu en relation avec l'autre plutôt que de fuir cette relation dans le but de trouver la personne qui ne vous fera plus jamais souffrir. Entretenir l'illusion d'un amour sans souffrance, c'est suivre le chemin qui mène définitivement à une autre souffrance, celle de la solitude et du vide affectif qui en résulte.

La responsabilité des éducateurs est très grande en ce sens. Ils ont pour rôle d'aider les jeunes et les moins jeunes à vivre avec leurs frustrations, leurs déceptions et leurs autres malaises sans fuir la relation. Pour y arriver, ils se doivent de pouvoir le faire eux-mêmes, de façon à ne pas être avec les éduqués des personnages dépourvus d'émotivité, des personnages fabriqués de toutes pièces par les «il faut que», des personnages rongés de l'intérieur par des principes et des croyances qui ne leur conviennent pas et des personnages figés en permanence par le regard des autres. C'est pourquoi l'aidant, qu'il soit éducateur ou psychothérapeute, se doit d'être toujours authentique pour ne pas inculquer à l'éduqué ou à l'aidé, une image de relation parfaite qui entretient l'idéalisation et l'empêche d'apprendre à établir le lien solide de la véritable relation entre deux personnes qui ont leurs forces, leurs faiblesses et leurs limites.

À la fin d'une démarche psychothérapeutique fondée sur l'authenticité, l'aidé devrait être en mesure de voir son psychothérapeute tel qu'il est et ce, sans avoir perdu l'affection et l'admiration qu'il avait pour lui. Le bon psychothérapeute ou le bon éducateur n'est pas celui qui ménage pour ne pas blesser, qui omet pour ne pas déranger, qui cherche à tout prix à être aimé et estimé, qui étale son savoir ou qui enferme l'aidé dans le moule de ses théories, qui protège pour ne pas perdre, qui contrôle et manipule pour ne pas susciter d'émotions désagréables ou de réactions agressives et ce, parce qu'il n'est pas en mesure de gérer ses malaises. Un tel aidant est emprisonné par sa propre peur de ce qui l'habite. Au lieu de favoriser la libération, il sème la confusion et enferme ses clients ou ses élèves dans des personnages qui les privent de leur liberté d'être eux-mêmes, de leur capacité de discernement et de leur apprentissage à vivre en relation. C'est pourquoi je considère que la plus importante formation que l'on puisse donner à un éducateur et à un psychothérapeute, c'est de lui apprendre à être lui-même et, par conséquent, à se voir tel qu'il est et à ne pas fuir sa réalité intérieure. C'est le seul moyen d'amener l'élève ou l'aidé à vivre avec la réalité extérieure et à ne pas fonder ses relations sur l'idéalisation mais sur l'authenticité. Si vous avez envie d'appliquer ce qui précède, voilà un exercice intéressant.

••• *Réflexion et application* •••

■ Il est possible que vous viviez présentement une relation où vous êtes idéalisé, vu comme un être parfait. Si c'est le cas, la personne qui vous idéalise ne vous voit pas tel que vous êtes. Vous n'existez pas réellement pour elle comme personne puisqu'elle projette sur vous sa vision inconsciente d'un être idéal. Il est probable que vous n'ayez aucune responsabilité dans cette situation et que votre sourire, votre voix, votre taille ou même vos gestes spontanés rappellent à la mémoire inconsciente de cette personne, des souvenirs agréables qui, transformés par son imaginaire et son vécu, ont contribué à créer l'image qu'elle projette sur vous. Il est aussi possible que vous nourrissiez cette idéalisation pour satisfaire un besoin narcissique ou votre besoin d'être aimé et valorisé. Pour connaître avec cette personne une relation véritable et libre, il est important que vous ayez, avec elle, un minimum de discernement. Si, par exemple, elle vous attribue tout le mérite de ce qu'elle a appris avec vous, vous pouvez prendre le temps d'accueillir sa reconnaissance, de l'en remercier et de lui faire voir que sa satisfaction vient aussi de sa motivation, de son engagement, de son travail. Ainsi, vous l'aiderez à se valoriser autant qu'elle vous estime. De votre part, il est essentiel que vous ne cherchiez pas à l'impressionner par votre savoir comme le font de nombreux aidants. De plus, il est fondamental que vous soyez authentique avec elle et que vous soyez capable de fixer vos limites si vous en avez par rapport à elle et de lui dire aussi vos malaises dont, entre autres, celui de n'être pas vu telle que vous êtes, si c'est le cas. L'important est de créer une relation vraie dans le respect de votre rôle si, par exemple, vous êtes éducateur ou psychothérapeute.

◼ Vous auriez sûrement avantage à observer si, dans l'une ou l'autre de vos relations affectives, vous avez tendance à idéaliser la personne que vous aimez ou admirez. Dans ce cas, vous ne la voyez pas telle qu'elle est parce que vous n'êtes pas en contact avec la réalité. Pour développer une relation authentique avec elle, montrez-vous tel que vous êtes, ne niez pas vos besoins et ne refoulez pas les émotions désagréables, aussi subtiles soient-elles, que vous ressentez par rapport à elle sans pour autant annihiler ce qu'elle déclenche en vous de réconfortant. Essayez aussi de la voir avec discernement, comme une personne humaine normale qui a des forces, des faiblesses et des limites. Il ne s'agit pas de chercher la faille et de ne concentrer votre attention que sur le négatif de cet aspect, mais de vivre avec la réalité de ce qu'elle est vraiment, sans lui manquer de respect. Cette démarche vous évitera de connaître la déception et la désillusion qui se présentent toujours un jour ou l'autre lorsque la personne idéalisée ne cadre plus avec l'image qu'on s'en est faite. Elle vous donnera la liberté d'être vous-même et d'avoir avec votre enfant, avec la personne aimée ou avec des personnes en position d'autorité, une relation authentique qui ne sera pas déformée par des écueils intérieurs non identifiés tels l'idéalisation, la banalisation et le «positivisme».

● La banalisation

L'interférence de la banalisation dans les relations affectives est tellement présente et fréquente qu'il m'est apparu nécessaire de lui accorder une place dans cet ouvrage en la définissant d'abord et en montrant en quoi elle perturbe et enlève la liberté.

**La banalisation, qui est une réaction automatique à un malaise souvent inconscient, a pour effet de rendre ordinaire, commun, habituel, ce qui, en fait, est important.**

Quand nous banalisons notre vécu, nos besoins, nos réussites, nos valeurs, nous manquons de valorisation de nous-mêmes, nous ne nous donnons pas le crédit de ce qui nous appartient et nous ne nous accordons pas l'importance que nous avons réellement. La banalisation de soi est souvent une réaction défensive qui cache un manque de confiance en soi, un sentiment d'incapacité, d'insuffisance, d'infériorité.

La personne qui est habitée par le doute au sujet de ses capacités et qui se déprécie constamment aura du mal à recevoir la reconnaissance des autres malgré le fait qu'elle en ait grandement besoin. Si vous la complimentez sur sa nouvelle toilette, elle répondra qu'elle l'a achetée en solde à un prix ridicule. Si vous reconnaissez son travail, elle répondra qu'elle n'a pas de mérite parce qu'elle l'a fait en très peu de temps. Si elle se distingue par sa ponctualité, elle en attribuera le mérite à sa mère qui lui a inculqué cette valeur. Si vous lui dites que vous appréciez sa sincérité et sa fiabilité, elle rétorquera que c'est normal. Avec elle, vous aurez toujours le sentiment de ne pas être pris au sérieux, ce qui vous amènera peut-être à cesser de lui témoigner de l'intérêt puisque, de toute façon, elle paraît incapable d'accueillir l'éloge.

J'ai moi-même banalisé pendant une longue partie de ma vie ce que j'étais et ce que je faisais, ce qui nourrissait mon sentiment d'infériorité et le manque de confiance que j'avais en moi-même. Comme je n'étais pas consciente de ce fonctionnement, je n'avais pas la liberté de m'en libérer. Je continuais donc à me rabaisser à mes propres yeux et aux yeux des autres et à cultiver le doute qu'avait semé en moi l'un de mes premiers éducateurs. Quand j'ai pu identifier le mécanisme de banalisation que j'utilisais et surtout le vécu douloureux qui le sous-tendait, j'ai eu la possibilité de travailler à m'en dégager, non seulement en cessant de me diminuer, mais en prenant les moyens de développer ma confiance en moi.

Comment peut-on retrouver cette confiance en soi quand on l'a perdue ou comment la développer quand on n'en a jamais eu ? Il y a plusieurs moyens. Il est d'abord nécessaire de s'observer avec discernement pour voir ses forces et ses talents et non seulement ses faiblesses, de consacrer du temps à la fin de chaque journée pour se féliciter honnêtement, de se fier à ses émotions plutôt que de laisser le pouvoir aux autres, de choisir autant que possible un entourage valorisant et de passer à l'action malgré ses peurs qui sont parfois envahissantes.

Le passage à l'action est essentiel. Celui qui n'agit pas n'exploite pas son potentiel, ce qui le maintient dans le doute et l'insécurité. Il est fondamental d'exiger de soi l'actualisation de projets à court terme et de projets à long terme. Il est fondamental aussi d'être à l'écoute des émotions ressenties qui sont, en quelque sorte, un guide intérieur en ce sens que c'est lui qui nous informe de ce qui est bon ou non pour nous. Sans cette écoute, on risque de se laisser mener par les circonstances et par les autres et de perdre ainsi sa liberté de choix, sa capacité de discernement et d'entretenir ce doute sur soi-même qui pousse à banaliser ce que l'on est.

Il va de soi que la banalisation n'est pas le seul moyen de défense qui masque un manque de confiance en soi. Certaines personnes qui sont affectées par un sentiment inconscient d'infériorité s'en défendent par une attitude de supériorité, la moralisation, le besoin de performer, de faire étalage de son savoir. En se plaçant au-dessus des autres, elles donnent l'impression d'être sûres d'elles-mêmes alors qu'en réalité leur attitude de supériorité n'est que la manifestation de ce qui est une faiblesse parce qu'elles en sont inconscientes. Dès qu'un sentiment, une émotion ou un besoin sont identifiés, ils constituent une force parce qu'ils n'enlèvent pas la liberté de gérer ses réactions, ce qui n'est généralement pas le cas de celui qui se montre supérieur, se diminue ou rend les autres ordinaires. Voici le cas de Victor.

Quand, après sa journée d'école, Victor est rentré à la maison, il s'est écroulé sur un fauteuil de la salle de séjour et s'est mis à sangloter comme un enfant. Inquiète, sa mère s'en approcha et lui demanda ce qui le rendait si malheureux. Il répondit que sa copine Diane venait de lui apprendre qu'elle n'était plus amoureuse de lui et qu'elle aimait un autre garçon. À quinze ans, Victor vivait sa première peine d'amour. Soulagée parce qu'elle s'attendait à pire et surtout impuissante devant la situation, elle lui dit pour le rassurer : «Écoute, ce n'est rien, tu vas en trouver une autre et puis, tu sais, ce n'est pas si grave. Tu verras quand tu seras adulte que les peines d'amour sont beaucoup plus douloureuses». Pour toute réponse, Victor se leva, visiblement en colère, fila dans sa chambre et claqua la porte. Sa mère ne comprit pas pourquoi il avait si mal réagi alors qu'elle avait pourtant tenté de l'encourager et de l'aider.

En fait, cette femme bien intentionnée n'était pas consciente que, pour dissiper l'inconfort de son impuissance et de son malaise devant la douleur de son fils, elle avait banalisé sa souffrance et ne l'avait même pas écouté. Pour Victor, la perte de sa copine était un événement grave. Il n'avait pas du tout envie de s'en trouver une autre puisque c'était elle qu'il aimait et qu'il voulait. Il s'est donc senti incompris par sa mère et il avait honte de s'être montré dans cet état devant elle.

Combien de fois les difficultés des enfants sont-elles banalisées par leurs parents parce que ces derniers ne sont pas conscients de leur impuissance et, à plus forte raison, du tort qu'ils font à leurs enfants en ne les écoutant pas vraiment ? Combien de femmes et d'hommes doivent supporter la banalisation de leur vécu, de leurs besoins, de leurs actes et de leurs rêves par la personne aimée? Combien de personnes entretiennent leur sentiment d'infériorité et d'incapacité parce qu'elles ne sont pas conscientes de leur besoin d'être écoutées et de leur besoin d'être importantes ?

Quand une personne banalise une action, une émotion, un besoin de l'autre, elle ne lui donne pas d'importance et ce, même si ce n'est pas son intention. Je me souviens d'une expérience vécue à la fin d'un atelier que j'avais animé dans le sud de la France. Un participant visiblement satisfait est venu me remercier et m'a gentiment offert de me prêter, pour quelques jours, sa maison en montagne. Je lui répondis que j'appréciais beaucoup sa délicatesse et je le remerciai en lui expliquant que je ne pourrais pas profiter de son offre étant donné que je devais me rendre à Paris le lendemain pour une conférence. Je ne saurais vous dire ce qu'il a vécu à ce moment-là, mais il m'a répondu : «Ce n'est rien, je ferais la même chose pour n'importe qui». Par cette phrase, il annulait l'importance qu'il m'avait donnée. Je n'en fus pas offusquée parce que je savais, compte tenu du contexte, qu'il voulait vraiment me faire plaisir et qu'il avait été maladroit pour dissiper sans doute des malaises inconscients.

Des émotions non identifiées se cachent toujours derrière la banalisation. Prendre conscience de ces émotions et de leurs déclencheurs favorise la libération. N'est-il pas important de savoir ce qui nourrit le sentiment de n'être pas important pour l'autre dans nos relations affectives ? Il se peut que nous trouvions une réponse à cette question dans la banalisation de notre vécu, de nos besoins, de nos projets, de nos réalisations autant par nous-mêmes que par ceux que nous aimons. Il se peut aussi que nous la trouvions dans d'autres écueils intérieurs comme, entre autres, le «positivisme».

● Le «positivisme»

Le mot «positivisme» fait généralement référence à la doctrine du philosophe français du XIXe siècle, Auguste Comte, qui se réclamait de l'expérience scientifique. Dans ce livre, **le terme «positivisme» prend le sens d'une réaction de défense qui consiste à tout rendre positif même ce qui nous apparaît comme négatif.** Depuis que la «pensée positive» a été popularisée, beaucoup de gens voient le côté positif des choses, des situations partout.

Je fais toutefois une nette différence entre l'attitude positive et le «positivisme». Celui qui a une attitude positive se sert des difficultés qu'il rencontre pour apprendre et se propulser plutôt que de s'écraser, se plaindre et s'apitoyer. Il a la certitude profonde qu'il existe en lui une force qui lui permet de franchir les obstacles, de trouver son chemin dans la confusion et de créer sa vie. Cependant, celui qui cherche à voir à tout prix le bonheur là où il y a de la souffrance, la joie là où il y a la peine, la droiture là où il y a le mensonge, n'est pas en contact avec la réalité ; il n'est tout simplement pas en mesure d'écouter ses malaises ni ceux des autres, il ne connaît pas de relation profonde et authentique parce qu'il refuse inconsciemment les réalités intérieures et extérieures qui le font souffrir.

C'est vraiment la peur de la souffrance qui est souvent à la source du «positivisme» et des autres réactions défensives. L'histoire de Catherine en est un bon exemple. Quand elle perdit son emploi à cause d'un surplus de personnel, elle était tellement désespérée qu'elle se rendit directement chez son amie Évelyne pour lui exprimer son inquiétude et son insécurité. Mère de famille monoparentale, elle avait peur de ne plus être en mesure d'assurer l'essentiel à son fils de cinq ans. Elle était habitée par une peine intense qui affecta visiblement son amie. Comme elle se sentait très mal devant son propre malaise, Évelyne ne put écouter Catherine jusqu'au bout. Aussi, l'interrompit-elle pour lui exprimer sa conviction qu'elle se trouverait rapidement un autre travail et que son intelligence et sa compétence ne pourraient que lui faciliter la tâche. «De toute façon, ajouta-t-elle, ne t'inquiète pas, je t'aiderai». En ne voyant que le côté positif de la situation, Évelyne a nié la douleur de son amie dont l'insécurité et le découragement n'ont pas été accueillis. Il est possible qu'elle ait eu réellement confiance en la capacité de Catherine à se sortir avantageusement de cette expérience douloureuse. Si tel était le cas, il aurait été essentiel qu'elle l'écoute d'abord jusqu'au bout, qu'elle lui laisse le temps d'exprimer ce qu'elle vivait pour ensuite lui exprimer sa confiance en elle, ce qui aurait été bien différent du «positivisme» défensif qu'elle a montré.

Quand une personne n'identifie pas ses propres malaises et qu'elle ne les accueille pas, elle s'en défend pour ne pas souffrir. Comme elle ne s'écoute pas, elle ne peut écouter l'autre. Par le contrôle inconscient qu'elle exerce sur son monde émotionnel, elle perd sa liberté de gérer ses réactions et contrôle aussi, les émotions de l'autre qui, du coup, est privé de sa liberté d'expression.

Pour écouter et accueillir sans réaction défensive les malaises des autres, il importe d'être attentif à ce que leur souffrance nous fait vivre dans l'ici et maintenant. Autrement, nous ne sommes plus libres de nos réactions et nous risquons de glisser dans les écueils du «positivisme» ou de la prise en charge comme l'a fait Évelyne ou, pire encore, d'en oublier nos propres besoins et de nous oublier.

● L'oubli de soi

Je crois que l'un des écueils les plus perturbateurs pour la recherche de la liberté dans le contexte de relations affectives est l'oubli de soi. Pour en parler, je vais d'abord m'arrêter au sens que je donne à cette expression pour ensuite répondre aux questions suivantes : pourquoi et comment on s'oublie et comment naître au respect et à l'amour de soi ?

S'oublier, au sens où je l'entends ici, c'est ne pas prendre en considération ses besoins, ses valeurs, c'est ne pas accorder d'importance à ses désirs. Celui qui s'oublie se penche sur la souffrance et les besoins des autres plutôt que sur les siens.

L'oubli de soi est une des plus importantes conséquences du manque d'écoute de ses peurs et de ses besoins, du manque d'attention à ce qui se passe en soi. Il entraîne une incapacité à être en relation authentique et crée des relations plutôt superficielles où chacun dépense son énergie à s'occuper de l'autre pour ne pas souffrir, ce qui cause, à la longue, des souffrances beaucoup plus grandes. En effet, celui qui s'oublie ne donne pas d'importance à ses désirs, à ses besoins et à ses émotions ; par conséquent la personne qu'il aime ne lui accordera pas la reconnaissance dont il a besoin puisqu'il ne se la donne pas lui-même. Se sentant négligé, il aura peur d'être abandonné. Malheureusement, sa peur n'est pas sans fondement puisque, très souvent, les personnes qui s'oublient elles-mêmes sont aussi abandonnées par les autres. De plus, elles sont d'autant plus démunies qu'elles se retrouvent constamment dans des relations où elles finissent par être délaissées sans vraiment savoir pourquoi. Elles ont pourtant tout donné, tout concédé, tout sacrifié ; elles ont abdiqué, lâché, renoncé pour sauver la paix et pour ne pas perdre. Le manque de conscience du fait qu'elles s'oublient à chaque instant leur enlève la clé de la prison dans laquelle elles s'enferment.

Quand Lucille a connu Jean-Luc, elle avait déjà vécu plusieurs échecs amoureux. Les hommes qu'elle avait aimés l'avaient tous laissée tomber pour une autre femme. Comme sa meilleure amie lui avait reproché d'être trop bonasse avec les hommes qui lui plaisaient et qu'elle avait beaucoup souffert d'avoir été délaissée dans le passé, elle décida d'être plus vigilante avec son nouvel ami. Aussi, lui exprima-t-elle dès les premiers jours ses besoins et ses limites, spécialement en ce qui concerne la ponctualité. Malheureusement, ses tentatives d'affirmation se limitèrent à ce premier effort. La peur de le perdre la fit reculer d'un pas chaque jour. Elle toléra sans réagir les premiers retards de son ami qui, après un an de fréquentations, se prolongeaient jusqu'à plus de deux heures. Il annulait aussi de plus en plus souvent ses rendez-vous avec elle prétextant qu'il avait du travail. Quand elle lui exprimait sa déception, il devenait agressif et lui reprochait de le contrôler et de lui enlever sa liberté. Se sentant coupable, elle finissait par abdiquer. Comme elle se donnait de moins en moins d'importance parce qu'elle avait peur qu'il la quitte, il la négligea de plus en plus pour finir, un jour, par la laisser définitivement. Pour ne pas être oubliée, elle s'était abandonnée elle-même en négligeant ses propres besoins.

Comme l'altruisme, le don de soi et l'abnégation ont été largement valorisés dans la culture judéo-chrétienne, les notions d'amour de soi et d'écoute de soi y étant souvent synonymes d'égoïsme. En conséquence, plusieurs personnes sont incapables d'accueillir attention et reconnaissance et de s'occuper de leurs besoins parce qu'elles se sentent coupables, incorrectes, voire fautives. L'histoire de Corinne en témoigne. À vingt-trois ans, elle tomba follement amoureuse de son patron qui avait alors plus du double de son âge et qui était père de trois filles. Malgré la désapprobation de ses parents, elle l'épousa six mois plus tard. Quand j'ai connu cette femme lors d'un atelier, elle avait quarante-huit ans. Elle était toujours amoureuse de son mari et n'avait jamais regretté son choix. Cependant, elle avait appris à ses dépens que l'oubli de soi peut être à l'origine de grandes souffrances. En effet, trois ans après son mariage, elle donna naissance à un petit garçon qu'elle nomma Étienne. Comme elle ne voulait pas que les filles de son mari, qu'elle aimait beaucoup, souffrent du complexe de Cendrillon, elle freina, pendant des années, ses élans affectifs pour son fils. Elle repoussa son besoin d'exprimer à son propre enfant l'amour et la tendresse qu'elle éprouvait pour lui de peur que les filles se sentent négligées. Ce n'est que le jour où Etienne fut diagnostiqué leucémique qu'elle comprit son erreur. Il avait douze ans. Corinne fit alors l'hypothèse que c'était là sa façon à lui de récupérer l'attention et l'amour de sa mère. Elle qui aimait profondément son enfant comprit qu'en niant ses besoins, elle l'avait privé de l'essentiel : l'expression concrète de son amour.

L'oubli de soi n'a pas toujours des conséquences dramatiques ; d'ailleurs, dans le cas de Corinne, tout finit bien car une greffe de moelle eut raison de la maladie d'Étienne. Il n'en reste pas moins que cette expérience eut un impact déterminant sur la vie de Corinne. Elle comprit à quel point il était important de ne plus céder à ses introjections et de donner de la place à ce qu'elle ressentait.

Beaucoup de relations affectives sont perturbées par l'oubli de soi. C'est le cas des parents qui se sacrifient pour satisfaire les besoins de leurs enfants et qui se retrouvent avec des jeunes adultes parfaitement égocentriques, des enfants uniquement centrés sur eux-mêmes. C'est le cas des épouses et des époux qui, comme Corinne, se donnent corps et âme sans tenir compte de leurs désirs et de leurs besoins et qui ne comprennent pas pourquoi ils sont abandonnés ; ils ne sont pas conscients qu'ils se sont eux-mêmes oubliés par amour pour l'autre.

Mais il n'y a pas de véritable amour de l'autre sans amour de soi. Celui qui se donne sans penser à lui-même est généralement mené de l'intérieur par des émotions désagréables, souvent subtiles, qu'il n'a pas identifiées telles, la peur, la culpabilité et l'insécurité. Son élan vers l'autre, son don de soi n'est pas de l'amour réel mais plutôt un moyen de dissiper ses propres malaises. Alors, ce qui semble de l'altruisme est, en fait, de l'égoïsme.

Notre éducation a favorisé les introjections à propos de l'altruisme et de l'égoïsme qui nous empêchent d'être nous-mêmes et qui déforment le véritable sens de l'amour. Si nous nous occupons des besoins de l'autre parce que nous avons peur de le perdre ou parce que nous nous sentons coupables ou tout simplement parce que nous ne voulons pas paraître égoïstes, notre action devient un moyen défensif de nous occuper de nous, un moyen de ne plus sentir la peur et la culpabilité, une sorte de pansement qui ne guérit rien parce que ce qu'il tente de cacher n'est pas le véritable problème. En attirant l'attention sur l'extérieur pour dissiper une souffrance intérieure inconsciente, nous n'agissons en aucune façon sur cette souffrance. Au contraire, nous l'abandonnons pour nous centrer sur l'autre. Nous manquons ainsi d'amour de nous-mêmes et notre élan pour l'autre naît de la peur plutôt que d'un sentiment d'amour véritable.

Encore une fois, nous voyons les conséquences, sur la relation affective, du manque de conscience de ce qui se passe à l'intérieur de nous. En identifiant la peur, la culpabilité ou l'insécurité, nous pouvons l'exprimer ou la gérer plutôt que de prendre inconsciemment des moyens détournés pour ne plus la sentir et ainsi fausser la relation. C'est cette conscience de notre vécu et de nos besoins qui nous donne la liberté de régir nos réactions et qui nous permet de développer l'amour de nous-même sans lequel nous ne pouvons éprouver d'amour réel pour les autres.

Nous aimer nous-même, c'est ne pas nous oublier, ce qui demande beaucoup de vigilance par rapport à notre vécu, notre éducation nous ayant fourni de nombreux pièges qui nous mènent à nous oublier pour éviter de souffrir. L'un de ces pièges est le non-dit. Par peur de blesser, de déranger, de déplaire, de perdre, d'être jugé, ridiculisé, critiqué, par peur du conflit, combien de personnes s'empêchent de dire leurs besoins, de dire leurs émotions, de dire la vérité ? Savent-elles que le non-dit crée une distance et une insécurité et que, par conséquent, il finit par briser les liens qui les unissent à ceux qu'elles aiment ? D'autres personnes, menées par l'anxiété, la pitié et la culpabilité inconscientes, s'oublient en prenant en charge les souffrances, les problèmes et les comportements des autres ou en contrôlant leurs émotions et leurs actions et en essayant de les changer. Et que dire de celles qui, pour avoir la paix à tout prix, nient complètement leurs valeurs, leurs rêves, leurs désirs et de celles qui disent toujours «oui» à l'autre pour ne pas qu'il se sente rejeté ! Sont-elles conscientes qu'elles se rejettent elles-mêmes et qu'elles risquent un jour d'être rejetées parce qu'elles ne se donnent pas assez d'importance pour attirer le respect et l'amour ? Ces mêmes personnes entretiennent parfois des relations triangulaires dans lesquelles elles créent une insécurité profonde parce qu'elles disent leurs malaises à une troisième personne plutôt que de les adresser directement à la personne concernée.

Dirigées par des peurs, des culpabilités et des insécurités inconscientes, les personnes qui s'oublient elles-mêmes en ne donnant pas de place à leur vécu émotif, se condamnent à la perfection et ne se permettent pas l'erreur. Il est plus important pour elles d'être correctes que d'être authentiques, de dépasser leurs limites physiques et psychiques que de se respecter, ce qui fait qu'il n'y a pas de place dans leur vie pour le plaisir, le jeu, la joie, la créativité, la liberté. Elles sont emprisonnées par l'inconnu qui les habite. Démystifier cet inconnu, c'est se donner du pouvoir sur sa vie.

Je me souviens d'une nuit, alors que j'étais encore enfant, où des bruits étranges m'avaient réveillée. Comme j'avais très peur, je suis allée retrouver ma mère dans sa chambre. Elle m'a accueillie en me disant : «Viens avec moi et allons voir d'où viennent ces bruits». Quand elle a vu que je résistais, elle a ajouté : «Ma fille, quand tu as peur, fais toujours face à ce qui te fait peur». Je n'ai jamais oublié cette phrase. Aujourd'hui, je sais, de plus, que ce qui me fait peur n'est pas toujours à l'extérieur de moi mais provient très souvent de l'intérieur et qu'en affrontant l'inconnu qui m'habite, je me donne un pouvoir sur ma vie qui me rend beaucoup plus libre d'être moi-même.

L'identification des composantes du monde irrationnel est l'étape la plus importante à franchir sur le chemin du respect de soi-même et de la liberté intérieure. C'est d'abord et avant tout cette prise de conscience qui nous aide à ne pas nous oublier. D'autres moyens favorisent le développement de l'amour de soi. Il est particulièrement sécurisant de chercher un équilibre entre le «faire» et l'«être» et entre le «donner» et le «recevoir». Nous pouvons, en effet, nous perdre complètement dans le regard et les besoins des autres si nous ne sommes pas aussi à l'écoute de nous. Il est important, en plus, de nous donner du temps pour apprendre à établir une relation intérieure entre notre raison, notre cœur et notre corps, du temps pour nous faire plaisir, pour vivre le présent, pour nous occuper de notre santé physique et de notre santé psychique, du temps pour apprendre à être en relation avec les autres, pour apprendre à nous donner de l'importance, pour nous occuper de nos besoins tout en tenant compte des leurs, du temps pour communiquer authentiquement.

Ne plus nous oublier, c'est nous donner le droit de dire «non», le droit d'être nous-mêmes, le droit de respecter nos valeurs et de réaliser nos rêves. C'est aussi accepter que nous avons parfois besoin d'aide et que nous avons besoin de temps pour apprendre à nous aimer, à nous respecter et, par conséquent, à offrir aux autres un amour vrai, libéré de cette forme aliénante d'altruisme qui nous empêche d'exister pleinement et d'avoir du pouvoir sur notre vie.

### ••• *Réflexion et application* •••

Nous avons vu que certaines relations affectives sont insatisfaisantes parce que l'altruisme défensif inconscient, qui est l'expression de l'abandon de soi, détruit le véritable sens de l'amour et de la liberté. Pour naître à l'amour authentique et pour récupérer le pouvoir sur votre vie, l'identification des pièges qui vous amènent à vous oublier, constitue la première étape du cheminement.

■ Il serait très utile que vous reconnaissiez, dans la liste suivante, les obstacles qui vous empêchent d'être libres d'aimer et de vous aimer sans détour. Cochez pour vous aider.

• Vous ne donnez pas d'importance à ce que vous ☐ ressentez.

- Vous prenez en charge la souffrance des autres en leur donnant des conseils non sollicités. ☐

- Vous prenez la responsabilité des problèmes des autres et essayez de leur trouver des solutions. ☐

- Vous ne dites pas toute la vérité quand vous avez peur de perdre ou de blesser. ☑

- Vous vous adressez à d'autres personnes que la personne concernée pour parler de vos difficultés avec elle. ☐

- Vous dites toujours «oui» quand on vous demande un service. ☐

- Vous vous oubliez pour éviter les conflits. ☐

- Vous n'exprimez pas vos émotions désagréables. ☑

- Vous n'exprimez pas vos besoins. ☑

- Vous ne vous occupez pas de réaliser vos rêves pour ne pas déranger les autres. ☐

- Vous exigez de vous la perfection. ☐

- Vous ne vous donnez pas le droit à l'erreur. ☐

- Vous êtes dépendant de l'opinion des autres. ☐

- Pour vous, c'est plus important d'être correct que d'être vrai. ☐

- Vous avez beaucoup de difficulté à recevoir. ☐

181

- Vous donnez beaucoup plus que vous ne recevez. ☐

- Vous vous inquiétez beaucoup plus pour les autres que pour vous-même. ☐

- Vous avez du mal à prendre votre place lorsque vous communiquez car vous êtes porté à écouter davantage qu'à parler. ☐

- Vous avez tendance à contrôler les autres et à vouloir les changer. ☐

- Il n'y a pas de place pour le plaisir dans votre vie. ☑

■ Si vous avez coché plusieurs de ces critères d'oubli de soi, vous auriez avantage à choisir, parmi les suivants, des moyens de développer l'amour de vous-même. Il ne s'agit pas ici de tenter de tout faire mais de privilégier un ou deux moyens de libération et de les exploiter au maximum.

- Vivre le moment présent. ☐

- Accepter ce que vous êtes. ☑

- Vous occuper de vos besoins d'être aimé, écouté, valorisé, accepté, libre. ☑

- Écouter ce que vous ressentez. ☐

- Exprimer ce que vous ressentez. ☐

- Vous donner le droit de dire «non». ☐

- Vous affirmer sans être sur la défensive dans vos relations, dire votre opinion, votre avis, vos valeurs. ☐

- Fixer vos limites. ☐

- Délimiter votre territoire physique. ☐

- Faire respecter votre territoire professionnel (votre tâche et votre rôle au travail). ☐

- Vous ménager des moments de détente. ☐

- Vous occuper de votre corps par une alimentation saine, un sommeil réparateur et de l'exercice physique. ☑

- Vous donner le droit d'être vous-même. ☑

- Vous donner le droit d'être imparfait. ☑

- Vous donner le droit de vous tromper. ☑

Avec l'oubli de soi, se termine ce chapitre consacré aux écueils que nous rencontrons au cours de notre cheminement vers la liberté. Si les obstacles extérieurs que sont les événements et les personnes nous amènent à établir nos priorités, à faire des choix et à en assumer les conséquences pour nous sentir libres, les obstacles intérieurs que sont nos émotions, nos besoins et nos mécanismes de défense non identifiés, ne peuvent être franchis sans développer à l'intérieur de nous une relation harmonieuse entre la tête et le cœur. Pour acquérir du pouvoir sur les réactions défensives que sont la verbalisation excessive, l'interprétation, l'idéalisation, l'introjection, la culpabilisation, la banalisation, la manipulation, le repliement et l'oubli de soi, il est important que nous en soyons conscients et que nous les accueillions sans les dramatiser, sans les banaliser et sans les juger. C'est à ce prix que nous trouverons progressivement la liberté d'être nous-mêmes et que nous serons plus en mesure de nous donner les moyens de créer des relations affectives où sera satisfait notre besoin de liberté.

Mais à la capacité de faire des choix, à l'identification des composantes de notre vie intérieure et à l'accueil de soi s'ajoutent d'autres facteurs fondamentaux indispensables pour atteindre un sentiment profond de liberté dans le contexte de la relation affective. Ce sont ces facteurs qui seront développés dans le chapitre suivant.

## CHAPITRE 4

# LES FACTEURS DE LA LIBERTÉ

Assise à ma table de travail pour écrire sur les éléments fondamentaux de la liberté, je fais une rapide rétrospective de ma vie professionnelle et de ma vie affective. Je pense à ma carrière d'enseignante et au choix que j'ai fait, après dix-neuf années d'expérience, de quitter les milieux scolaires parce que je ne pouvais plus composer avec les écueils extérieurs que comportait mon travail à l'école où je travaillais et parce que je ne trouvais plus de satisfaction à mes besoins de liberté et de créativité. Je pense aussi à mes trente-cinq années de relation amoureuse, à ma relation avec chacun de mes quatre enfants et je vois que la recherche pour satisfaire mon besoin de liberté a, depuis longtemps, influencé ma vie. Devant les écueils extérieurs, j'ai presque toujours arrêté des choix qui n'ont fait de moi ni une épouse dépendante et opprimée ni une mère sacrifiée. Ce sont les écueils intérieurs qui ont été les plus difficiles à gérer. Il m'a fallu beaucoup de travail sur moi pour les identifier et les accepter sans les juger ni les combattre. Parce que je n'étais pas toujours consciente de mes sentiments de culpabilité et d'insécurité, je glissais dans des réactions défensives qui perturbaient mes relations et je n'avais pas la liberté de sortir comme je le voulais de mes impasses relationnelles puisqu'il me manquait des connaissances sur moi, indispensables à ma libération.

Aujourd'hui, lorsque ces écueils se présentent dans mes relations affectives, j'ai la satisfaction de les reconnaître et de m'en servir comme des portes d'entrée sur mon univers émotionnel, ce qui me donne de plus en plus de liberté quant à mes réactions. Lorsqu'il m'arrive d'être dominée par un chaos intérieur qui entrave ma liberté, je peux spontanément me réajuster en prenant rapidement conscience des mécanismes de défense suscités par les émotions et les besoins qui se sont spontanément manifestés.

Toutefois, d'autres facteurs que la prise de conscience des composantes du monde irrationnel sont à considérer par les personnes qui recherchent la liberté dans leurs relations affectives. Ces éléments, sans la présence desquels la véritable liberté n'existerait pas, feront l'objet du présent chapitre. Ils sont encore une fois trop nombreux pour en faire une étude exhaustive mais je développerai cependant ceux que je considère les plus importants, soit l'authenticité, la responsabilité l'interdépendance, l'engagement, la discipline et le lâcher-prise.

## L'authenticité

J'ai déjà beaucoup parlé de l'authenticité dans mon livre *La communication authentique*. Être authentique, c'est être entièrement soi-même et agir dans le respect de sa vérité profonde, c'est-à-dire de ses émotions, de ses besoins, de ses désirs, de ses valeurs, de ses pensées, de ses goûts et de ses intérêts.

L'enfant, lui, n'apprend pas à être authentique, il l'est naturellement. Spontanément, il vit sa peine et exprime de manière intacte ce qu'il veut ou ne veut pas. Parce qu'il est trop souvent jugé, rejeté ou réprimé par ses éducateurs dans l'expression de certaines émotions, de certains besoins, de certains intérêts et, comme il ne veut pas perdre leur amour, il devient progressivement un personnage qui agit en fonction du regard et de l'opinion des autres.

Le manque de discernement causé, la plupart du temps par les comportements défensifs inconscients d'un grand nombre de parents et d'enseignants, a pour effet d'étouffer le naturel de l'enfant. En effet, de nombreux éducateurs ne font pas de distinction entre l'acte et les émotions alors ressenties. L'enfant qui enlève les jouets à son petit frère est souvent réprimandé d'emblée et rejeté pour ce qu'il fait sans être interrogé sur ce qu'il vit. Comme la distinction entre le geste posé et le vécu ne lui est pas expliquée, il associera inconsciemment son geste à ses émotions et ne fera pas plus de différence entre ce qu'il fait et ce qu'il ressent. Il croira non seulement qu'il est incorrect de se comporter ainsi et qu'il est fautif dans l'expression des émotions qui sous-tendaient son action, mais encore plus, et cela est grave, qu'il est fautif aussi dans le seul fait de les ressentir. Il apprendra alors à modifier son comportement pour répondre aux exigences de ses parents et à rejeter ce qu'il est et ce qu'il vit pour ne pas se sentir coupable. Il aura par la suite le sentiment, quand il sera jugé ou critiqué à cause de ce qu'il a fait, que les émotions qu'il ressent par rapport au jugement et à la critique ne sont pas plus acceptables que son action. Le pouvoir qu'il donnera aux autres sur sa vie sera alors considérable et il ne pourra plus agir dans le sens de sa vérité profonde parce qu'il en aura honte. Il aura donc perdu la liberté d'être lui-même. C'est le monde extérieur qui servira de centre de références à ce qu'il pense qu'il doit être, à ce qu'il pense qu'il doit dire, à ce qu'il pense qu'il doit faire. Il n'accordera plus d'attention à ses émotions, à ses besoins, à ses désirs. Il aura perdu en grande partie son authenticité, ce qui rendra douloureuses ses relations affectives. Donnant aux autres plein pouvoir sur lui, il attendra d'eux qu'ils guérissent ses blessures, qu'ils devinent et satisfassent ses besoins. Il les rendra responsables de ses malaises et de ses problèmes et il développera la tendance, difficilement rectifiable, à se faire prendre en charge.

Évidemment, une personne n'est jamais entièrement authentique ni jamais intégralement fausse. Tout dépend de son histoire personnelle, des circonstances dans lesquelles elle se trouve et des personnes qu'elle rencontre. Le sentiment de liberté est toujours plus grand lorsqu'elle est en présence de gens avec qui elle se permet d'être davantage elle-même et d'exprimer sa vérité profonde. Autrement, elle est limitée par son personnage, expression défensive de cette partie du surmoi greffée à sa personnalité et dont elle risque de ne jamais découvrir le caractère trompeur. Et même si elle en devient consciente et si elle maintient ce personnage, elle sera encore emprisonnée, mais par la peur.

C'est en effet la peur qui empêche les personnes non authentiques d'écouter et d'exprimer leurs émotions, leurs besoins, leurs opinions. Elles ont peur de souffrir, de blesser, de perdre, de déranger, d'être humiliées, jugées, rejetées, critiquées. Elles ont peur de l'inconnu qui les habite, peur de découvrir en elles ce qu'elles rejettent chez les autres, peur de la réaction de la personne aimée si elles s'expriment authentiquement et peur surtout de ne pas être en mesure de faire face à cette réaction de l'autre, qu'elle soit de nature émotionnelle ou défensive. Leur manque d'authenticité lui-même est, en fait, un mécanisme de défense qui les protège, à court terme, contre les émotions désagréables déclenchées par la personne aimée et qui entraîne, à long terme, des souffrances beaucoup plus profondes et des conséquences importantes. Comme elles ne sont pas à l'écoute d'elles-mêmes, elles risquent de se perdre dans les besoins et les valeurs des personnes qu'elles aiment et de diriger leur vie sur des chemins qui ne sont pas les leurs. Elles ne suivent pas ce guide formidable intérieur qu'est leur émotion parce qu'elles ne l'écoutent pas, ce qui fait qu'elles se laissent facilement influencer par les belles paroles, les beaux arguments, les belles théories, les apparences trompeuses, sans prendre le temps d'écouter, soit les malaises, soit le bien-être intérieur qui leur signifient ce qui est bon pour elles ou ce qui ne l'est pas.

Personne ne peut influencer, dans un sens qui ne lui convient pas, celui qui est à l'écoute de sa vérité profonde. Ma propre expérience de la prise de conscience de ce que je ressens me donne aujourd'hui une sécurité exceptionnelle parce que je sais que je peux me fier à l'émotion toujours présente en moi et que, grâce à l'écoute de ma vérité profonde, je sais faire les bons choix et prendre les bonnes décisions.

Lorsque j'ai quitté l'enseignement au printemps de 1986, ma décision allait contre toute logique et pouvait même être taxée de complètement irréaliste. Après trois années de congé sans solde pour compléter un doctorat à Paris, j'avais repris mon poste d'enseignante au secondaire. L'année académique 1985-86 a été l'une des plus éprouvantes de toute ma vie. Confrontée à des problèmes de santé et à la difficulté de réintégrer le milieu scolaire après trois années d'absence, je n'aurais pu traverser une telle période sans cette force de volonté, cette détermination, cette conscience professionnelle et ce sens du travail et de la discipline qui font partie des valeurs importantes de mon éducation. Je n'avais plus de motivation pour faire ce travail que j'avais accompli si longtemps et je n'étais plus heureuse dans ce milieu où je n'arrivais plus à satisfaire mon besoin de liberté et mon besoin de création.

L'angoisse me gagna dès le printemps. Je savais qu'il ne me restait que quelques semaines pour arrêter une des décisions les plus importantes qu'il m'ait été donné de prendre de toute ma vie. J'oscillais entre poursuivre cette carrière ou quitter mon emploi. Comme le revenu familial n'était pas élevé et que la réalisation du projet d'études en Europe nous avait laissé sans économies, il me semblait logique d'assurer la survie de ma famille. La décision de quitter mon travail allait entraîner trop d'insécurité et trop de conséquences néfastes pour que je me permettre de prendre cette liberté. Pourtant, malgré ces considérations importantes, je n'arrivais pas à me résoudre à continuer de faire un travail qui ne me satisfaisait plus et qui ne me rendait pas heureuse. J'avais le sentiment de manquer d'honnêteté envers moi-même et envers les élèves.

Quand je parlais à d'autres personnes de mon tiraillement, leur discours me ramenait toujours à cette réalité extérieure du manque à gagner. Il m'apparaissait alors évident que je manquerais de responsabilité par rapport à ma famille si je n'assurais pas sa sécurité financière. Ce n'est que la veille de la date à laquelle je devais informer officiellement mon employeur de ma décision que j'ai vraiment pris le temps de me retrouver seule et de voir clair en moi. Ce jour-là, je m'en souviens, j'ai marché pendant des heures et j'ai vraiment écouté ce que je ressentais à l'idée de partir ou de continuer. Après cette longue période de réflexion, je suis rentrée chez moi. Ma décision était prise. J'étais consciente de ma peur, j'étais consciente aussi de mon insécurité et de celle que je déclencherais dans ma famille ; j'étais consciente de la réalité et du risque que je prenais, mais j'avais la certitude profonde que je devais quitter mon travail parce que ma place était ailleurs.

Quand j'ai annoncé ma décision à mon mari avec qui d'ailleurs j'avais déjà largement discuté du problème et qui m'avait toujours laissé la liberté de faire le choix qui me convenait, je l'ai entendu me dire que, à cause de son sentiment d'insécurité, il avait espéré que je continue à enseigner mais que, au fond, il avait toujours su que je ne trahirais pas mes aspirations profondes. Il m'a même aidée à écrire ma lettre. Et j'ai quitté l'enseignement. Un mois plus tard, mon mari obtenait un poste de directeur général dans une école privée. J'ai créé, dans les semaines qui ont suivi, le premier programme de formation professionnelle à la relation d'aide psychologique et pédagogique. En septembre de la même année, je donnais les cours à dix-huit adultes et aujourd'hui, mon école de formation de psychothérapeutes et de spécialistes des relations humaines en milieu de travail compte près de cinq cents étudiants et comprend une section nationale et un section internationale.

Je n'ai pas pris cette décision à la légère. Je ne me suis pas non plus laissée aller à mes impulsions. De nature très réaliste, j'ai vraiment laissé aux autres ce qui leur appartenait, pris conscience de la réalité extérieure, puis écouté ma vérité profonde. Chaque fois que je fais cette démarche, je prends inévitablement le chemin qui me convient sans jamais le regretter. C'est là un des grands avantages de travailler à établir à l'intérieur de soi le lien harmonieux entre son monde rationnel et son monde irrationnel. C'est la création permanente de cette synergie qui nous rend authentiques dans nos relations affectives et qui, par conséquent, nous donne le sentiment viscéral d'être libre en présence de l'autre.

La vérité profonde circule en tout être humain. Il y a bien des avantages à l'entendre. Entretenir le pont qui unit le rationnel et l'émotionnel maintient à un niveau satisfaisant la réserve d'énergie vitale nécessaire à la santé physique et psychique puisque la personne ne nie pas sa vraie nature et ne refoule pas constamment ses besoins et ses émotions. Celle qui, pour ne pas souffrir, exerce un contrôle sur sa vie intérieure plutôt que d'apprendre à la gérer, se concocte très souvent une vie terne et sans intensité. Gérer sa vie intérieure, c'est accepter et laisser vivre la peine tout autant que la joie. En effet, ces deux états d'âme sont comme des frères siamois. Étouffer l'un, c'est affaiblir, voire tuer l'autre. La personne qui agit ainsi ne connaîtra pas ces moments forts pendant lesquels on a le sentiment de mordre dans la vie, elle ne connaîtra pas non plus la profondeur de l'intimité de la relation. Elle ne sera pas vraiment vivante. De plus, elle sera habitée par un sentiment de tristesse sans visage, par un manque sans nom et par un vide profond qu'elle tentera de fuir en s'activant pour ne pas les sentir. Elle sera dépendante de forces intérieures qui la dirigeront à son insu. Cet être-là ne peut prendre sa valeur que dans le «faire», banalisant ce qu'il est et ce qu'il vit. Il ne ressent pas la liberté de celui qui se connaît. Comme il ne sait pas vraiment qui il est, il se laisse définir par les autres et tente d'agir dans le sens de ce qu'on attend de lui. Il devient un personnage qui manque d'estime de lui-même et de confiance en ses ressources profondes parce qu'il ne les a jamais identifiées.

En ce sens, perdre notre équilibre personnel ne favorise pas le développement adéquat de toutes les dimensions de l'être. Survaloriser une dimension, soit intellectuelle, corporelle, affective ou spirituelle au détriment des autres aspects de ce qui nous constitue, c'est préparer le terrain à l'éclosion, à court ou à long terme, de problèmes physiologiques ou psychologiques plus ou moins importants. Comme la nature humaine recherche toujours l'équilibre, celui qui néglige sa vie affective, risque d'être un jour surpris par une situation, tels une séparation, un divorce, une mortalité, qui le fasse tellement souffrir que sa vie émotionnelle prenne toute la place parce qu'il ne peut plus la contrôler comme auparavant. Il y a donc de nombreux avantages à travailler notre rapport à l'équilibre et, partant, à l'authenticité dans nos relations. Cependant nous ne pourrons arriver à nous donner la liberté d'être pleinement nous-mêmes qu'à certaines conditions. L'authenticité passe d'abord par la connaissance de soi, l'acceptation de ce que nous sommes et enfin par le courage de nous exprimer et de nous affirmer en dépit des jugements, des désapprobations et des critiques.

Il est impossible d'exprimer notre vérité profonde si nous ne la connaissons pas, si nous ne sommes pas conscients dans l'ici et maintenant des émotions que nous vivons, des besoins que nous éprouvons, des mécanismes de défense qui naissent à l'occasion de réactions émotionnelles difficiles à supporter, des valeurs et des opinions que nous véhiculons. Celui qui ne sait pas ce qu'il veut, laisse les autres prendre des décisions et arrêter des choix à sa place. Il n'est pas maître de sa vie et n'a pas la liberté d'agir dans le sens qui convient à ses véritables besoins. De plus, dans sa relation avec la personne aimée, il n'est pas en mesure d'identifier ses émotions, ce qui le place souvent sur la défensive quand il ressent des malaises, ce qui peut entraîner des conflits internes ou relationnels. Par son «Connais-toi toi-même», Socrate lançait les bases de l'authenticité et du pouvoir sur sa vie.

Mais, bien qu'elle soit prioritaire, la connaissance de soi n'est pas automatiquement synonyme d'authenticité. Il est des personnes qui se connaissent et qui ne sont pas authentiques pour autant à cause de leur peur du rejet, du jugement ou à cause de leur peur de perdre. C'est par des expériences relationnelles répétées d'acceptation de sa nature profonde que l'éduqué et l'aidé apprendront à se donner la liberté de s'affirmer sans se sentir menacés par le vécu, les réactions défensives ou la différence de ceux qu'ils aiment. Quand ils auront le courage d'affirmer leurs émotions réelles, leurs désirs, leurs opinions malgré leurs peurs, ils auront atteint la dernière étape de leur cheminement vers l'authenticité et vers la liberté d'être fidèles à eux-mêmes dans leurs relations affectives.

Nous verrons toutefois, après l'important exercice qui suit, que, aussi authentiques qu'ils soient, ils n'atteindront pas de totale liberté s'ils n'ont pas aussi intégré le sens de la responsabilité.

*••• Réflexion et application •••*

Cet exercice, comme tous les autres, a pour but de vous fournir des pistes et des moyens pour satisfaire votre besoin de liberté dans vos relations affectives. Vous verrez que vous avez la possibilité de reprendre le pouvoir que vous avez laissé aux autres sur votre vie si vous êtes motivé par l'amour réel de vous-même plutôt que par la peur.

■ Faites le tour des relations affectives qui sont importantes pour vous et dressez la liste des personnes avec lesquelles vous vous sentez entièrement libre de vous montrer tel que vous êtes, libre de dire, sans contraintes, vos opinions, vos goûts, vos pensées réelles, vos émotions, libre d'agir dans le sens de vos besoins, de vos valeurs. Qu'est-ce qui, chez chacune de ces personnes, contribue à stimuler votre désir de rester vous-même quand vous êtes en relation avec elles et qu'est-ce qui fait que, de votre part, vous vous donnez la liberté d'être authentique en leur présence ? Pour mieux répondre à cette question, vous pouvez vous servir du tableau et des exemples suivants :

| Liste des personnes avec lesquelles je me sens libre | Ce qui, chez ces personnes stimule mon désir de rester moi-même | Ce qui fait que je me donne la liberté d'être authentique en leur présence |
|---|---|---|
| Mon ami René | • son accueil<br>• son écoute<br>• son acceptation de ce que je suis<br>• son investissement dans notre relation<br>• son ouverture | • Ma confiance en moi-même et en lui<br>• Mon désir de m'investir dans ma relation avec lui<br>• Mon envie de dépasser mes limites restrictives<br>• La permission que je me donne d'exprimer mes peurs et mes insatisfactions |
| Ma sœur Céline | • son bien-être<br>• son authenticité<br>• sa connaissance d'elle-même<br>• son respect<br>• sa franchise | • Le droit que je me donne de lui dire parfois «non».<br>• Le sentiment de sécurité que j'éprouve en sa présence<br>• Mon attachement pour elle<br>• La permission que je me donne de dire mes besoins et de lui faire des demandes |

■ Je vous propose de passer à la deuxième étape de cet exercice qui consiste à dresser la liste des personnes avec lesquelles vous ne vous sentez pas totalement à l'aise ni totalement libre. Dites ce qui, chez ces personnes freine votre désir d'être vous-même et ce qui fait que, de votre côté, vous ne vous donnez pas la liberté d'être vrai en leur présence. Prenez le temps de répondre aux deux questions en accordant une attention particulière à la deuxième. Ne vous limitez pas nécessairement à deux personnes comme c'est le cas dans l'exemple qui suit. Plus votre liste s'allongera, plus vous aurez d'éléments de connaissance de vous-même et d'informations pour atteindre la liberté que vous recherchez dans vos relations affectives.

| Liste des personnes avec lesquelles j'ai du mal à être moi-même | Ce qui, chez ces personnes freine mon désir d'être moi-même | Ce qui fait que je ne me donne pas la liberté d'être vrai en leur présence |
|---|---|---|
| Mon père | • sa nature contrôlante et autoritaire<br>• ses contradictions<br>• sa tendance à se montrer supérieur<br>• ses jugements<br>• ses leçons de morales | • mon besoin de prouver et d'exceller<br>• mon besoin de parler de ce que j'ai fait plutôt que de ce que je vis<br>• ma peur d'être rejeté<br>• ma peur d'être jugé<br>• mon insécurité<br>• mon sentiment d'infériorité<br>• ma culpabilité |
| Mon frère Jacques | • sa sensibilité<br>• sa fragilité<br>• sa tendance à se voir comme victime et à blâmer les autres<br>• son apitoiement<br>• ses critiques à propos de tout et de tous | • la pitié<br>• ma peur de blesser<br>• ma tendance à le ménager et à le prendre en charge<br>• ma peur d'être critiqué<br>• ma peur qu'il ligue la famille contre moi |

■ Revenez maintenant à votre premier tableau. A-t-il été plus facile pour vous de répondre à la première question qu'à la deuxième ? Si c'est le cas, nous pouvons donner à cette observation, à titre d'hypothèse, l'explication suivante. Habitués que nous sommes à porter notre regard à l'extérieur de nous-même, nous avons souvent tendance à trouver chez l'autre les raisons qui motivent nos conduites, qui expliquent nos satisfactions et qui justifient nos états de bien-être, de plaisir et de joie. Cette attitude a le désavantage de nous enlever le pouvoir sur notre vie. Il est fondamental de prendre conscience de notre propre responsabilité dans le fait que nous soyons ou non authentiques dans nos relations affectives sans pour autant minimiser celle de l'autre. Nous pouvons, en effet, reconnaître son investissement, son ouverture et sa capacité d'écoute sans lui attribuer la responsabilité totale de nos satisfactions, de nos réussites, de notre bonheur, de notre authenticité.

Si nous sommes authentiques parce que l'autre nous accueille et nous écoute, nous ne pourrons l'être qu'à ces conditions. Alors nous ne serons pas nous-mêmes à cause d'un besoin intérieur mais à cause de circonstances extérieures. Nous serons donc dépendants du regard, de l'attitude et du comportement des autres.

Même s'il est souvent plus facile d'être vrai quand nous sommes en présence de personnes accueillantes et bienveillantes, il n'en reste pas moins que nous accordons beaucoup de pouvoir aux autres si nous ne sommes authentiques qu'à ces conditions. Notre possibilité d'être vrai est très réduite puisqu'elle ne s'actualise que dans des conditions bien déterminées.

Que faire pour vous dégager du regard de l'autre et retrouver le pouvoir d'être entièrement vous-même partout ?

Vous disposez de trois moyens pour y arriver. Pour les utiliser, il suffit de consulter les deux tableaux que vous venez de remplir. Le **premier moyen** est d'abord d'observer ce qui, dans le deuxième tableau, vous empêche d'être libre. Vous allez probablement voir que vous êtes surtout limité par vos peurs. Vous avez peut-être peur du jugement, du rejet, de la critique ou peur de déranger, de blesser ou de perdre, peur d'être contrôlé, dominé ou blâmé. Peut-être aussi, êtes-vous limité par votre culpabilité, votre insécurité ou votre sentiment d'infériorité. Vous avez peut-être peur de dire ou peur de vous montrer vulnérable. En réalité, ce n'est pas surtout la peur de la réaction de l'autre qui vous empêche d'être authentique, mais le manque de confiance en votre capacité à faire face à cette réaction et votre insécurité devant l'inconnu étant donné que vous ne savez pas comment l'autre va réagir si vous lui dites authentiquement votre opinion, votre désaccord ou si vous affirmez vos valeurs en sa présence.

196

Cette confiance et cette sécurité, vous allez l'acquérir en apprenant à prendre conscience de ce que vous vivez quand vous êtes en relation avec lui. Quand vous êtes en sa présence, portez surtout votre attention sur votre vécu et vos réactions plutôt que de la porter uniquement sur lui. Vous apprendrez ainsi progressivement à démystifier votre monde intérieur, à vous connaître davantage et vous vivrez beaucoup moins d'insécurité lorsqu'il sera en relation avec vous. Plus vous êtes en mesure, à chaque instant, d'identifier ce qui se passe en vous sur le plan des émotions et des besoins, des pensées et des idées, moins vous serez pris au dépourvu devant des situations génératrices de peurs et d'insécurité et plus vous serez libre. Surtout, ne vous attendez pas à éclairer instantanément tous vos labyrinthes intérieurs. Acceptez de les découvrir un par un et servez-vous des situations relationnelles de votre vie pour y parvenir. Si vous pouviez seulement soupçonner l'importance de ce que je propose ici dans le cheminement vers la liberté, vous n'hésiteriez pas un instant à prendre le temps et les moyens qu'il faut pour atteindre la satisfaction de ce besoin fondamental dans vos relations affectives. Je ne vous promets pas un cheminement sans souffrance, c'est impossible ; je vous assure toutefois que si vous le voulez et y consacrez les énergies nécessaires, vous ressentirez beaucoup plus de liberté et vous aurez beaucoup plus de possibilités de prendre votre vie en main sans diriger celle des autres.

Voyons maintenant le **deuxième moyen** pour arriver à être entièrement vous-même dans vos relations affectives. Reprenez votre deuxième tableau et voyez ce qui, chez les autres, déclenche les malaises qui vous empêchent d'être authentique. Vous trouverez votre réponse dans la deuxième colonne. Ces déclencheurs ne sont pas, bien sûr, les causes directes de vos manques d'authenticité mais vous devez savoir ce qui, chez les autres, crée en vous les peurs qui vous empêchent d'être authentique. Aussi, quand vous serez en présence de ces déclencheurs, vous saurez que vous risquez de perdre votre liberté de rester vous-même si vous n'êtes pas vigilant et attentif à ce qui se passe en vous.

Et le **troisième moyen** de satisfaire votre besoin de liberté d'être vous-même dans vos relations affectives se trouve dans la troisième colonne du premier tableau. Il s'agit de vous comporter avec les personnes qui vous déstabilisent par leurs jugements, leurs contrôles, leurs blâmes, leurs critiques, leur attitude de supériorité, leurs leçons de morale et leurs généralisations de la même manière qu'avec celles qui vous accueillent et vous acceptent, c'est-à-dire en vous donnant le droit de vous affirmer, de fixer des limites, d'exprimer vos émotions, vos besoins, et vos insatisfactions, de faire des demandes. Vous y arriverez si vous sollicitez vos forces intérieures et si vous n'oubliez pas de fonder votre action sur l'amour de vous-même plutôt que sur vos peurs. Vous y arriverez si vous cessez d'essayer de changer les autres et de les rendre responsables de vos manques d'authenticité et si vous cherchez en vous-même la source de votre libération.

## La responsabilité

On ne peut être libre sans être responsable. Être libre, rappelons-le, c'est être entièrement soi-même, être responsable de sa vie et être en mesure de faire des choix, de prendre des décisions et d'en assumer les conséquences. Il n'y a donc pas de liberté dans la relation affective sans responsabilité. Celui qui veut être libre, autonome et mature ne peut y arriver sans travailler à aussi devenir responsable. Il peut le devenir en acceptant les conséquences de ses actes, de ses paroles, de ses silences, de ses gestes et de ses choix, en cherchant en lui-même plutôt que dans le monde extérieur la source de ses souffrances et de ses joies, de ses problèmes et de leurs solutions, de ses échecs et de ses réussites, en ne laissant pas le passé le ramener en arrière et limiter l'exploitation de ses potentialités présentes, en travaillant à se transformer plutôt qu'en essayant de changer les autres quand ils sont déclencheurs de ses inconforts et de ses malaises et, enfin, il acquerra cette responsabilité en refusant de laisser aux personnes qui l'entourent le pouvoir de le rendre responsable de leurs difficultés, de leurs émotions et de leurs besoins non satisfaits.

198

Quand il aura franchi ces étapes, il sera définitivement maître de sa vie.

### *Accepter les conséquences de ses actes et de ses paroles*

En tant que personnes responsables, il est fondamental que, dans nos relations, affectives ou autres, nous soyons en mesure de ne pas renvoyer aux autres les conséquences de ce que nous avons fait ou n'avons pas fait et de ce que nous avons dit ou n'avons pas dit. Je tenterai d'illustrer cet aspect de la responsabilité par le cas du jeune Claude.

Fils unique de parents aisés, Claude a grandi dans un milieu où il occupait toute la place. Aimé et choyé, il n'a manqué ni d'affection, ni de bien-être, ni de confort. Comme sa mère et son père étaient très centrés sur la satisfaction de ses besoins, il n'a pas appris à vivre avec la déception et la frustration. Il n'a pas appris non plus à vivre avec des limites et des contraintes. De sérieux problèmes se posèrent pour lui lorsqu'il commença l'école. Il avait beaucoup de mal à se socialiser et à accepter de partager le matériel scolaire avec ses camarades. Un jour, il déchira les pages d'un livre de classe parce qu'il voulait le garder pour lui seul. Un autre jour, il lança son étui à crayons à la figure de son instituteur parce qu'il voulait continuer à dessiner alors que la période de classe était terminée. En fait, il n'acceptait pas d'être contrarié.

Lorsqu'un soir, il apprit à ses parents que son professeur l'avait gardé dans la classe pendant la récréation, ces derniers en furent très choqués. Ils se rendirent tous les deux à l'école le lendemain en réaction contre l'enseignant, qu'ils n'ont pas voulu entendre, pour lui exprimer leur désapprobation totale sur ses pratiques éducatives. Ils lui reprochaient de brimer la créativité de leur enfant et de le couler dans le même moule que tous les autres, ce qu'ils dénonçaient avec conviction et fermeté. En fait, ils n'acceptaient pas que leur fils subisse les conséquences de ses actes et ne manifestaient pas, par cette attitude, qu'ils étaient responsables de leur vécu dans cette histoire.

Pour avoir enseigné à des adolescents pendant près de vingt ans, je sais qu'il existe des parents qui protègent leurs enfants et les prennent en charge même si ces derniers ont vraiment posé des actes répréhensibles. Ils leurs enseignent à se comporter comme eux, à ne pas assumer la responsabilité de leurs erreurs. Ils croient, à tort, que les comportements insatisfaisants sont toujours justifiables et que la meilleure approche éducative consiste uniquement à expliquer à l'enfant et ce, sans conséquence, la raison de leurs interventions.

L'importance donnée à l'explication dans les pratiques éducatives est souvent exagérée. Elle ne fait que rationaliser les problèmes sans les régler. De plus, elle contribue à augmenter l'insécurité des enfants et à les rendre irresponsables. Ils apprennent pourquoi leurs actes sont inacceptables sans intégrer comment ils peuvent s'améliorer. Ils développent l'habitude de chercher à l'extérieur d'eux-mêmes les causes de leurs difficultés et de se fier sur les autres personnes pour les résoudre. Ils n'ont pas le réflexe d'utiliser leurs propres ressources. L'enfant qui n'apprend pas à assumer les conséquences de ses actes deviendra un adulte irresponsable. D'emblée, par exemple, il blâmera les responsables du respect de l'ordre s'il doit payer une amende parce qu'il a conduit en état d'ébriété. Il sera celui qui reprochera à son conjoint de l'avoir abandonné alors qu'il sera celui qui, par son discours, l'aura invité à le faire. Voici une autre illustration de l'irresponsabilité : l'histoire de Jean-Marc.

Un jour, Jean-Marc, qui éprouvait de sérieuses difficultés à communiquer dans sa relation avec Eloïse, est entré dans une colère défensive telle, qu'il ne contrôlait vraiment plus ce qu'il disait. Il avait temporairement perdu sa capacité de gérer ses réactions parce qu'il était mené par une angoisse dont la source n'était pas vraiment identifiée. Dans une explosion verbale, il lui dit, entre autres, qu'il en avait assez de vivre avec elle et qu'il n'espérait qu'une chose : qu'elle s'en aille. Quand il revint chez lui, ce soir-là, elle était partie. Lorsqu'ils se retrouvèrent, au lieu de s'excuser et d'assumer les conséquences de sa violence verbale, il lui reprocha de l'avoir abandonné alors qu'il avait tant besoin d'elle. Au cours des séances de psychothérapie du couple, il mit du temps à reconnaître à son épouse le droit de se protéger contre ses attaques par la fuite, alors qu'il lui avait expressément demandé de partir. Il mit aussi du temps à admettre sa part de responsabilité dans cet événement et dans le fait qu'il n'arrivait plus à communiquer avec elle. En n'assumant pas les conséquences de ses actes et de ses paroles, Jean-Marc entretenait ses déceptions et s'enlevait la liberté de trouver ce qu'il pouvait améliorer lui-même pour trouver plus de satisfaction dans sa relation amoureuse.

Il n'est pas possible de vivre une relation affective dans laquelle nous pouvons nous sentir libres si nous rendons la personne aimée responsable des conséquences de nos paroles, de nos silences et de nos actes et si nous ne cherchons pas en nous la source de nos difficultés.

### *Chercher en soi la source de ses difficultés*

Pourquoi la tendance à rendre les autres responsables de leurs malaises est-elle si ancrée dans le fonctionnement de la plupart des personnes ? Ne vient-elle pas, pour une part, de l'influence de certaines croyances religieuses qui ont laissé en elles et en leurs éducateurs des marques difficiles à faire disparaître ? Habituées à dépendre d'un dieu extérieur et de ses représentants qui avaient le pouvoir de punir ou de récompenser, n'ont-elles pas appris à donner à cet être supérieur, aux autorités de toutes sortes et, ainsi aux autres, le pouvoir de les prendre en charge et de décider à leur place ? Croire à un être tout puissant qui agit de l'extérieur, n'est-ce pas risquer d'entretenir l'asservissement et l'irresponsabilité ? N'est-ce pas à lui que certains donnent la clé de la résolution de leurs problèmes ? Par un mécanisme d'association tout à fait inconscient, n'arrivent-elles pas à donner aux autres le même pouvoir qu'elles donnent à Dieu et à les responsabiliser de leurs malheurs ?

Je ne suis pas une athée. La dimension spirituelle a, dans ma vie, une place très importante. Je crois qu'il y a, au cœur de chaque homme, une énergie créatrice puissante, un principe de vie immatériel, une force illimitée que nous pouvons appeler du nom qui nous convient, Dieu, Amour, Soi ou Royaume et qui agit de l'intérieur quand nous entrons en contact avec elle. Seule l'expérience des manifestations de cette puissance nous permet de croire à sa présence. La véritable foi ne naît pas de dogmes et de vérités absolues qui nous sont inculquées de l'extérieur mais de l'expérience intérieure. Je ne crois pas parce qu'on m'a dit qu'il fallait croire, mais parce que je peux vérifier chaque jour cette présence qui habite au fond de moi, qui me constitue et confirme que j'ai en moi toutes les ressources nécessaires à la résolution de mes problèmes et à la découverte de moyens d'apaiser ma souffrance. Cette certitude m'a aidée à devenir maître de ma vie et à me donner la liberté de ne plus attendre des autres qu'ils prennent en charge mes soucis et mes tracas et à ne plus les rendre responsables de mes insatisfactions et de mes échecs. Pour approfondir ce sujet, voyons l'exemple de Bernard.

Bernard avait été promu directeur de la succursale française de la société où il travaillait. Il était profondément heureux et très fier de lui. Il ne manqua pas d'en parler à toute sa famille et à ses amis et de les inviter à une fête organisée en son honneur pour souligner sa nomination et son départ. Malheureusement, son séjour dans le milieu français ne se déroula pas comme il se l'était imaginé. Il se heurta à plusieurs obstacles. D'abord, il n'arrivait pas à s'habituer à la mentalité des employés et des cadres de son nouveau milieu de travail et il n'arrivait pas non plus à imposer le respect dans son nouveau rôle. Quand, après une année, il dut rentrer, il avait très honte de son échec. Aussi, en attribuait-il la responsabilité au propriétaire de l'entreprise qui, selon lui, ne l'avait pas suffisamment informé des problèmes qui l'attendaient là-bas et qui lui avait offert un poste qui ne lui convenait pas. Il blâmait aussi les employés de l'usine qui, à son point de vue, étaient froids, distants, hautains et qui manquaient d'intérêt et de souplesse. En fait, il attribuait au monde extérieur toute la responsabilité de l'échec qu'il avait essuyé. Comment pouvait-il se sentir libre, lui qui, par cette attitude, montrait clairement qu'il n'avait aucun ascendant sur sa vie.

S'il avait admis la responsabilité des résultats décevants de son expérience, il aurait peut-être pris conscience que, dans sa fierté, il avait oublié de prendre suffisamment d'informations à propos de son nouveau travail. Il aurait peut-être reconnu aussi qu'il n'avait pas davantage cherché à connaître les Français et à saisir de l'intérieur, dans une perspective différente, leur mentalité pour exercer son leadership en tenant compte de ce qu'ils sont, mais qu'il avait plutôt tenté de leur imposer la sienne. Il aurait sûrement découvert qu'il ne s'est pas senti respecté par eux parce que lui-même ne les respectait pas. Son irresponsabilité l'avait privé non seulement de sa liberté mais aussi de toute possibilité de se servir de ses erreurs pour apprendre et devenir ainsi plus solide et plus compétent. S'il avait manifesté cette attitude responsable, peut-être aurait-il pu transformer les obstacles du parcours en tremplins et ses échecs en réussites. En attribuant à des sources extérieures la responsabilité de ses difficultés, il était sorti de cette expérience affaibli, amer et dépendant.

C'est aussi, mais dans une autre perspective, le cas de cet adolescent dont le relevé de notes était très insatisfaisant parce qu'il avait trois échecs dont deux dans les matières principales. Quand son père lui exprima sa déception et sa colère, il répondit en disant qu'il n'avait pas réussi parce que son professeur n'était pas compétent et ne répondait pas à ses questions et parce que ses camarades étaient agités et l'empêchaient d'être attentif en classe. Ce jeune-là, comme Bernard, rendait les autres responsables de ses problèmes. Il ne pourrait améliorer ses résultats que s'il reconnaissait, par exemple, qu'il n'avait pas parfaitement écouté en classe, qu'il n'avait pas assez étudié ou qu'il avait peut-être consacré trop de temps à regarder la télévision. Sans cette remise en question personnelle, chemin inévitable à emprunter pour accéder au sentiment d'être libre, il restait impuissant à se donner les moyens de réussir parce que son irresponsabilité le rendait dépendant de sa propre attente à l'égard du changement des autres. En effet, pour qu'il ait de meilleures notes, il lui aurait fallu un professeur plus compétent et des camarades plus calmes. Allait-il partir en croisade et essayer de les changer ? Nous savons tous, par expérience, qu'une telle tentative est toujours peine perdue.

Et quelle leçon tirer de l'observation de ceux qui s'évertuent à essayer de changer leur père ou leur mère parce qu'ils sont malheureux ? D'autres personnes attribuent à leur passé la responsabilité de leurs difficultés relationnelles présentes. Elles pensent que si elles sont incapables de communiquer aujourd'hui, c'est essentiellement parce que leurs parents ne le leur ont pas appris. Si elles sont agressives, c'est parce qu'elles ont été agressées. En fait, même si les situations passées auxquelles elle attribuent leurs problèmes actuels sont vraies, elles ne restent pas moins prisonnières de ce passé si elles persistent à le considérer comme responsable de leurs difficultés présentes. En se servant de leur histoire personnelle pour justifier leurs faiblesses, elles se privent de toute possibilité d'assumer leur souffrance. La personne qui a été violentée lorsqu'elle était enfant n'avait probablement pas, à cette époque, la possibilité de réagir. Cependant, maintenant devenue adulte, rien, sinon elle-même, ne l'empêche de travailler à devenir maître de sa vie et de ne plus se laisser dominer par les événements passés et présents aussi bien que par son environnement humain. Si elle continue à tenir son passé pour responsable de ses problèmes actuels, elle s'aliénera le présent et finira, paralysée, devant sa propre incapacité d'exploiter toutes ses potentialités créatrices. De plus, elle dépensera une telle quantité d'énergie à tenter de changer ses parents qu'il ne lui en restera plus pour se changer elle-même.

## Se changer plutôt que d'essayer de changer les autres

Plusieurs personnes rêvent de réformer la société et de transformer le monde. C'est le cas de certains chefs politiques qui promettent des transformations de toutes sortes pour être élus comme c'est le cas de ceux qui les croient. C'est aussi l'apanage de certains missionnaires qui cherchent à imposer leurs croyances et de tous ceux qui, dans les salons, les cafés ou les salles de cours, discourent rationnellement et élaborent leurs conceptions de la société idéale. Cette volonté compulsive de changer le monde et les autres quand ça va mal est inhérente à chacun d'entre nous et est donc très présente dans la relation affective. Comme nous l'avons vu précédemment, les moyens utilisés pour transformer la personne aimée quand elle déclenche en nous des émotions désagréables sont très nombreux. Pour ne pas me répéter, je m'arrêterai à développer l'un des plus courants et des plus efficaces : le jugement.

Le mot jugement revêt plusieurs sens. Il n'est pas, comme tel, à bannir de notre vie. Au contraire, il est important, voire essentiel, d'avoir assez de jugement pour discerner ce qui est bon ou mauvais pour soi-même, pour exprimer une opinion judicieuse, un point de vue pertinent, pour faire une démonstration rigoureuse. C'est quand le jugement prend la forme d'une vérité absolue, d'un reproche, d'une condamnation de l'autre ou d'une attaque qu'il devient une forme de pouvoir. Il est, dans ce cas, un mécanisme de défense qui cache des malaises émotionnels non identifiés. C'est ce genre de jugement qui est nocif et qui tue la relation entre les personnes.

Dans *Le vol de l'aigle*, Krishnamurti écrit : «Quand vous avez une idée de ce qui est correct, elle est incorrecte parce que le correct prend racine dans vos préjugés, votre conditionnement, votre peur, votre culture, votre société, toutes vos particularités personnelles, vos peurs, vos principes religieux et ainsi de suite. Il existe pour vous une norme, un modèle : et ce modèle lui-même est incorrect, il est immoral.»[1] Il ajoute un peu plus loin : « Juger implique une certaine vanité ; que le juge soit névrosé ou sain d'esprit, il y a toujours en lui une certaine vanité.»[2]

Il est possible que le jugement dominateur soit sous-tendu par la vanité ; il est possible aussi qu'il cache un sentiment d'insécurité ou d'infériorité. Quoi qu'il en soit, il a souvent pour effet de maintenir la personne aimée sous la dépendance du juge et de la rendre indirectement responsable de ses malaises non identifiés. Voyons, pour comprendre cette notion, l'expérience de Renée.

Quand elle dit à son mari qu'il parle «trop», elle porte sur lui un jugement défavorable et, du coup, exerce un pouvoir sur lui. Pourquoi une affirmation aussi péremptoire ? Que se passe-t-il en elle qui la pousse à juger de la sorte ?

Il serait fondamental, si elle voulait agir de manière responsable, qu'elle arrive à distinguer clairement ce qu'elle vit de ce qu'elle observe objectivement. C'est possible, en effet, que son mari parle beaucoup et qu'il ait une grande facilité à s'exprimer verbalement. Peut-être, en sa présence, se sent-elle inférieure et a-t-elle, à ce moment, de la difficulté à prendre sa place dans une conversation ? Peut-être se juge-t-elle incorrecte lorsqu'elle-même parle beaucoup et projette-t-elle ce jugement sur lui ? Peut-être se montre-t-elle supérieure par manque de conscience de son complexe d'infériorité. Peut-être croit-elle enfin que sa façon d'intervenir dans leurs conversations est meilleure que celle des autres, en particulier que celle de son mari, et que ce dernier devrait l'adopter ?

Le jugement de Renée cache, sans contredit, une ou plusieurs émotions désagréables. Il est étouffant autant pour elle que pour son

---

[1] Krishnamurti, *Le vol de l'aigle*, Neuchâtel-Paris, Delachaux Niestlé, 1988, p. 26.

[2] *Ibid.*, p. 91.

conjoint. Si elle ne prend pas conscience de ce qui se passe pour elle sur le plan émotionnel dans de telles circonstances, elle continuera à proférer des jugements dominateurs et asphyxiants à l'égard des autres et en particulier de son mari. En fait, si elle ne se remet pas en question mais continue d'essayer de le changer, elle entretiendra avec lui une relation dans laquelle elle n'aura pas la liberté d'agir dans le sens de son mieux-être personnel et dans laquelle elle privera celui qu'elle aime de cette même liberté si, de son côté, il lui laisse à chaque fois le pouvoir de lui attribuer la responsabilité de ses malaises.

### Ne pas laisser les autres nous rendre responsables de leurs malaises

La personne irresponsable tentera sans cesse d'attribuer aux autres la cause de ses problèmes. Chez plusieurs couples se structure alors un système dysfonctionnel dans lequel chacun développe l'habitude troublante de blâmer l'autre chaque fois qu'il vit des émotions désagréables ou, dans une autre dynamique, l'un attribue toute la responsabilité à l'autre pendant que ce dernier se laisse dominer, écraser et emprisonner. S'installe dans ce deuxième système, une dépendance excessivement malsaine qui rend la relation des plus insatisfaisantes. Ces systèmes seront maintenus en place tant et aussi longtemps que l'un des deux ne deviendra pas assez conscient de son fonctionnement pour réagir et refuser d'assumer une responsabilité qui ne lui appartient pas. Prenons pour acquis, en nous référant au cas précédent, que le mari accède à cet état de conscience et réagisse de manière responsable. Il dirait à son épouse, qui lui reproche de trop parler, que, en effet, il prend une place importante dans les conversations mais qu'il se sent mal quand elle le juge et qu'il souhaiterait qu'elle puisse se réapproprier sa part de responsabilité dans le fait qu'elle soit dérangée par l'abondance de ses propos. Il pourrait simultanément, pour sa part, tenter d'élucider pourquoi il est lui-même blessé par un tel jugement. Cette attitude aurait pour effet de favoriser de part et d'autre le développement de la responsabilité.

207

Trop souvent quand une personne est jugée d'une façon répro-
batrice, elle réagit elle-même par le jugement, le blâme, la critique
ou la morale parce qu'elle ne prend pas le temps d'identifier les émotions désagréables que la remarque de l'autre lui fait vivre. Elle perd
ainsi la liberté de gérer ses réactions, à son tour, tient pour responsable de son vécu désagréable la personne qu'elle aime, lui laisse le
pouvoir de le rendre responsable de ses malaises et, en plus, elle
prend sur cette personne la même forme de pouvoir qu'elle lui a laissé
prendre sur elle.

Sortir de ce fonctionnement aliénant passe d'abord par la volonté de porter davantage son regard sur soi-même dans ces moments
où on est confronté à des situations difficiles sur le plan émotionnel
plutôt que de le porter sur les autres de façon à trouver en soi la force
et les moyens de mieux gérer ses problèmes relationnels. Cette attitude d'ouverture à soi-même, beaucoup plus efficace que les tentatives irresponsables et stériles de changer ceux qu'on aime, laisse à
chacun la liberté d'être lui-même. Celui qui travaille à créer sa vie
plutôt qu'à la subir ou à prendre du pouvoir sur celle des autres, réussit à passer de la dépendance asservissante au sentiment profond de
liberté dans ses relations affectives. Celui-là sera alors en mesure
d'accueillir, dans son couple ou ailleurs, cette nouvelle réalité qu'est
l'interdépendance, facteur libérateur qui sera développé après l'exercice qui suit.

### ••• *Réflexion et application* •••

■ Vous avez peut-être été récemment placé dans une situation où
une personne vous a renvoyé la responsabilité de ses problèmes ou
de ses malaises.

■ Retracez l'événement en question.

■ Par quels moyens cette personne vous a-t-elle rendu responsable de ses malaises ?

- le jugement      ☐
- l'accusation      ☐
- le reproche      ☐
- la critique      ☐
- le contrôle      ☐
- la culpabilisation      ☐
- la volonté de vous changer      ☐
- autre      ☐
  Précisez_____

■ Comment avez-vous réagi ?

■ Reprenons maintenant cette situation et voyons comment vous pouvez la vivre sans perdre de pouvoir sur votre vie et en restant vous-même responsable.

Vous tentez d'abord de prendre conscience de ce que vous avez vécu pour ne pas entretenir de réactions défensives que vous ne saurez gérer :

- culpabilité      ☐
- honte      ☐
- sentiment de rejet      ☐
- colère      ☐
- sentiment d'injustice      ☐
- infériorité      ☐
- insécurité      ☐
- autres      ☐
  Précisez_____

Vous vous remettez en question et reconnaissez votre part de responsabilité dans cette situation.

Vous discernez ce qui ne vous appartient pas dans la responsabilité que cette personne vous impute.

Vous exprimez à cette personne, de façon responsable, votre vécu. Vous reconnaissez ce qui vous appartient dans tout ce qu'elle vous a dit et vous lui renvoyez gentiment la partie qui ne vous concerne pas. De cette façon, vous retrouverez votre liberté.

■ Vous n'êtes vraisemblablement pas vous-même toujours responsable dans vos relations affectives. Il est fort possible que vous ayez, récemment, perdu le contrôle sur votre vie en attribuant à une personne que vous aimez la responsabilité de vos difficultés.

Rappelez-vous une situation précise où cela s'est produit.

Par quel mécanisme de défense avez-vous réagi ?

Quelles sont les émotions non identifiées qui ont suscité votre irresponsabilité ?

- peur de perdre     ☐
- peur du jugement     ☐
- peur du rejet     ☐
- insécurité     ☐
- jalousie     ☐
- colère     ☐
- peine     ☐
- ennui     ☐
- culpabilité     ☐
- infériorité     ☐
- impuissance     ☐
- autres     ☐
  Précisez _____

■ Quels sont vos besoins non satisfaits dans cette relation ?

- besoin d'être écouté ☐
- besoin d'être aidé ☐
- besoin d'être valorisé ☐
- besoin d'être encouragé ☐
- besoin d'être accompagné ☐
- besoin d'être supporté ☐
- besoin d'être vu ☐
- besoin d'être accepté ☐
- besoin d'être aimé ☐
- besoin de manifestations affectives ☐
- besoin d'être informé ☐
- besoin d'être considéré ☐
- besoin d'être consulté ☐
- besoin d'être respecté ☐
- autre ☐
  Précisez_____

■ Retracez tout ce qui, dans vos paroles, a rendu cette personne responsable de votre vécu et de vos manques.

Il est maintenant important que vous dégagiez cette personne de la responsabilité que vous lui avez imposée par votre irresponsabilité et que vous deveniez maître de votre vie. Pour ce faire, vous pouvez choisir parmi les moyens suivants ceux qui vous aideront à vous prendre en charge :

- exprimer votre vécu ☐
- exprimer vos besoins ☐
- faire des demandes précises ☐
- fixer des limites claires ☐
- assumer les conséquences :
  - de vos paroles ☐
  - de vos choix ☐

- de vos silences ☐
- de vos actes ☐
- effectuer des vérifications ☐
- transformer vos attentes en objectifs ☐
- vous donner le droit de dire non ☐
- discerner ce qui vous appartient de ce qui appartient à l'autre sur le plan de votre vécu et de votre histoire ☐
- autre ☐
  Précisez _____

Cet exercice vous aidera à vous libérer de vos dépendances aliénantes en vous donnant plus d'autonomie affective et plus de liberté et vous permettra de mieux vivre l'interdépendance sans laquelle il n'y a pas de relation affective possible.

## L'interdépendance

Dans les relations humaines, le mot dépendance est généralement perçu dans un sens péjoratif, comme un synonyme de servitude, d'esclavage, d'asservissement, d'enchaînement. Comment l'interdépendance, qui se veut une dépendance mutuelle, peut-elle devenir un facteur de liberté dans la relation affective ? Je vous parlerai ici de ma propre expérience.

Ma relation amoureuse avec l'homme qui allait devenir mon mari débuta dans les années 60, à l'époque où le Québec connut sa grande libération politique, économique, sociale et culturelle dont l'influence marqua l'éducation et même la sexualité. Je me suis engagée dans cette relation avec le projet ferme d'être une femme autonome, matériellement et financièrement, ce que j'ai d'ailleurs réussi sans difficultés. Il n'en a pas été ainsi de ma recherche d'autonomie affective qui m'a causé certaines difficultés et m'a fait vivre d'importants déchirements. D'une part, je voulais être totalement indépendante et, d'autre part, j'avais de nombreux besoins affectifs qui me liaient à cet homme que j'aimais. J'ai tenté de trouver, par une démarche psychothérapeutique, un moyen d'éliminer mon tiraillement intérieur mais sans vraiment trouver satisfaction.

C'est lors d'une semaine de vacances en pleine nature, dans une forêt magnifique que j'ai trouvé une réponse pertinente à mes questionnements. Dans ce milieu sain, je ressentais l'équilibre d'une paix profonde. Les longues marches que je faisais dans les sentiers pédestres et les baignades dans les ruisseaux m'ont apporté un bien-être extraordinaire. Je me suis demandé pourquoi la nature avait un tel effet bénéfique sur moi ? C'est alors que le mot harmonie s'est imposé à mon esprit pour décrire ce que je voyais et ce que je ressentais, comme si la nature avait, en toute simplicité, unifié en moi ce qui m'apparaissait comme divisé. J'avais besoin de comprendre ce qui avait produit cet effet aussi impressionnant que bienfaisant. C'est à la tombée de la nuit que, paradoxalement, la lumière se fit en moi. Alors que j'étais assise près du feu à observer l'apparition des étoiles et à écouter, silencieuse, les bruits de la forêt, j'ai senti, puis perçu l'harmonieux mariage des éléments de la nature. Je me suis demandé ce qu'il adviendrait de cet équilibre si la terre disait à l'eau et le feu à l'air que, par besoin d'autonomie, ils n'avaient plus besoin les uns des autres. À cette minute même, j'ai compris que l'interdépendance pouvait être non seulement créatrice d'harmonie dans une relation mais essentielle à son existence même. Autant mon précédent déchirement m'emprisonnait, autant le lien que je venais de faire générait en moi un profond sentiment de liberté. S'était construit en moi le pont de l'interdépendance entre mon besoin d'amour et mon besoin de liberté et d'autonomie dans ma relation amoureuse.

**Être interdépendant dans une relation affective, c'est accepter d'avoir besoin de l'autre et être assez autonome pour assumer la responsabilité de ce besoin.**

J'ai longtemps pensé qu'exprimer mes besoins correspondait à quémander ou à quêter. Je sais maintenant que c'est plutôt le contraire qui me fait perdre mon autonomie.

L'enfant, comme je l'ai dit précédemment, dépend de ses parents quant à la satisfaction de ses besoins fondamentaux, lesquels ne disparaissent pas comme par magie dès qu'il atteint l'âge adulte. Quel que soit son âge, il aura toujours besoin d'être aimé, écouté, sécurisé et reconnu. C'est lorsqu'il attendra que la personne aimée prenne en charge et devine ses besoins qu'il entretiendra lui-même sa dépendance. Par contre, s'il reconnaît et accepte qu'il a besoin de l'amour et de la reconnaissance de la personne aimée et s'il s'occupe de ce besoin, il ne luttera pas contre sa propre nature et il gardera la maîtrise de ce qui, en conséquence, le rendra entièrement libre dans sa relation affective. Voici, pour le démontrer, un cas clinique typique.

Lorsque je les ai rencontrés, le lien chaleureux qui unissait autrefois Lucie et Jean-Pierre s'était passablement refroidi. Quand ils se retrouvaient à leur appartement après leur journée de travail, elle faisait face à un homme taciturne et distant. Elle lui avait demandé à plusieurs reprises ce qui n'allait pas mais il lui répondait toujours qu'il n'y avait aucun problème. Après avoir supporté la situation pendant quelque temps, Lucie n'en pouvait plus de continuer à vivre avec le manque de relation et surtout le sentiment d'impuissance qui l'envahissaient. Elle exprima ses limites à Jean-Pierre et lui dit qu'elle songeait à le quitter si leur relation continuait à la rendre malheureuse. Comme il ne voulait pas la perdre, il est sorti de son mutisme pour exprimer à quel point il souffrait de la voir si occupée mais aussi pour lui reprocher de ne pas lui accorder suffisamment de temps. Il aurait aimé qu'elle l'accompagne au restaurant, au cinéma, qu'elle lui réserve des moments d'intimité, qu'elle s'informe de son travail, qu'elle soit plus attentive à lui. En fait, Jean-Pierre aurait souhaité que son amie devine ses besoins, et même, qu'elle les prenne en charge. Il vivait du ressentiment parce qu'elle ne l'avait pas fait.

Personne ne peut deviner les besoins réels et précis des autres, encore moins prendre la responsabilité de les satisfaire. Celui qui attend que la personne aimée s'occupe de ses besoins nourrit une dépendance par rapport à elle et emprisonne l'autre du même coup. Devenir autonome, c'est développer l'habitude et l'aptitude à s'occuper de ses besoins d'abord en les précisant puis en faisant des demandes claires. C'est donc Jean-Pierre qui aurait dû exprimer à Lucie ses préoccupations. C'est encore lui qui devait l'inviter au cinéma en lui laissant la liberté d'accepter ou de refuser. Il est impossible qu'il en soit autrement. Ce qui fait plaisir à l'un ne fait pas nécessairement plaisir à l'autre. Ce qui était un besoin hier peut très bien ne plus en être un aujourd'hui.

Quand nous prenons la responsabilité d'exprimer nos besoins et de nous occuper de les satisfaire, sans en charger les autres, dans le respect de nos engagements mutuels, un sentiment de liberté règne dans nos relations affectives. Pour ce faire, il est essentiel que nous reconnaissions notre besoin de l'autre et que, par conséquent, nous acceptions l'interdépendance comme facteur de liaison et de libération qui respecte fidèlement la nature humaine et qui est une des manifestations de l'attachement et de l'engagement.

Mais, avant de développer ces deux derniers éléments fondamentaux de la liberté dans la relation affective, je vous propose de faire l'exercice suivant.

### ••• *Réflexion et application* •••

■ Vous choisissez d'abord la personne la plus importante pour vous sur le plan affectif.

■ Quel est parmi les suivants, votre plus grand besoin par rapport à cette personne ?

215

- besoin d'être aimé      ☐
- besoin d'être accepté      ☐
- besoin d'être écouté      ☐
- besoin d'être encouragé      ☐
- besoin d'être aidé      ☐
- besoin d'être respecté      ☐
- besoin d'être libre      ☐
- besoin d'être sécurisé      ☐
- besoin de vous affirmer      ☐

■ Quand le besoin exprimé est trop vague, trop large, vous créez l'insécurité chez l'autre et vous lui donnez le mandat de trouver les moyens de vous satisfaire. Aussi, est-il important de préciser, pour qu'il sache exactement ce que vous voulez et pour qu'il sache s'il est en mesure de répondre affirmativement à votre demande. Pour vous aider à le faire, voici comment, à partir de quelques exemples de besoins exprimés de façon plutôt générale, vous pourriez procéder pour les rendre plus précis.

Exemple 1

Demande imprécise : «J'ai besoin d'être sécurisé.»

La personne qui entend une telle demande ne peut elle-même que vivre un sentiment d'insécurité parce qu'elle ne peut pas deviner la façon dont vous souhaiteriez être sécurisé.

Demande précise : «J'aimerais que tu me téléphones quand tu prévois être en retard pour dîner. Est-ce possible pour toi ?»

Exemple 2

Demande imprécise : «J'ai besoin d'être valorisé.»

Demande précise : «Que penses-tu de ma nouvelle coiffure ?»

«J'aimerais que tu me donnes ton appréciation sur le repas que je t'ai préparé.» «Tu as reçu mon compte rendu de la réunion d'hier et j'aimerais connaître ton opinion.»

■ Quand le besoin est bien précisé, il est important l'exprimer en faisant des demandes claires qui suscitent une réponse et qui ne sont pas des ordres déguisés n'admettant aucun refus. Prendre le pouvoir sur votre vie ne signifie pas qu'il faille obliger les autres à faire tout ce que vous voulez. C'est en leur laissant le droit de dire non à vos demandes et en vous donnant cette même permission que vous établirez un climat de liberté dans vos relations affectives. Si, par contre, la personne que vous aimez n'est jamais disponible pour vous et ne tient jamais compte de vos demandes, un problème sérieux se pose quant à son engagement dans la relation. Dans ce cas, vous aurez des limites à fixer et des choix à faire pour vous respecter et vous occuper de votre besoin d'être important pour l'autre dans cette relation.

■ Il se peut que vous sachiez exactement ce dont vous avez besoin et que vous ayez des réticences à faire vos demandes. Si c'est le cas, vous auriez intérêt à identifier les peurs qui vous freinent :

- peur du «non» ☐
- peur du «oui» ☐
- peur du rejet ☐
- peur de blesser ☐
- peur d'être humilié ☐
- peur d'être ridiculisé ☐
- peur de vous sentir ridicule ☐
- peur de quémander ☐
- peur d'être jugé ☐
- peur de perdre ☐
- autre ☐
  Précisez _____

Si vous êtes arrêté par vos peurs, vous pouvez constater que ce qui vous empêche d'être autonome et de vous occuper de vos besoins, ce n'est pas les autres mais vous-même. Ne vous jugez pas. Cette seule prise de conscience peut vous aider à développer l'amour de vous-même et à devenir libre en donnant plus d'importance à vos besoins qu'à vos peurs. Faites l'expérience d'essayer, vous serez peut-être surpris des résultats et de votre capacité à laisser aux autres leur liberté. Plus vous vous prendrez en charge, plus vous sentirez votre attachement pour la personne aimée et plus vous vous sentirez libre de vous engager dans la relation que vous avez établie avec elle.

## L'engagement

**S'engager dans une relation affective, c'est choisir consciemment de s'attacher à la personne aimée, c'est travailler à lui inspirer confiance par l'authenticité et la fidélité et c'est s'investir dans la relation avec elle en dépit des difficultés et des obstacles dans le respect et l'amour de soi-même.**

L'engagement est donc un choix fondamental qui implique l'attachement, l'investissement, la sécurité et la fidélité.

### L'attachement

Nous pouvons éprouver de l'attirance et même de l'amour pour une personne sans pour autant nous attacher à elle. Il y a cependant une différence importante entre l'attirance ou l'amour ressentis comme un sentiment et ces mêmes réalités vécues en tant qu'émotions. Parle-t-on alors d'amour/émotion ou d'amour/sentiment ? L'émotion étant une réaction physiologique et psychologique, spontanée et intense à un déclencheur extérieur, elle est passagère, ce qui n'empêche pas qu'elle soit réelle et sincère et exprimée authentiquement au moment où elle est ressentie. L'amour/émotion peut donc se manifester par des élans passionnés d'une personne envers une autre sans pour cela qu'elle soit vraiment attachée à elle. C'est plutôt l'amour/sentiment qui ouvre la porte à l'attachement, parce que, étant un état affectif profond, il ne disparaît pas en l'absence de l'autre ou quand la relation traverse des moments difficiles. Si une personne en aime une autre profondément, elle peut choisir ou non de s'attacher à elle. Il faut cependant savoir que s'attacher signifie établir un lien durable, c'est créer une relation intime profonde et construire puis entretenir un pont symbolique qui unit deux personnes qui s'aiment vraiment.

Dans l'engagement, l'attachement doit devenir un choix conscient sans lequel ne pourra naître le sentiment de liberté, un choix qui suppose une connaissance éclairée de ce qu'il implique. Celui qui s'attache sans cette connaissance s'embarque sur un vaisseau sans avoir même imaginé sa destination. Il risque de supporter très difficilement les vicissitudes et les aléas du voyage, son ignorance créant, au fil des jours le sentiment d'être emprisonné par l'autre. Il risque de débarquer à la première escale pour entreprendre une autre aventure tout aussi décevante. La première connaissance qu'une personne doit avoir pour prendre la décision de s'attacher est que l'attachement implique paradoxalement le détachement, non pas cette forme de détachement qui est synonyme d'oubli de soi, de total dépouillement et d'ascétisme mais le détachement qui est synonyme d'avancement.

La femme qui, par exemple, s'attache amoureusement à un homme, avec la pleine conscience de ce qu'elle fait, aura à accepter de perdre une partie du temps et de l'énergie qu'elle consacrait à sa famille, à ses amis, à ses loisirs, à son travail pour en consacrer davantage à cet homme, si elle veut créer et tisser en permanence le lien amoureux qui les rapproche et si elle veut que leur relation gagne progressivement en importance, en intérêt, en intensité, en qualité, en intimité et en solidité. Cela ne signifie pas que, s'attacher, c'est rompre avec le reste du monde, mais que s'attacher implique impérativement d'inclure l'être aimé dans son propre univers et ce, en lui accordant la première place. Dans l'engagement, si nous ne choisissons pas de placer la relation amoureuse en priorité, nous nous sentirons constamment déchirés et aliénés. C'est le choix ferme de l'engagement qui rend moins douloureux les moments inévitables des détachements, moments où il est essentiel, comme le dit si bien Krishnamurti, de nous «libérer du connu», c'est-à-dire de nous libérer de la routine, de la stagnation, des rituels aliénants, des habitudes ancrées afin de nous réaliser à deux par l'actualisation de projets communs qui nous feront contribuer, avec celui ou celle que nous aimons, à la création du couple, de soi-même et du monde. La relation a besoin de changements sans quoi elle croupit dans l'ennui ou finit tout simplement par s'effriter et mourir.

L'attachement que nous choisissons consciemment de vivre n'est donc pas un état passif tel un avion sans pilote dans lequel nous nous laissons voguer au gré des éléments de la nature et des caprices du monde extérieur. C'est, au contraire, une action qui rapproche et qui appelle l'engagement et l'investissement.

### L'investissement

Il n'y a pas d'attachement durable ni d'engagement solide sans investissement de la part de chacune des deux personnes impliquées dans la relation affective.

S'investir, c'est consacrer du temps pour s'occuper de la relation, pour la nourrir comme on arrose une plante à laquelle on tient. S'investir, c'est aussi tenir compte de la personne aimée, de ses désirs, de ses besoins, de sa différence et non pas agir avec elle comme si on était seul au monde. Celui qui s'attache et s'engage consciemment sait qu'il a des responsabilités par rapport à la relation qu'il construit et doit les assumer s'il veut s'éviter d'avoir à vivre ce sentiment de vide qu'un faible investissement fait naître et qui donne l'impression de devenir doucement prisonnier de l'autre.

J'ai connu, un jour, un couple marié depuis plus de cinq ans qui vivait de sérieux problèmes sur le plan de l'engagement et de l'investissement. Malgré tous ses efforts pour intégrer son mari dans des projets communs, Camille n'arrivait pas à obtenir de lui la participation dont elle avait besoin pour connaître la vie de couple satisfaisante qu'elle recherchait.

En effet, Gérard s'intéressait davantage à son travail, au golf et à ses amis qu'à sa famille. Il n'avait pas beaucoup de temps à consacrer à sa femme et à ses enfants. D'ailleurs, il reprochait même fréquemment à Camille de ne pas lui laisser suffisamment de liberté. Leur relation était précaire et affaiblie par les conflits incessants qui la caractérisaient de plus en plus.

Plusieurs couples vivent une histoire semblable à celle de Camille et Gérard, une histoire où l'un des partenaires n'arrive pas à choisir de s'engager parce qu'il ne veut rien perdre. Choisir, c'est nécessairement délaisser partiellement ou entièrement cette part de l'alternative qu'on ne place pas en priorité. Vouloir tout mettre en priorité, c'est, en réalité, ne rien mettre en priorité. L'image de la liberté que fait miroiter le «tout avoir» se révélera un jour le mirage qui ramènera celui qui ne choisit pas, par peur de perdre, à un profond sentiment d'aliénation. En effet, celui qui n'accepte pas de perdre ne peut se sentir libre. Il sera sans cesse déchiré intérieurement entre son besoin d'amour et son besoin de liberté. De plus, sa relation affective ne connaîtra de satisfaction et de pérennité que s'il assume sa part de responsabilité et participe à l'établissement du lien sans lequel il n'y a pas d'union possible. Celui qui ne sait pas choisir reste trop centré sur lui-même et arrive mal à tenir compte des besoins du conjoint. Il ne pense qu'à satisfaire les siens. S'il est vrai que chacun a la responsabilité de s'occuper de ses besoins dans une relation affective, il est aussi vrai et essentiel qu'il doit tenir compte des besoins de l'autre. Autrement, se créera un système relationnel dysfonctionnel formé d'un altruiste qui s'oublie pour ne pas perdre et d'un parfait égoïste qui oublie l'autre pour ne rien perdre et qui donc, comme Gérard, ne pense qu'à lui.

Pour éviter toutes ces problématiques et ne pas rester emprisonnés dans leurs propres pièges, les gens qui s'aiment ont intérêt à discuter clairement de leurs priorités, à négocier des ententes et à les respecter quitte à s'ajuster périodiquement.

Une de mes clientes, dans la quarantaine, a un jour rencontré un homme de quelques années son aîné. Comme elle avait déjà connu plusieurs échecs amoureux, il était important pour elle d'établir ses priorités et de vérifier si celles de cet homme rejoignaient les siennes, au moins sur l'essentiel. Même si elle était très attirée par lui et l'aimait, elle ne voulait s'engager qu'à ce prix. Comme elle ne souhaitait pas d'enfant, elle s'assura qu'il avait le même désir. De plus, elle voulait qu'ils aient des activités communes, aussi s'enquit-elle de ce qui l'intéressait comme passe-temps et comme travail. Elle voulait aussi un homme qui accepte de prendre du temps pour la rencontrer dans l'intimité de la communication authentique. Elle ne voulait plus comme auparavant se limiter aux attirances mutuelles et se fier aux passions des premiers jours pour se lancer corps et âme dans une relation et découvrir, quelques semaines plus tard, que ses priorités ne trouvaient aucun écho chez celui qui l'avait séduite parce qu'elle n'en avait jamais parlé. En étant claire avec lui, elle se donnait ces moyens de protection nécessaires qui lui permettraient de décider lucidement de s'engager en sachant aussi qu'elle ne pouvait pas tout prévoir et qu'elle aurait à composer avec les imprévus qui l'attendaient et avec la personnalité d'un homme qui était différent d'elle.

Assumer cette différence, c'est donner le droit à l'autre d'être lui-même et accepter que son investissement dans la relation puisse, sur certains points, différer du sien. Même si nous nous rejoignons sur des priorités communes, il n'en reste pas moins que chacun de nous doit respecter la différence de l'autre. Plusieurs personnes se plaignent, en consultation, que leur conjoint ne s'implique pas dans la relation affective alors que, en réalité, il s'investit, mais différemment d'elles-mêmes. À vouloir que les contributions de l'autre soient exactement les mêmes que les siennes, nous ne voyons pas tout ce que l'être aimé fait de différent mais d'indispensable pour la relation. Établir un lien en plaçant tous les deux ses énergies sur le même point, c'est construire symboliquement un pont avec des parties très solides et d'autres qui risquent de s'écrouler à la moindre tempête ou au moindre conflit. Sans nier l'importance de l'entraide mutuelle dans certains domaines, il est fondamental, pour la survie de la relation, d'accepter, voire d'encourager les différences d'engagement. Si chacun portait son attention sur ce que l'autre apporte dans la relation affective, il y aurait moins d'attentes, moins de reproches et, inversement, plus de reconnaissance des besoins de la personne aimée et chacun se sentirait alors beaucoup plus libre tout en demeurant très engagé.

J'ai longtemps reproché à mon mari de ne pas s'investir là où moi je plaçais mes énergies dans notre relation. Cela causait parfois des malaises, des conflits et rendait peu résistantes aux intempéries relationnelles certaines parties du pont symbolique qui nous liait. Quand je me suis arrêtée pour prendre conscience puis observer ses formes d'investissement, j'ai été impressionnée. J'aurais voulu que, comme moi, il pense à planifier des moments d'intimité, de communication profonde, qu'il soit structuré, organisé autant dans l'éducation des enfants que dans la planification de nos activités. Tout en appréciant mes formes d'investissement et en y participant à sa manière, il apportait sa contribution par sa nature pragmatique, par sa souplesse et surtout par une disponibilité hors du commun. Aujourd'hui, j'ai beaucoup de reconnaissance pour ses apports et j'apprécie cette merveilleuse complicité qui rend notre engagement beaucoup plus profond et très sécurisant.

### La sécurité

Le besoin de sécurité est à la base du fonctionnement psychique de tout être humain. La théorie de l'Américain Paul-D. MacLean[3] à

---

[3] Gabriel RACLE, *La pédagogie interactive*, Paris, Bordas, 1983, p. 43.

propos de la structure évolutive du cerveau humain selon laquelle celui-ci est formé de trois couches superposées qui se sont constituées au cours des âges, démontre bien que le cerveau primaire ou cerveau de la couche inférieure est le siège des comportements qui concernent la survie et la conservation. C'est le cerveau de la routine, de la répétition, des rituels, des stéréotypes, de l'encadrement, des règles, éléments tous essentiels à l'être humain parce qu'ils assurent sa sécurité. À cette couche archaïque s'ajoute le paléocortex qui est le siège du changement. L'impact de l'interaction de ces structures cérébrales sur la vie relationnelle de l'homme est considérable. En effet, les changements peuvent être traumatisants s'il n'y a pas dans la relation affective une base de sécurité. Lorsque le besoin de sécurité n'est pas satisfait chez l'une ou l'autre des personnes engagées dans une relation, cette dernière se construit comme sur du sable mouvant. La personne habitée par un sentiment permanent d'insécurité se sentira constamment en danger, voire menacée, et elle sera envahie par la peur de perdre et même, dans plusieurs cas, par la peur ou l'envie de mourir. Douter continuellement de l'amour de l'autre et vivre une relation sans cadre, sans limites et sans contraintes, c'est se créer un climat relationnel infernal et destructeur de liberté et entretenir le système dysfonctionnel de l'abandonnique et du déserteur.

Se sentant constamment abandonné ou ayant peur de l'être à cause du manque d'engagement de l'être aimé, l'abandonnique se défend contre sa souffrance par l'oubli de soi, la fuite ou l'accaparement. Pour plaire à l'autre ou pour ne pas le perdre, il a souvent tendance à nier ses besoins, à se laisser envahir, à céder sa place, à ne pas exploiter ses talents, à ne pas s'affirmer, à ne pas fixer ses limites et à prendre toute la responsabilité des problèmes de la relation. À d'autres moments, il fuit sa douleur en devenant un personnage qui affiche une fausse suffisance et une indépendance de façade. Mais sa réaction défensive la plus fréquente est l'accaparement. S'il n'identifie pas son besoin vital de sécurité et s'il ne prend pas les moyens de le satisfaire, il peut se défendre contre son angoisse en contrôlant tout et en posant beaucoup de questions sur les allées et venues de l'être aimé. Ses enquêtes ne sont pas la manifestation d'une curiosité chronique mais plutôt un moyen de défense visant à le rassurer.

Malheureusement, quand il accapare, contrôle et enquête, il aliène la personne qu'il aime, ce qui fait qu'elle aura tendance à s'éloigner. Son besoin de sécurité n'étant jamais satisfait et n'étant pas conscient, l'abandonnique redouble donc de comportements défensifs aliénants qui repoussent chaque jour davantage la personne de qui il veut être aimé parce qu'elle aura peur de perdre sa liberté. Cette dernière, qui déserte la relation, sera de plus en plus réticente à l'engagement, ce qui entretiendra la peur de perdre chez l'abandonnique et le rendra encore plus exigeant et plus accaparant. En conséquence, les deux, autant le déserteur que l'abandonnique deviennent facilement  prisonniers d'un système qu'ils entretiennent et qui peut parfois même mener jusqu'à la séparation, engrenage dont ils sont incapables de se dégager. Seule la prise de conscience des émotions et des besoins qui les empêchent de gérer leurs réactions et de vraiment se rencontrer peut les affranchir de l'esclavage dans lequel les entraîne le système. Sans cette démarche d'identification et d'expression de leur monde émotionnel, ils ne se sentiront jamais libres et, s'ils se séparent, ils risqueront de recréer le même système dysfonctionnel avec une autre personne.

Pour s'en sortir, il est essentiel que l'abandonnique prenne conscience de sa peur de perdre et de son besoin de sécurité pour se protéger de sa souffrance par des moyens comme l'affirmation de ses besoins et la fixation de ses limites. Le déserteur, d'autre part, ne peut se libérer de ses déchirements qu'en sachant que sa peur inconsciente de perdre sa liberté l'emprisonne dans des comportements de fuite qui le privent de la satisfaction de son besoin d'amour. Il doit savoir aussi que c'est l'engagement qui lui donnera sa liberté parce que, par l'attachement et l'investissement conscients et assumés, il ne sera plus déclencheur d'insécurité chez l'abandonnique, il ne sera donc plus accaparé ni contrôlé.

L'engagement est vraiment un facteur de libération. Même s'il implique des contraintes extérieures, il offre en revanche la liberté intérieure, celle qui donne du pouvoir sur sa vie dans la relation affective. Il n'y a pas de vie affective sans contrainte et la fidélité envers soi-même et envers l'autre est, à coup sûr, un autre important facteur de liberté intérieure.

### La fidélité

Au moment où j'ai colligé les informations nécessaires à la rédaction du présent ouvrage, j'ai préparé un questionnaire que j'ai présenté à des hommes et à des femmes de différents âges et de différents milieux au Québec et dans lequel j'ai posé, entre autres, la question suivante : «Qu'est-ce qui, selon vous, caractérise une relation engagée ?» Si certains ont parlé d'intimité, d'honnêteté, d'authenticité, de sécurité, de volonté mutuelle, la plupart, soit 85% des 75 répondants, ont mis en priorité la fidélité.

Il est évident que le mot fidélité peut avoir une signification différente selon les personnes, les classes sociales, les cultures, les pays. Quoi qu'il en soit, la fidélité est, sans contredit, un des facteurs d'engagement les plus importants dans la relation affective parce que, **être fidèle, c'est précisément respecter les engagements pris envers soi-même et envers les autres.**

En réalité, la relation affective repose sur l'engagement, spécialement sur l'engagement envers soi-même. Nous avons tous des valeurs, des priorités et des besoins qui risquent d'être menacés si nous n'avons pas suffisamment d'amour et de respect de nous-mêmes. Sacrifier une priorité par peur de perdre l'être aimé, c'est se trahir et manquer de fidélité envers soi-même, c'est se perdre dans le monde de l'autre et perdre, par le fait même, sa liberté. Le cas clinique suivant est fréquent.

Pierre a été, lorsqu'il a rencontré Louise, irrésistiblement attiré par son intelligence et par son charme. Le fait qu'elle soit plus âgée

226

que lui n'était pas un obstacle à ses yeux. Cependant, comme elle avait dépassé l'âge d'avoir des enfants, il savait qu'en s'engageant avec elle, il ne pourrait pas réaliser son rêve d'être père. Il n'a cependant pas tenu compte de cette priorité fondamentale. En fait, il a manqué de fidélité envers ses propres besoins et ses propres rêves, ce qui l'a amené à développer du ressentiment pour la femme qu'il avait choisie. Il lui en voulait de ne pouvoir lui donner l'enfant qu'il aurait voulu. En tentant de réprimer ses instincts paternels, il avait détruit, du même coup, une partie importante de son sentiment amoureux. Aussi, sa relation avec Louise s'était-t-elle détériorée chaque jour davantage, ce qui les avait poussés à consulter.

C'est ce qui, généralement, se produit quand une personne étouffe ses rêves, ses besoins, et ses priorités dans une relation affective. Elle s'ampute d'éléments qui la constituent et la distinguent, ce qui fait qu'elle entre en relation sans une partie importante d'elle-même. Elle n'est donc pas libre de se réaliser dans sa globalité. Elle devient un être fragmenté qui, par sa trahison envers lui-même, n'est pas vraiment heureux. Pour connaître une relation affective saine et propulsive, il est important qu'elle établisse clairement ses priorités et qu'elle s'engage à les respecter au risque de perdre une personne qu'elle aime. Autrement, elle manque d'amour d'elle-même, ce qui, à long terme, l'empêche d'aimer l'autre en profondeur et la conduit, par le biais d'un chemin beaucoup plus long et douloureux, vers la perte qu'elle a voulu éviter.

Cet engagement et cette fidélité envers nous-mêmes, nous permettent d'être clairs l'un avec l'autre et de nous engager avec la conscience de ce que nous faisons. Aussi, nous sera-t-il possible de respecter les ententes établies avec la personne aimée puisque nous les aurons prises dans le respect de nous-mêmes. En restant fidèles à nos priorités, nous pourrons faire des choix, tenir compte de l'autre, négocier des ententes, prendre des engagements et les respecter sans perdre le sentiment de liberté. C'est la façon la plus libératrice de vivre les contraintes inhérentes à toute relation affective qui se veut durable et satisfaisante.

Les accords tacites ne sont jamais facteurs d'engagement et de liberté. Ils sont, au contraire, facteurs d'insécurité parce qu'ils emprisonnent les partenaires dans des attentes qui résultent de besoins non exprimés.

Hélène croyait que le fait de s'engager dans une relation amoureuse impliquait nécessairement qu'une personne ne doit pas avoir de relations sexuelles avec un autre partenaire que son conjoint. Aussi n'a-t-elle jamais exprimé à Guy son besoin d'exclusivité sur le plan sexuel et ne l'a-t-elle jamais établi comme une limite claire croyant cette attitude implicite à toute relation amoureuse. Ainsi, quand elle apprit que son ami avait une maîtresse, elle lui reprocha sévèrement de l'avoir trahie. Cependant, comme elle n'avait pas préalablement établi d'ententes claires avec lui sur ce sujet, elle ne pouvait l'accuser d'être infidèle. Elle devait plutôt assumer la responsabilité de son inconscience ou de sa négligence et apprendre de son erreur. Pour être fidèle à ses engagements, il faut d'abord les avoir pris. Autrement, nous nous lançons dans une relation affective comme une personne qui partirait à l'aventure dans un pays inconnu sans boussole ni plan. Cette personne qui largue ses instruments pour être libre de toute contrainte risque de rencontrer, au cours du voyage, des difficultés qu'elle n'aura pas la possibilité de résoudre parce qu'elle n'aura aucun moyen pour le faire.

Ainsi, celui qui se lance dans une relation affective sans établir d'ententes claires, sous prétexte qu'il ne veut pas de contraintes et qu'il veut garder sa liberté, risque de multiplier les problèmes au lieu de les éviter et risque encore plus de se sentir emprisonné par la relation alors qu'il sera le seul responsable de sa situation. S'engager sciemment et respecter son engagement assure la sécurité sans laquelle il n'y a pas de liberté. Comme je l'écrivais dans *La communication authentique*, le véritable engagement n'est pas celui que nous prenons à la légère et que nous ne respectons pas, ni celui que nous prenons pour plaire à l'autre ou pour ne pas le perdre, mais celui que nous prenons par amour de nous-mêmes, par fidélité à nos besoins, à nos priorités, à nos valeurs et par respect des autres. C'est cette forme d'engagement qui nous procure le sentiment profond de liberté dans une relation affective.

••• *Réflexion et application* •••

■ Il est important de vous arrêter d'abord à la qualité de votre engagement envers vous-même et envers l'autre dans votre relation amoureuse ou l'une de vos relations affectives les plus importantes. Pour vérifier où vous en êtes à ce sujet, lisez les caractéristiques suivantes et indiquez par un crochet dans la case «oui» ou dans la case «non», ce qui correspond à l'engagement que vous prenez généralement envers vous et envers l'autre sur le plan de la relation affective. Il serait très intéressant et même encore plus profitable de demander à la personne que vous avez choisie, de faire aussi cet exercice et d'en discuter avec elle par la suite.

|  | Oui | Non |
|---|---|---|
| • Je suis conscient de mon attachement pour la personne aimée. | ☑ | ☐ |
| • Mon attachement pour elle est vraiment un choix. | ☑ | ☐ |
| • Je travaille à établir un lien durable. | ☑ | ☐ |
| • Je communique avec elle authentiquement et dis ma vérité profonde. | ☑ | ☐ |
| • Je lui inspire confiance. | ☑ | ☐ |
| • Mon amour pour cette personne résiste à l'absence. | ☐ | ☑ |
| • Mon amour pour cette personne résiste aux obstacles. | ☑ | ☐ |
| • Je connais et exprime mes priorités. | ☐ | ☐ |
| • Je donne de l'importance à mes priorités dans la relation affective. | ☐ | ☐ |

229

|  | Oui | Non |
|---|---|---|
| Je fais dans mes relations des choix éclairés. | ☑ | ☐ |
| Je sais clairement quelles sont mes valeurs. | ☑ | ☐ |
| J'agis en conformité avec mes valeurs. | ☑ | ☐ |
| Je suis conscient de mes besoins par rapport à l'être aimé. | ☑ | ☐ |
| Je m'occupe de mes besoins en faisant des demandes claires. | ☑ | ☐ |
| J'accepte certains détachements sur le plan de mes loisirs et du temps à consacrer à d'autres personnes pour accorder la priorité à ma relation amoureuse. | ☐ | ☐ |
| Je participe au cheminement évolutif de ma relation. | ☐ | ☐ |
| J'introduis des changements dans notre vie. | ☐ | ☑ |
| Je travaille à libérer notre relation de sa routine aliénante. | ☐ | ☐ |
| J'établis des ententes claires avec la personne aimée. | ☑ | ☑ |
| Je respecte mes engagements. | ☑ | ☐ |
| Je consacre du temps à ma relation affective. | ☑ | ☐ |
| Je fais ma part dans le partage des tâches. | ☐ | ☐ |
| Je m'engage sur le plan de la communication authentique. | ☑ | ☐ |
| Je préfère perdre que de me perdre dans les seuls besoins de l'autre. | ☐ | ☑ |
| J'assume ma responsabilité dans nos conflits. | ☑ | ☐ |
| Je suis ouvert à la négociation. | ☑ | ☐ |
| Je fixe mes limites par respect de moi-même. | ☑ | ☐ |

| | Oui | Non |
|---|---|---|
| • Je donne le droit à l'autre d'être lui-même. | ☑ | ☐ |
| • Je suis authentique avec la personne aimée. | ☑ | ☐ |
| • J'accepte qu'elle ne s'implique pas en tout point de la même manière que moi dans notre relation. | ☐ | ☑ |
| • Je sais reconnaître mes formes d'investissement. | ☑ | ☐ |
| • Je sais aussi reconnaître les siennes et les apprécier. | ☐ ? | ☐ |
| • Ma relation est souple en ce sens que je laisse place aux changements et à la différence de l'autre. | ☐ | ☐ |
| • Ma relation est sécurisante parce que je respecte mes engagements. | ☐ | ☐ |
| • Je ne sacrifie pas une priorité par peur de perdre. | ☐ | ☑ |
| • Je suis conscient de ma tendance à être abandonnique et je m'occupe de mon besoin de sécurité. | ☑ | ☐ |
| • Je suis conscient de ma tendance à être déserteur et je prends des engagements pour ne pas perdre mon sentiment de liberté. | ☐ | ☐ |

■ Si vous constatez, par vos réponses à la question, que vous avez des difficultés à vous engager, il est important de relire les caractéristiques et de souligner les trois qui vous apparaissent les plus importantes à travailler pour rendre votre relation affective plus sécurisante et, par le fait même, plus libre. Pour améliorer la qualité de votre engagement, je vous encourage à développer ces caractéristiques et à persévérer dans votre démarche si vous voulez fonder votre relation avec la personne que vous aimez sur des bases solides. Peut-être aurez-vous besoin pour y arriver de développer un autre facteur de liberté : la discipline.

## La discipline

Il peut paraître paradoxal d'intégrer la discipline parmi les facteurs de liberté puisque ce mot, souvent associé à contrainte et obligation, est aussi perçu comme générateur de limitation et de restriction plutôt que comme une forme de libération. Le paradoxe est d'autant plus justifié que la discipline est un ensemble d'exigences que l'on s'impose pour atteindre un but. En quoi alors peut-elle être un facteur de liberté dans la relation affective et spécialement dans la relation amoureuse ?

Ce qui fait que deux personnes sont heureuses dans leur relation affective, c'est d'abord qu'elles s'aiment, qu'elles communiquent authentiquement, qu'elles sont engagées et que, par conséquent, elles ont des projets communs. Ces derniers cultivent le goût d'être ensemble. Sans projets communs, chacun ayant ses intérêts en dehors de la relation, il devient rapidement moins présent à l'autre. S'ensuit un manque de motivation qui atténue considérablement le besoin d'engagement.

Cependant, il ne suffit pas aux gens qui s'aiment, de rêver pour se sentir libres d'être ensemble. Il est essentiel qu'ils actualisent leurs rêves. Cette actualisation suppose que chacun des deux ait la volonté de participer à la concrétisation du projet commun et qu'il ait assez de discipline pour traverser une à une les étapes de sa réalisation. Sans cette volonté et cette discipline, il n'y a pas d'engagement possible. Et, comme l'engagement qui implique, dans la relation affective, l'attachement, l'investissement et la fidélité, procure la sécurité essentielle à la satisfaction du besoin de liberté, il en résulte qu'il n'y a pas non plus de vraie liberté sans volonté et sans discipline.

Si les personnes engagées dans une relation amoureuse ont des projets communs et si elles sont motivées à les rendre à terme parce que chacune s'est donné la liberté de respecter ses priorités, ses valeurs et ses besoins, elle ne pourront y arriver sans volonté, c'est-à-dire sans cette faculté de prendre librement, en toute conscience, en pleine connaissance de cause et après réflexion, des décisions fermes et de choisir délibérément, résolument et librement d'en actualiser la concrétisation.

Les décisions étant prises et le choix de les mettre à exécution étant arrêté, il est nécessaire de se discipliner, de s'imposer des exigences pour franchir les étapes qui mènent de la décision à l'accomplissement. Voici une autre histoire de cas qui illustre bien cet énoncé.

Lorsque Diane et Jean-Guy ont pris conscience qu'ils s'attachaient l'un à l'autre, ils ont vérifié si leurs priorités concordaient sur l'essentiel avant de s'engager à établir un lien solide et durable. Motivés par leurs projets communs de s'acheter une maison, d'avoir des enfants et de voyager, ils avaient la volonté ferme de prendre les moyens de réaliser leurs rêves. Aussi, emménagèrent-ils dans un petit appartement coquet à prix modique et décidèrent-ils de planifier leur budget de façon à économiser une bonne partie de leurs revenus respectifs jusqu'à ce qu'ils aient les moyens d'actualiser leurs rêves. Ils se sont investis tous les deux avec une constance infaillible dans ce projet même si, pour y arriver, il ont dû limiter les frais de restaurant, de cinéma, de théâtre et d'habillement. Il leur a fallu beaucoup de discipline pour ne pas se laisser tenter, à certains moments, par tout ce que l'environnement pouvait leur offrir d'alléchant. Parfois il leur était plus difficile de respecter leur engagement, attirés qu'ils étaient par des offres qu'ils ne pouvaient accepter sans se détourner de leurs objectifs. Seul le souci de respecter les exigences qu'ils s'étaient imposées les aidait, à ces moments-là, à continuer de travailler à la réalisation de leurs projets.

Leur sentiment de liberté aurait-il été plus fort s'ils avaient cédé chaque fois qu'ils ont été sollicités par leur entourage et leur environnement immédiat ? Nous abordons ainsi le rapport entre le présent et l'avenir. D'aucuns affirment qu'il est préférable de ne se refuser aucun plaisir immédiat et que le fait de préparer trop sérieusement l'avenir empêche de vivre pleinement et librement le moment présent.

Écarter ainsi le passé et l'avenir au profit d'une satisfaction immédiate, c'est oublier une réalité bien particulière, la réalité psychique qui résulte de l'action synergique du passé, du présent et de l'avenir, lesquels trouvent leur pôle unificateur dans l'instant présent. Élaborer un projet est une action présente et le franchissement de chacune des étapes pour l'accomplir est fait d'une suite d'actions qui, cependant, doivent impérativement rester dans la trajectoire qui conduit à sa réalisation. Nous pourrions choisir aujourd'hui de succomber au désir de dépenser au restaurant, par exemple, ou de continuer à investir dans notre projet. Des choix s'imposeront ainsi successivement et c'est dans ces choix que se trouve la liberté. Cependant, si nous sacrifions la réalisation à long terme de nos rêves à des impulsions immédiates déclenchées dans l'ici et maintenant par des personnes ou des événements, nous nous laissons diriger par le monde extérieur et par des forces étrangères plutôt que de suivre notre voie intérieure. Une telle expérience résulte d'une méconnaissance de nos émotions réelles, de nos besoins, de nos priorités et de nos valeurs et montre que notre choix n'est pas éclairé. Elle indique aussi que nous sommes dépendants de forces inconscientes parce qu'il n'y a pas, à l'intérieur de nous-mêmes, cette relation harmonieuse entre le rationnel et l'irrationnel qui, seule, permet de faire les choix appropriés et nécessaires à la satisfaction de l'ultime besoin de liberté dans nos relations affectives.

Respecter les exigences que l'on s'est imposées pour atteindre ses buts, c'est donc choisir d'accéder à la liberté. Celui qui se laisse dominer par ses impulsions s'offre des plaisirs à court terme, mais ces plaisirs cachent les pièges de la culpabilité, de la déception, de la frustration, de la honte et du regret. Au nom d'une fausse liberté il construit, à son insu, les fondements d'une prison intérieure dans laquelle s'évanouiront éventuellement ses espoirs, ses motivations, son goût de vivre et ses élans créateurs. L'histoire suivante illustre cet énoncé. Un homme rempli de potientialités exceptionnelles, connut un jour la souffrance profonde de perdre la personne à laquelle il tenait le plus au monde parce qu'il s'était laissé glisser dans la facilité. Amoureux de Christine depuis plus de quatre ans, Carl rêvait de fonder une famille avec elle un jour. Cependant, son attirance pour les femmes n'aurait pas été un problème s'il n'avait pas cédé à ses désirs chaque fois qu'une occasion se présentait. Au début, il ressortait de ses aventures avec un sentiment de culpabilité tellement fort qu'il se promettait de ne plus jamais succomber à ses désirs. Mais en dépit de cet engagement impulsif envers lui-même et de son projet d'avenir avec Christine, il répétait ses aventures. Avec le temps, sa culpabilité disparut parce qu'il s'était convaincu qu'il avait droit à sa liberté, d'autant plus qu'il avait aussi l'impression que ses expériences nourrissaient son amour pour sa femme et que, de toute façon, elle n'en souffrait pas puisqu'elle ne le savait pas.

Sa tendance à se laisser mener par ses désirs impulsifs suivait Carl partout. Il ne pouvait se refuser un plaisir spontané, dut-il pour cela rater un rendez-vous important, arriver en retard à son travail ou même accumuler des dettes ; n'avait-il pas déjà emprunté pour s'acheter des cigarettes, se payer une bière ou aller au cinéma ? Et chaque fois qu'un créancier le harcelait, il se sentait coincé, emprisonné. À ces moments-là, il travaillait très fort, réglait ses dettes et se promettait, en vain, de ne plus se placer dans de telles situations.

Cette histoire n'est pas fictive. Elle rejoint celle de plusieurs personnes qui n'ont pas développé la volonté et la discipline nécessaires à la satisfaction du besoin de liberté parce qu'elles ont laissé le pouvoir à leurs impulsions. Un plaisir porteur de culpabilité et de frustration n'est jamais aussi nourrissant et propulsif qu'un plaisir porteur de fierté et de contentement. Si le premier conduit au désespoir et à l'échec, le second mène toujours à la réalisation de soi et, ainsi, au bonheur de la satisfaction.

Avec la volonté et la discipline, rares sont les objectifs inatteignables. Mon expérience m'a appris que l'accomplissement de mes rêves résulte d'un choix conscient et que je peux obtenir tout ce que je veux si je respecte certaines conditions. Il est d'abord important que je fasse le choix de mes objectifs de vie avec la conscience de mes émotions, de mes besoins, de mes priorités, de ma propre réalité et aussi de la réalité extérieure. Il est aussi important que je sois fondamentalement honnête et authentique avec moi-même comme avec les autres et que je ne fasse rien dans le but de nuire, de dominer ou de me venger de qui que ce soit. Aussi, je dois toujours me fixer des buts qui soient conformes à mes réalités profondes et non pour dépasser les autres, leur prouver que je peux les impressionner. Enfin, je sais que je ne pourrai rien atteindre sans planifier les étapes du processus et sans me discipliner afin que mes impulsions ne m'empêchent pas de franchir les obstacles que je rencontrerai sur le chemin de leur réalisation.

Chaque fois que j'ai respecté ces conditions, j'ai réalisé mes rêves. Et quand je n'ai pas réussi à atteindre précisément l'objectif que je m'étais fixé, je me suis rendu compte que le chemin parcouru m'avait conduite là où je devais être pour aller plus loin dans mon cheminement vers ma propre réalisation. Il n'y a pas d'échec réel pour celui qui suit sa voie intérieure, qui reste vrai, qui ne cherche pas à prouver ou à dominer et qui se discipline. Pour celui-là, ce qui peut sembler un échec pour le monde extérieur n'est, en fait, qu'un autre tremplin et qu'une nouvelle école d'apprentissage. L'échec réel est le lot de ceux qui ne parviennent pas à gérer leur vie et qui, dominés par des forces intérieures et extérieures inconscientes, ont perdu le sens de la véritable liberté et le sens du véritable plaisir, de ce plaisir qui naît de la satisfaction, de la fierté et qui procure la confiance en soi, la joie de vivre et la liberté de celui qui a su se discipliner.

Le projet d'écrire ce livre sur la liberté dans la relation affective me taraudait depuis quelques années. Certains croient que l'écriture naît de l'inspiration. Il y a dans cette assertion une part de vérité.

Mais mon expérience m'a appris que l'inspiration s'évanouit brusquement s'il n'y a pas de discipline, cette dernière étant le contenant sans lequel le contenu ne pourrait prendre forme[4]. Une telle discipline ne m'a jamais enlevé le sentiment de liberté qui m'habite. Au contraire, j'ai ressenti à maintes reprises la fierté de ne pas m'être laissé entraîner sur des chemins qui m'auraient empêchée de me réaliser. J'ai aussi, par ma démarche d'écriture, éprouvé le plaisir d'apprendre et de me découvrir davantage. De plus, quand je m'accorde du temps pour me reposer et me distraire, j'en profite pleinement parce que j'ai le sentiment profond de le mériter.

Je n'insisterai jamais assez sur l'importance de la discipline comme facteur de liberté, non pas de cette discipline compulsive et obsessive qui vise le perfectionnisme mais de celle qui nous fait progresser tout en nourrissant notre sentiment de liberté. Moi qui ai côtoyé tant de jeunes et d'adultes frustrés parce qu'ils n'avaient pas cultivé la volonté de prendre leur vie en main et de réaliser leurs rêves, je suis remplie de reconnaissance envers ceux qui m'ont appris à me discipliner. Aujourd'hui, dans le cadre de la formation de psychothérapeutes et de spécialistes en relations humaines que j'offre au Centre de Relation d'Aide de Montréal Inc. et à l'École Internationale de Formation à l'ANDC Inc., j'essaie de transmettre ce que j'ai reçu. Il est fondamental pour moi que chacun des étudiants ait tous les outils dont il a besoin pour se sentir entièrement libre de se réaliser et de réaliser ses rêves, spécialement son rêve de se créer des relations affectives satisfaisantes, des relations dans lesquelles il saura respecter ses engagements. Aussi, au cours du processus de formation, les travaux, les échéances et l'encadrement lui permettent-ils d'entraîner sa volonté comme peut le permettre, à court ou à long terme, l'exercice suivant.

---

[4]  Les notions de contenant et de contenu sont développées dans *Relation d'aide et amour de soi*, p. 6 à 28.

••• *Réflexion et application* •••

■ Si vous avez de la difficulté à vous discipliner, n'exigez pas de vous une transformation radicale. Vous ne réussirez probablement pas et vous ne croirez donc pas que vous pourrez y arriver. Commencez par planifier une journée de travail en indiquant, dans l'ordre, ce que vous projetez faire du matin jusqu'au soir. Si vous avez négligé certaines choses récemment, vous pourrez les introduire dans la planification de votre journée tout en restant réaliste. N'oubliez pas de prévoir des moments de détente sans quoi vous risquez de vous emprisonner dans une structure et de perdre la liberté de suivre le chemin que vous vous êtes fixé.

Ne vous organisez pas un programme qu'il vous sera impossible de respecter parce que vous aurez trop exigé de vous-même. Souvent, le seul fait de planifier de façon réaliste est déjà un excellent exercice pour développer la discipline. Même si vous ne respectez pas entièrement votre emploi du temps, continuez, au début de chaque journée, à faire une planification et, le soir, essayez d'auto-évaluer votre progression. Il est possible que vous n'ayez pas atteint vos objectifs parce que vous vous en êtes trop demandé ou parce que vous ne vous êtes pas donné assez de temps non structuré. Peut-être, aussi, êtes-vous trop rigide et n'acceptez-vous pas de déroger à vos propres règles. Il est aussi possible que vous ayez à vous ajuster et à prévoir une planification plus réaliste ou plus souple. En continuant à structurer chaque matin votre organisation de la journée et à développer la discipline nécessaire pour mettre en œuvre la plus grande partie de votre planification, vous vous sentirez chaque jour de plus en plus libre parce que vous ne laisserez plus les autres intervenir selon leurs besoins ni vous déranger à tout moment par des appels téléphoniques et des visites inattendues. Vous vous occuperez davantage de vos priorités, apprendrez à fixer vos limites et vous saurez, de surcroît, discerner l'essentiel de l'accessoire. Ce ne seront plus les autres et les événements qui mèneront le choix de vos actions mais vous-même.

■ Dans la relation de couple, c'est l'élaboration de projets communs qui peut permettre la participation des deux conjoints ou partenaires à la réussite de la relation affective. Malheureusement, plusieurs couples construisent des rêves qui, comme des châteaux de sable, s'écroulent à la moindre érosion parce qu'ils ne planifient pas les étapes de réalisation de leurs objectifs et n'ont pas la volonté de passer à l'action. J'encourage ces personnes à s'arrêter aujourd'hui même sur un projet qui les concerne et les intéresse tous les deux comme, acheter une voiture, une maison, faire un voyage, créer une entreprise, suivre des cours ensemble, s'impliquer dans une organisation ou tout simplement jardiner, redécorer leur lieu de vie, apprendre à naviguer sur l'autoroute de l'information, etc. Assurez-vous que le choix que vous arrêterez se fasse dans le respect de vos priorités, de vos besoins et de vos goûts respectifs.

Si, par exemple, vous choisissez de vous accorder des moments d'intimité, vous devez d'abord vous entendre sur ce que vous voulez. Souhaiteriez-vous des moments en tête-à-tête à la maison, une rencontre d'amants au restaurant ou dans un hôtel de province ? Peut-être votre besoin est-il de vous ménager des moments pour communiquer et vous révéler mutuellement vos émotions, vos besoins ou encore vos insatisfactions et vos satisfactions dans votre relation affective. Si vous avez des difficultés importantes, il est possible que vous souhaitiez faire une démarche psychothérapeutique.

Quel que soit le projet, il est important d'être clair, de fixer l'objectif et de trouver les moyens pour l'atteindre. Cependant, cette planification n'est pas suffisante pour concrétiser l'engagement. Le passage à l'action est d'une importance capitale. À ce moment-ci du processus, vous devez vous entendre avec votre partenaire pour décider comment chacun d'entre vous participera concrètement à la réalisation du projet. Il est fondamental qu'aucun de vous deux ne prenne sur ses épaules toute la responsabilité de la mise en action. Chacun doit faire sa part dans la démarche, autrement, celui qui éprouve de la difficulté à se discipliner ne développera pas sa volonté, ce qui aura pour effet d'entretenir le système relationnel aliénant du couple parent/enfant ou du couple sauveur/protégé. L'autonomie et la maturité ne s'acquièrent, dans la relation affective, que par une participation permanente des deux personnes qui s'aiment à l'établissement d'un lien qui résulte en grande partie de l'élaboration et l'actualisation de projets communs. La concrétisation des rêves d'un couple exige toutefois la décision ferme de s'engager, la volonté et la discipline nécessaires pour que chacun respecte ses engagements jusqu'au bout. C'est à ce prix seulement que nous pouvons parler d'une vie de couple satisfaisante et enrichissante où chacun se sentira libre parce qu'il ne se fera pas prendre en charge ou ne portera pas toute la responsabilité de la relation et parce que sa capacité à respecter ses engagements assurera la sécurité et sera l'expression concrète de l'importance qu'il accordera à l'autre et à la relation.

Cependant cette liberté tant recherchée dans la relation affective et qui repose sur l'engagement et la discipline, n'existe pas, paradoxalement, sans lâcher prise.

## Le lâcher-prise

**Lâcher prise c'est avoir assez de foi et de simplicité pour s'abandonner à ses ressources irrationnelles quand on est confronté aux limites de ses forces rationnelles.**

Le sentiment de liberté n'atteint jamais sa plénitude sans une capacité à lâcher prise qui ne s'acquiert pas sans un souci de cultiver en soi la foi. Certitude totale, conviction personnelle intense, confiance absolue en quelque chose, la véritable foi résulte d'une croyance irréfutable en des ressources profondes de l'être qui ne naissent pas de dogmes ni de principes objectifs imposés de l'extérieur mais relèvent de la seule expérience subjective intérieure.

Il est en effet essentiel d'expérimenter la présence, au plus profond de soi, de ressources illimitées pour s'y abandonner avec simplicité, c'est-à-dire avec cette force d'âme qui se manifeste chez les personnes qui ont assez de connaissance et d'acceptation d'elles-mêmes pour reconnaître simplement et exploiter énergiquement leurs potentialités et leurs talents et pour faire appel à leurs   propres forces intérieures lorsqu'elles ressentent de l'impuissance devant les obstacles de la vie et qu'elles rencontrent des limites que la raison à elle seule ne suffit pas à dépasser.

Pour mieux comprendre en quoi le lâcher-prise est facteur de liberté, arrêtons-nous au cas de Roland.

Marié à Geneviève depuis plus de vingt ans, il vécut la plus grande souffrance de sa vie lorsqu'il apprit par un confrère de travail que sa femme avait un amant. Habité dès lors par le sentiment qu'elle avait trahi sa confiance et par un sentiment incommensurable d'abandon, il s'est défendu contre sa douleur en l'accusant de l'avoir trompé et de lui avoir menti. Son angoisse, sa jalousie et son insécurité le poussaient à la questionner, à la culpabiliser, à la harceler et même à chercher à contrôler ses allées et venues. Dans sa panique, il tenta de prendre tous les moyens pour ne pas perdre la femme qu'il aimait sauf celui de se remettre lui-même en question. Malheureusement, ses efforts n'ont pas produit les résultats souhaités puisque, exaspéré par son comportement contrôleur et accusateur, Geneviève prit la décision de le quitter. Roland, qui avait agi défensivement dans l'espoir de reconquérir sa femme, eut à faire face à une tout autre réalité. Humilié, découragé et amer, il se retrouva seul et surtout sans énergie pour prendre sa vie en main. Il se sentait victime de la situation et il n'arrivait pas à utiliser ses ressources parce qu'il avait perdu confiance en lui et en la vie. Il s'était rendu prisonnier de son irresponsabilité et était envahi par le désespoir. En se plaçant dans une position de victime, il avait perdu la liberté que connaît celui qui sait se remettre en question pour découvrir ses erreurs et, ainsi, construire sa vie à partir de ses nouveaux apprentissages.

L'erreur de Roland n'était pas d'avoir glissé dans la soumission et la résignation puisqu'il avait réagi pour obtenir ce qu'il voulait. Au lieu de rester dans une acceptation passive de la situation, il était, de toute évidence très maladroitement passé à l'action. Pourquoi alors sa réaction si intense l'a-t-elle conduit aussi rapidement au désespoir ? En fait, le vrai problème de cet homme n'était pas l'échec apparent de sa démarche qui s'était concrétisé par le départ de sa conjointe, mais l'échec intérieur, c'est-à-dire sa façon inadéquate de réagir devant sa peur de perdre, résultat de son incapacité à voir sa responsabilité. Comment se fait-il qu'il ait eu tant d'énergie pour se battre quand il était menacé de perdre et qu'il ait totalement perdu cette énergie pour continuer à lutter quand il a été placé devant sa nouvelle réalité ?

Quand Roland a su qu'il risquait de perdre son épouse, il a eu peur. Il a alors réagi de manière compulsive pour contrer ses malaises et son angoisse. Son action défensive était guidée par la peur plutôt que par le besoin. Il n'a pas pris le temps de s'arrêter pour identifier ce qui se passait en lui-même et pour analyser lucidement la situation extérieure de façon à trouver les bons moyens d'action. Il a plutôt suivi aveuglément ses impulsions. Mû par des forces intérieures non identifiées, il n'a donc cherché à résoudre son problème qu'en agissant sur le monde extérieur. Ayant perdu toute liberté intérieure, il a voulu changer Geneviève sans avoir à se changer lui-même pour mettre fin à ce qui le faisait souffrir.

Quand nous sommes confrontés à des difficultés, il est important de nous arrêter pour écouter ce que nous vivons et pour identifier clairement nos besoins de façon à bien planifier nos moyens d'action. Mais cette seule démarche ne suffit pas. Celui qui croit qu'il peut venir à bout de tous ses problèmes par le seul moyen de ses idées et de ses actes croise très souvent le désespoir quand il ne réussit pas à atteindre ses objectifs parce qu'il lui manque la foi et la simplicité nécessaires pour lâcher prise.

Lorsque nous agissons sans lâcher prise, notre bonheur dépend de nos réussites extérieures et apparentes. Si Roland avait réussi à garder son épouse, il aurait été heureux. Comme il a échoué, il a perdu sa motivation pour continuer à lutter et sa détresse l'a donc privé de sa liberté d'action. Pour lâcher prise, il est important de croire que nous habite une force inaltérable qui peut nous soutenir et nous guider dans l'impasse. Il importe aussi, dans ces moments de détresse, d'accepter notre impuissance et nos limites quand nous croyons que nos moyens d'action sont épuisés. Cette acceptation permet l'abandon nécessaire qui donne accès à toute la puissance intérieure qui nous habite tous.

Si Roland avait eu foi en ses ressources profondes, il aurait agi avec confiance au lieu de chercher à tout contrôler. En fait, il aurait eu cette certitude que possèdent ceux qui ont appris à lâcher prise, que cette situation qui se présentait dans sa vie était à la fois un indicateur de malaise du couple et une nouvelle occasion d'apprendre et de se réaliser. Cependant, il est important d'ajouter que **le lâcher-prise n'élimine pas la souffrance ; il l'adoucit en lui donnant un sens**. Celui qui développe cette attitude saura se servir des événements déclencheurs de malaises pour se remettre en question et pour travailler à s'améliorer plutôt que de chercher à contrôler et à changer les autres. Il saura aussi que s'il n'obtient pas ainsi ce qu'il souhaite, c'est qu'il existe quelque part un chemin plus propice à sa réalisation, une autre voie à son bonheur que celle sur laquelle il est engagé. Aussi, même s'il perd quelque chose d'important pour lui et s'il en souffre, il sera en mesure de reconnaître que, grâce à cet événement malheureux, il est devenu plus authentique, plus humain et plus libre. Il sera aussi en mesure de s'ouvrir au changement et d'être attentif aux nouvelles portes qui, inévitablement, s'ouvriront devant lui. Au lieu de se laisser entraîner vers le passé en nourrissant, par des constructions imaginaires, ses sentiments de regret et de culpabilité, il se servira de ce passé dans le présent pour construire son avenir.

243

De plus, celui qui a appris à faire confiance à ses ressources profondes comprendra que rien n'est inutile dans ses expériences de vie et que le temps perdu n'existe pas. Tout sera pour lui un moyen d'apprendre et un outil pour se réaliser. Cette conviction lui procurera un sentiment de liberté intérieure extraordinaire. Il saura que ce qui lui rend cette liberté n'est pas la réussite ou l'échec, le savoir ou la méconnaissance, la présence ou l'absence, l'abondance ou le dénuement mais son attitude devant ces réalités. Il saura aussi que s'il cherche à prouver et à impressionner, il n'est pas libre, s'il n'assume pas la vérité, il n'est pas libre, s'il se transforme en victime qui rend les autres responsables de ses échecs, de ses erreurs et de ses malaises, il n'est pas libre. Son expérience lui aura appris que la liberté la plus profonde se trouve dans son aptitude à lâcher prise.

Malheureusement, l'accès au lâcher-prise n'est pas donné ; il s'acquiert. Et l'un des plus grands obstacles à franchir pour en connaître l'expérience bénéfique est la honte, ce sentiment pénible et profondément enraciné d'être inférieur, indigne et incorrect dans l'opinion des autres. La honte non identifiée est l'un des plus grands facteurs d'esclavage dans les relations humaines. Elle déclenche des mécanismes de défense qui perturbent considérablement la communication parce qu'elle chasse l'authenticité. Ces mécanismes que sont la négation, le sentiment de supériorité, la vantardise, le mensonge, l'isolement, le personnage, rendent la relation affective superficielle et conflictuelle parce que les personnes concernées ne se donnent pas la liberté d'être elles-mêmes.

Né du rejet, du jugement, de la critique destructive et de l'humiliation de certains éducateurs, le sentiment de honte non conscient prend une importance telle sur le psychisme qu'il pousse l'enfant à adopter des comportements qui trahissent sa vraie nature. Lorsqu'un tel enfant deviendra adulte, il sera tellement sensible à l'opinion des autres qu'il lui sera impossible d'être vrai. Il lui faudra ultérieurement effectuer un important travail sur lui-même pour sortir de son asservissement aux apparences afin d'atteindre la liberté que procure le lâcher-prise.

La première étape de ce cheminement consiste à identifier la honte lorsqu'elle envahit le psychisme pour connaître l'objet de ce sentiment destructeur de liberté. En réalité, la honte est toujours l'expression de la non-acceptation de soi. Se libérer des souffrances relationnelles causées par ce sentiment, c'est apprendre à apprivoiser sa nature véritable, apprendre à accueillir ce que l'on est intégralement. Seul cet accueil de soi peut résoudre les conflits intrapsychiques entre les désirs et les croyances introjectées, entre les peurs et les besoins, entre les émotions et la raison, entre le passé, le présent et l'avenir, entre le monde intérieur et le monde extérieur parce qu'il permet d'accepter les paradoxes qui sont partie intégrante de la personnalité d'un être humain normal et équilibré.

Celui qui s'accepte ne cherche plus à dissoudre les contradictions de ses traits de personnalité. Il les voit comme des réalités légitimes qui contribuent à le faire avancer. Au lieu de lutter contre lui-même pour cacher les facettes de sa personnalité qui ont été jugées inacceptables par ses éducateurs, il s'assumera tel qu'il est avec simplicité.

Je n'insisterai jamais assez sur l'importance de l'acceptation active comme facteur de libération et de changement. «On ne saurait changer ce qu'on n'accepte pas» écrivait Carl Gustave Jung[5]. Celui qui s'accepte peut connaître une transformation profonde parce qu'il ne dépend plus de l'opinion et du regard des autres. Il est fondamentalement libre. Dans l'ordre des étapes du processus de changement[6], l'acceptation est précédée de la prise de conscience. Autrement dit, il est essentiel de connaître ses besoins, ses mécanismes de défense et ses traits de personnalité pour les accepter. Toutefois, limiter le che-

---

[5] Carl-Gustave JUNG, *L'âme et la vie*, Paris, Éditions Buchet/Chastel, 1977, p. 124.
[6] Colette PORTELANCE, *Relation d'aide et amour de soi*, Montréal, Éditions du CRAM, 1990, p.255.

minement d'une personne à la prise de conscience, c'est la maintenir à l'étape de la connaissance sans favoriser l'expérience d'intégration. Il y a une marge entre, par exemple, savoir que nous sommes vulnérables et nous accepter suffisamment pour montrer notre vulnérabilité dans nos relations affectives. L'étape de l'acceptation est la plus longue et la plus difficile à franchir parce qu'elle suppose que nous nous libérions du jugement que nous portons sur nous-même. S'accepter, c'est se donner le droit d'être sensible, enthousiaste, colérique ou jaloux, le droit à nos opinions, à nos besoins, à nos valeurs, à nos choix fondamentaux, le droit d'être authentiques.

Le franchissement de cette étape essentielle au lâcher-prise passe par l'expérience relationnelle. Il ne suffit pas de vouloir s'accepter pour y arriver. La véritable acceptation ne passe pas par la raison mais par l'expérience affective. L'enfant qui est aimé pour ce qu'il est n'aura pas de mal à accepter les composantes contradictoires de sa personnalité. Celui qui a grandi avec des éducateurs qui lui servent des théories sur l'acceptation de soi et qui ne s'acceptent pas eux-mêmes, sera emprisonné dans la confusion du double langage et n'apprendra, par influence inconsciente, qu'à entretenir la fausseté qu'on lui aura enseignée.

Devant ces réalités, comment ne pas insister sur l'importance des éducateurs et des psychothérapeutes dans le processus éducatif et psychologique de libération de la personne humaine. C'est dans sa relation avec ses parents et avec ses enseignants que l'enfant peut apprendre à être lui-même ou à devenir un personnage aliéné au regard des autres. Les éducateurs et les thérapeutes sont-ils conscients que ce qu'ils apportent de plus important aux éduqués et aux aidés, n'est pas leurs connaissances et leurs méthodes mais ce qu'ils sont. Quand les gouvernements, les concepteurs de programmes et les formateurs mettront l'accent sur l'essentiel, nous aurons trouvé le seul moyen efficace et durable de résoudre les nombreux problèmes qui existent dans les familles, les écoles, les milieux de travail et la société entière. Le monde souffre d'un mal intérieur profond que nous cherchons à guérir par des solutions extérieures telles les changements de structures, de méthodes, de programmes, par l'intégration de connaissances strictement rationnelles et par le développement de plus en plus inquiétant d'une spiritualité défensive, désincarnée, dogmatique et sectaire. L'homme cherche à construire un monde meilleur en détruisant sa nature même, ce qui conduit une grande partie de l'humanité vers la sécheresse du cœur et le vide de l'âme.

Aujourd'hui même, l'homme a besoin d'humanité. Il a donc besoin d'amour, de tendresse et de relation vraie et authentique. Il a besoin de ces éducateurs, de ces psychothérapeutes, de ces leaders qui travaillent eux-mêmes à se connaître, à s'accepter pour devenir authentiques et pour être en mesure d'accueillir vraiment les autres tels qu'ils sont. Seule l'expérience d'une relation affective fondée sur l'amour, l'acceptation et l'engagement peut contribuer à la création d'hommes et de femmes capables de lâcher prise par rapport aux apparences et au regard des autres, d'hommes et de femmes qui auront cultivé assez d'amour d'eux-mêmes pour devenir des êtres fondamentalement libres et créateurs de leur vie et, par influence inconsciente, créateurs du monde.

# CHAPITRE 5

# LA LIBERTÉ, L'ÉDUCATION ET LA RELATION D'AIDE

J'ai grandi dans une famille où l'intérêt pour tout ce qui touche l'éducation était manifeste. Mon père était un autodidacte qui consacrait une bonne partie de ses temps libres à la lecture. Il avait appris ce qu'il savait par le biais des livres, de son engagement social actif et par l'écoute des autres. Particulièrement attiré par l'agriculture, l'histoire, la politique et l'éducation, il a su créer chez ses enfants le goût d'apprendre ; il a aussi su leur communiquer des valeurs comme l'authenticité, l'honnêteté, le respect de la parole donnée, de la relation humaine et de la foi. Pour sa part, ma mère, en tant qu'institutrice, avait le souci d'inculquer à ses enfants le sens du travail, la discipline, la générosité, l'ouverture d'esprit et l'autonomie.

Bien que la foi de mon père passait parfois par les leçons de morale et que la discipline inculquée par ma mère passait occasionnellement par le reproche, j'ai gardé de l'éducation que j'ai reçue des valeurs qui sont devenues partie intégrante de ce que je suis et qui guident aujourd'hui mes choix et mes actions. Je suis née dans une famille où j'ai toujours été libre de dire ce que je pensais et d'être moi-même et où j'ai pu exprimer plutôt librement mes émotions. J'ai longtemps cru que j'étais en quelque sorte emprisonnée par mon éducation étant donné que mes parents ne me laissaient pas faire tout ce que je voulais. J'étais, en effet, encadrée par des règles claires et des limites précises qui ont, au contraire, contribué à assurer ma sécurité et m'ont ouvert paradoxalement les portes de la liberté. Aujourd'hui, je peux reconnaître, ce qui n'a pas toujours été le cas, que, malgré leurs faiblesses et leurs erreurs, mes parents ont toujours été profondément humains et m'ont donné une éducation qui a constitué les bases solides de ma personnalité. Ce sont ces bases qui ont étayé mes rôles de mère, d'enseignante auprès d'adolescents et de psychothérapeute parce que la plupart des valeurs que j'ai intégrées lorsque j'étais enfant et adolescente ont été d'un apport essentiel dans ma recherche permanente de liberté et d'autonomie et ce, même si je n'ai pas toujours fait le lien entre mon éducation et le sentiment intense de liberté qui m'habite aujourd'hui. Ces bases ont été les fondements de ma conception actuelle de l'éducation. En effet, pour moi, éduquer c'est apprendre à l'enfant à être lui-même, à être en relation avec les autres et à être assez libre pour devenir créateur de sa vie et de ses rêves. C'est précisément l'objet de ce chapitre que de montrer, en ciblant cinq éléments particuliers, comment un éducateur ou un psychothérapeute peut atteindre ces objectifs et contribuer à former des hommes et des femmes libres et équilibrés. Commençons par le moyen auquel un grand nombre d'éducateurs ne sont pas sensibilisés : l'identification des émotions.

## L'identification des émotions

Comme l'absence de liberté dans la relation affective résulte d'un manque de connaissance du monde intérieur, il est fondamental que celui qui fait œuvre d'éducation apprenne à l'éduqué, quel que soit son âge, à identifier les composantes de son chaos émotionnel au moment où il est affecté par différents déclencheurs réels ou imaginaires. Voici un exemple tiré d'une expérience clinique.

Julien avait six ans. Chaque fois qu'il se réveillait en criant la nuit parce qu'il voyait des monstres dans sa chambre, son père s'empressait de lui prouver en faisant de la lumière, que ce n'était pas la réalité. Puis sa mère le prenait dans ses bras et l'amenait dormir avec elle. Malgré leurs efforts pour protéger leur enfant de ces menaces imaginaires, ils ne réussissaient pas à régler le problème puisque Julien revivait à peu près toutes les nuits le même cauchemar. L'enfant était habité par une angoisse qui n'avait jamais été écoutée parce que son père et sa mère tentaient constamment de nier ou de banaliser la situation pour empêcher leur fils de souffrir et surtout pour ne pas sentir l'inconfort de leur impuissance. Ils n'étaient pas conscients qu'en s'attaquant au problème de l'extérieur, c'est-à-dire au symptôme, ils entretenaient chez leur enfant une insécurité qui nourrissait ses cauchemars. Par cette attitude, ils ne permettaient pas à Julien de gérer son vécu troublant ni de dominer ses monstres. C'est pourquoi l'enfant ne se sentait en sécurité qu'en présence de ses parents qui, sans le savoir, l'éduquaient à la dépendance, ne favorisant pas chez lui le développement de son autonomie.

Lorsqu'ils se résolurent à consulter un spécialiste, il furent étonnés par ce qu'ils découvrirent. Croyant sincèrement qu'ils avaient adopté la bonne attitude, ils ont dû se résoudre à accepter qu'ils s'étaient parfaitement trompés. L'intervention psychothérapeutique, qui ne s'est pas limitée à des conseils, a d'abord exigé d'eux qu'ils intègrent eux-mêmes ce qu'ils avaient à apprendre à leur fils. En effet, ils agissaient avec Julien comme avec eux-mêmes, c'est-à-dire en niant les émotions présentes devant la panique de leur petit. Lorsqu'ils ont pris conscience de leur sentiment d'impuissance, d'insécurité et même d'impatience à certains moments et de leurs réactions défensives inconscientes, il ont pu cesser de nier, de banaliser et de chercher à prendre en charge leur enfant pour porter une attention spéciale à son vécu en lui apprenant à l'identifier et en donnant des mots précis à sa peur d'être détruit par les monstres qui voulaient l'attaquer.

Un enfant peut difficilement exploiter ses ressources s'il n'apprend pas à démystifier sa souffrance. Julien ne pouvait affronter symboliquement les monstres tant que sa peur n'était pas prise au sérieux. C'est d'abord l'écoute et l'identification de cette émotion qui pouvaient l'amener à la réalité intérieure. Cette peur, déclenchée par une situation extérieure encore inconnue était réelle. C'est elle qui avait suscité en lui la construction d'images qu'il a finalement projetées en dehors de lui-même. Il était donc important qu'il apprenne à apprivoiser ce vécu. C'est en étant empathique envers Julien et en trouvant le mot juste pour ce qu'il ressentait que ses parents ont pu l'aider à harmoniser progressivement en lui, le rationnel et l'irrationnel, cheminement essentiel vers la libération des affects, comme je l'ai largement montré au deuxième chapitre.

Le rôle des éducateurs est donc d'apprendre à l'enfant à prendre conscience de ce qu'il vit. Pour y arriver et pour aller plus loin dans le processus d'éducation qui mène à l'autonomie affective, ils ont parfois besoin d'aide. Malheureusement, on voit, chez la plupart des parents, une trop grande résistance à solliciter l'aide de spécialistes de la santé psychique pour leurs enfants, ce qui n'est pas le cas quand il s'agit de leur santé physique ou de leur développement intellectuel. L'aide psychologique est encore trop souvent, consciemment ou inconsciemment, associée à l'anormalité et au déséquilibre avec leur cortège de culpabilité, de honte, de peur du jugement des autres. Pourtant, par l'importance qu'ils donnent au corps et à l'intellect tout en négligeant l'affect, les parents sont, à leur insu, les premiers responsables du déséquilibre qu'ils créent inconsciemment chez leurs enfants. Le rôle du spécialiste de la relation d'aide est d'abord d'amener le père et la mère à intégrer eux-mêmes ce qu'ils ont à apprendre à leur fils ou à leur fille, c'est-à-dire la capacité d'établir la relation à l'intérieur d'eux-mêmes et avec le monde extérieur. Il est donc essentiel que les parents s'assurent qu'ils consultent une personne qui a appris elle-même à être en relation au sens où nous l'entendons ici, une personne qui sait relier la tête et le cœur, le monde intérieur et le monde extérieur, l'imaginaire et le réel, le passé, le présent et le futur, sans quoi le déséquilibre risque de s'accentuer ou de se déplacer.

Dans le cas du petit Julien, le spécialiste de la relation avait à établir le lien entre son vécu, les déclencheurs réels et les déclencheurs imaginaires. Rappelons que, quand une émotion n'est pas identifiée, nommée, exprimée ou écoutée dans l'ici et maintenant, elle peut susciter la création d'images qui éloignent la personne de la réalité extérieure. C'est souvent par les mots que l'enfant accole, par exemple, à ses dessins que le psychothérapeute peut établir le lien entre son vécu, ses constructions imaginaires et la situation réelle sans l'interpréter, l'interprétation partant trop souvent des suppositions, des connaissances théoriques ou des projections de celui qui interprète. Quand une personne apprend progressivement à écouter ses émotions et à faire ces liens, elle apprend progressivement à devenir libre. C'est par cette démarche d'interaction que les parents de Julien, éclairés par le psychothérapeute, ont pu, d'une part se remettre en question, changer leur approche et découvrir que la peur des monstres était en fait une peur viscérale de son institutrice.

L'élucidation du problème de Julien m'amène à poser l'importance de la raison dans le processus de libération de l'être humain, non pas une raison déconnectée de l'émotion mais une raison en relation à la fois avec le monde irrationnel et le monde extérieur. Cette faculté pensante, seule, peut identifier, nommer, établir des liens et distinguer les observations objectives précises de la réalité extérieure de la subjectivité de la réalité intérieure. Apprendre à se servir de ses facultés rationnelles autrement que pour ingurgiter des connaissances sans les assimiler, c'est apprendre à vivre dans le respect de sa nature globale.

Le rôle de l'éducateur et du spécialiste de la relation d'aide est précisément de développer cette approche globale en l'intégrant d'abord lui-même de façon à incarner ce qu'il veut communiquer. Trop de formateurs et de psychothérapeutes sont esclaves de connaissances, de théories et de techniques avec lesquelles ils sont rationnellement en accord, mais qui restent à l'état de concepts abstraits non appliqués dans leur vie, soit parce qu'ils ne sont pas applicables, soit parce qu'ils n'ont pas eux-mêmes franchi le passage qui mène du savoir à l'être. Ceux-là ne peuvent que contribuer à entretenir la dépendance de ces enfants ou de ces aidés qui deviennent, à leur contact, chaque jour un peu plus fragmentés, un peu plus déchirés, un peu plus déséquilibrés, ce qui les asservit davantage au pouvoir de la connaissance désincarnée et les prive de leur autonomie et de leur liberté.

Il n'y a pas de liberté intérieure possible sans cette relation entre la raison et l'émotion, entre la réalité intérieure et la réalité extérieure. Et il n'y a pas d'éducation à l'autonomie et à la liberté sans éducateurs et sans psychothérapeutes qui soient eux-mêmes ouverts, quand ils sont affectés par des déclencheurs réels ou imaginaires, à identifier leur monde émotionnel et à établir les liens qui unifient toutes leurs dimensions et les mettent en relation avec le monde extérieur. Sans cette recherche constante de globalité, il n'y a pas d'éducation à cette forme de liberté intérieure qui naît d'une conscience unificatrice et non d'une conscience qui sépare, qui divise, qui fragmente et qui crée alors chez l'éduqué ou l'aidé le désordre, la confusion et le conflit tant à l'intérieur de lui-même que dans sa relation avec les autres et avec le monde. C'est d'ailleurs le morcellement de la conscience qui est à l'origine des conflits d'ordre idéologique, politique, religieux et des guerres partout dans le monde.

Pour davantage développer sa compétence sur le plan de l'éducation et de la relation d'aide psychologique et pour contribuer à sa façon à établir des liens qui mènent à la liberté plutôt qu'à les briser, le parent, l'enseignant ou l'aidant doit être en mesure de favoriser la relation non seulement par l'identification des émotions mais aussi par l'identification des besoins.

## L'identification des besoins

L'un des écueils les plus redoutables et les plus subtils que puisse rencontrer un éducateur ou un spécialiste de la relation d'aide est la prise en charge. Cet écueil se traduit par le conseil non sollicité, la recommandation répétée, la surprotection, la tendance à l'hyperresponsabilité, au contrôle, au paternalisme, à la serviabilité excessive.

La prise en charge est, en fait, un mécanisme de défense qui intervient inconsciemment dans le fonctionnement psychique quand l'aidant n'est pas à l'écoute de ses émotions. C'est souvent l'anxiété, l'impuissance, l'impatience, l'insécurité ou la peur de voir souffrir l'autre, qui poussent l'éducateur ou le psychothérapeute à devenir un sauveur et, ainsi, à retarder chez l'aidé ou l'éduqué le cheminement vers l'autonomie et, de là, vers la liberté parce que ces derniers ne peuvent pas prendre conscience de leurs propres besoins et les prendre en charge eux-mêmes, habitués qu'ils sont à ce que leurs éducateurs décident à leur place et contrôlent leur vie.

La prise de conscience d'un besoin est à la base de la création et de l'autocréation parce qu'elle est le moteur de la motivation qui pousse à l'action. Celui qui n'oriente son action que sur les projets que ses éducateurs ont conçus pour lui, agit constamment pour répondre aux besoins des autres. Par conséquent, il devient une personnalité préfabriquée qui dépend du regard des autres ou un être désabusé qui a perdu toute motivation. Les écoles sont pleines de ces jeunes qui n'ont pas appris à identifier leurs besoins et qui ont perdu la motivation et, ainsi, la liberté d'agir dans le sens qui correspond à ce qu'ils sont vraiment. Enfants de parents qui les ont surprotégés et gâtés sans les encadrer et sans leur apprendre à se discipliner ou de parents hypercontrôleurs qui ont décidé de leurs besoins sans leur laisser d'espace intérieur, ils deviennent des adultes qui cherchent à se faire prendre en charge par leur conjoint, par leur employeur, par la société, par l'État. Ces adultes-là ne peuvent prendre la responsabilité de leur vie et concrétiser leurs rêves parce qu'ils ne savent pas vraiment ce qu'ils veulent ou parce qu'ils entretiennent des rêves inaccessibles et irréalistes.

Les éducateurs et les aidants auraient avantage à être attentifs à leur tendance à prendre en charge l'éduqué ou l'aidé quand ils sont émotivement affectés par lui.

Le cadeau que s'offrent tout ceux qui apprennent aux enfants à prendre leur vie en main et à devenir entièrement autonomes est cette liberté intérieure que procure une relation entre deux personnes qui s'aiment mais ne sont pas dépendantes l'une de l'autre. C'est à ce type de relation, dégagée de toute chaîne aliénante, que devrait conduire aussi toute approche psychothérapeutique. L'histoire du cas qui suit en témoigne.

Quand Martine perdit son mari des suites d'un accident de travail, elle plongea dans une profonde dépression qui l'empêchait de prendre, à sa satisfaction, la responsabilité de ses deux filles et la privait visiblement du goût de vivre. Poussée par son entourage, elle eut recours à une aide psychologique. Son psychothérapeute, qui était très touché par sa douleur, croyait ressentir lui aussi ce qu'elle ressentait : il identifiait le vécu de sa cliente à celui qui l'avait lui-même plongé dans une souffrance intense lorsque sa fille aînée était décédée à la suite d'un cancer quelques années plus tôt. Il avait donc tendance à interpréter ses propos à partir des reliquats de sa propre expérience, à lui faire de nombreuses recommandations et à lui prodiguer beaucoup de conseils. Se sentant comprise, Martine a développé un attachement tout à fait particulier pour cet homme si soucieux de l'aider à traverser cette épreuve. Comme elle ne se faisait pas confiance, elle appréciait grandement sa disponibilité et ses précieuses suggestions. Une relation de dépendance s'était créée entre elle et son psychothérapeute, situation qui l'empêchait d'identifier ses besoins, de sentir son goût de vivre et la maintenait dans la confusion, l'apitoiement et l'envie de mourir. Elle était convaincue que si elle était encore vivante, c'était grâce au support et à l'écoute de son psychothérapeute.

Il n'est pas rare que des psychothérapeutes dont la formation est limitée à des connaissances intellectuelles et techniques soient inconscients de leur propre fonctionnement psychique, ce qui les rend incapables de distinguer ce qui leur appartient de ce qui appartient à l'aidé sur le plan du vécu et des besoins. Aucun être humain, même le spécialiste le plus expérimenté, ne peut prétendre ressentir ce que ressentent les autres sans tomber inconsciemment dans le leurre qui, subtilement, plongera le patient dans le manque de liberté essentiel à une relation psychothérapeutique saine et efficace. Si le psychothérapeute est touché par l'émotion que vit son client, il devient essentiel qu'il puisse immédiatement identifier clairement ses propres émotions afin de ne pas risquer de projections néfastes et pour être en mesure de distinguer de façon précise son vécu et ses besoins à lui de ceux de la personne qu'il cherche à aider. Seul le psychothérapeute qui connaît ses écueils relationnels professionnels et qui sait identifier les émotions déclenchées en lui par son client dans le présent de la relation psychothérapeutique, peut savoir qu'il est absolument impossible de ressentir les émotions d'un autre. Celui qui le prétend est un être dont la raison est déconnectée de ses émotions et son approche a pour effet de créer la confusion, la dépendance et la fragmentation des dimensions humaines qui ne peuvent procurer l'équilibre que lorsqu'elles sont interreliées. De nombreuses approches thérapeutiques sont facteurs de déchirement, d'hyperrationalité et ont pour effet de renforcer à un point tel les mécanismes de défense que des personnes en sortent, inconsciemment, dépendantes de leur psychothérapeute ou de sa théorie avec la conviction d'être supérieures aux autres et avec l'incapacité de créer des relations intimes durables et satisfaisantes.

Si la souffrance d'un aidé touche un psychothérapeute, cela ne signifie pas que ce dernier ressent les émotions ressenties par son client, mais qu'il est sensible à ce qu'il vit et que la souffrance de l'aidé déclenche en lui d'autres émotions qui sont les siennes et non celles de la personne qui le consulte. Lorsqu'un aidant est conscient de cette réalité, il peut départager son propre vécu de celui de son client qui aura alors la chance extraordinaire de travailler avec un psychothérapeute qui peut lui apprendre à accueillir et démystifier son chaos intérieur plutôt que de le nourrir comme le font ceux qui mêlent leurs malaises à ceux de l'aidé. Avec un aidant libre intérieurement, l'aidé apprendra à créer la relation à l'intérieur de lui-même, à distinguer ses émotions, ses besoins et à agir en fonction de lui-même plutôt que d'entretenir avec confusion un manque de confiance en lui et un manque de connaissance de lui-même qui le maintiennent dépendant du monde extérieur.

Martine avait fait une démarche avec un psychothérapeute qui l'avait prise en charge et avait ainsi retardé son cheminement vers l'autonomie et la liberté. Son histoire n'est pas unique. C'est pourquoi, et j'insiste, il importe tant de bien choisir son aidant. Il est fondamental de trouver une personne qui a fait assez de travail sur elle-même pour ne pas projeter son vécu et ses besoins sur ses clients, une personne capable d'être en relation et de dépister, par des observations objectives précises, le langage des mécanismes de défense de l'aidé.

## Le langage des mécanismes de défense

Quand une personne est émotivement affectée, elle tente inconsciemment, comme nous l'avons vu précédemment, de se défendre contre ses malaises. Comme le penchant naturel de l'être humain est de tendre vers le plaisir et de fuir la douleur, les moyens spontanés qu'utilise le psychisme pour ne pas souffrir sont nombreux. Ils vont du refoulement à l'agression, de la victimisation à la prise en charge, de la négation au pouvoir, du mensonge au personnage, de la fuite au reproche, du silence à la verbalisation excessive, de la soumission à la domination, du laisser-faire au contrôle, de la résignation à l'accusation, de la banalisation à la dramatisation, de l'hyperrationalité à la spiritualité défensive.

L'intervention du mécanisme de défense dans le fonctionnement du psychisme fait partie d'un processus naturel et normal. Le problème n'est donc pas de se défendre mais de n'avoir aucune connaissance de son propre fonctionnement psychologique et relationnel et d'être ainsi mû comme une marionnette par des fils invisibles intérieurs et extérieurs qui nous guident à notre insu et envEniment nos relations affectives. C'est précisément le rôle de l'éducateur et celui du psychothérapeute de favoriser cette connaissance de soi essentielle à tout être humain dans sa démarche vers la liberté. Pour ce, ces professionnels doivent savoir que derrière le mécanisme de défense se trouvent toujours des émotions et des besoins non identifiés.

J'ai récemment observé l'attitude d'une mère dont le fils venait de frapper son copain parce que ce dernier ne voulait pas partager ses jouets. Elle a tout de suite compris qu'il se défendait contre un malaise inconscient. Aussi, s'est-elle approchée de lui pour lui dire : «J'observe que tu es très en colère.» Comme l'enfant continuait à frapper, elle lui a dit : «Frédéric, regarde-moi et dis-moi ce qui ne va pas.» L'enfant regarda sa mère et fondit en larmes. «Je crois que tu as beaucoup de peine, dis-moi pourquoi.»

Plutôt que de punir l'enfant, elle lui a appris à prendre conscience de son vécu, à le nommer et à accueillir sa peine et sa colère. Comme Frédéric n'a pas été jugé ni blâmé, il a été plus facile pour lui de découvrir son besoin. Aussi a-t-il pu dire à sa mère qu'il était en colère parce que Guillaume refusait de lui prêter ses jouets. Quand elle eut bien saisi ce qu'il voulait, elle répéta clairement le besoin qu'il avait exprimé, s'assura encore une fois qu'elle avait bien compris et lui dit qu'elle ne lui permettait pas de frapper son ami. Elle lui proposa plutôt de lui demander gentiment ce qu'il souhaitait.

Par son comportement compréhensif mais ferme, cette mère a vraiment été une éducatrice. Au lieu de punir l'attitude défensive de son fils ou de le prendre en charge en essayant de le détourner de sa charge émotionnelle ou de lui trouver un autre jouet pour l'empêcher de pleurer, elle avait été attentive à son vécu et à son besoin. En nommant ce que l'enfant ressentait et voulait, elle lui apprenait à identifier les composantes de son monde intérieur dans le présent de la situation. Une telle forme d'éducation, basée sur l'écoute et le respect, n'est efficace que si l'éducateur fait respecter ses limites. Si, par exemple, l'enfant recommence à frapper son copain parce qu'il re-

259

fuse encore d'accéder à sa demande, la mère se doit de l'avertir qu'il y aura, à chaque récidive, une conséquence précise qu'elle lui annonce et qu'elle appliquera sans faute le cas échéant. Elle doit aussi lui apprendre à vivre avec le fait que les autres ont des limites et qu'ils ont le droit de refuser de satisfaire ses besoins. Il ne s'agit pas d'avoir avec l'enfant une attitude qui lui laissera le sentiment d'être perdant, mais plutôt de lui enseigner à vivre avec sa déception et sa frustration sans s'en prendre au déclencheur et en l'aidant à trouver lui-même sa propre solution pour être satisfait. Par cette manière d'intervenir avec un enfant dans une telle situation conflictuelle, le véritable éducateur lui apprendra progressivement à associer son état intérieur au concept qu'il représente, ce qui lui donnera les mots pour communiquer sa vérité profonde et lui enseignera par le fait même à bien gérer ses émotions désagréables ainsi qu'à rester ainsi en relation avec lui-même et avec l'autre. Ce même éducateur enseignera aussi à l'enfant à vivre avec les limites des autres, à prendre conscience de ses mécanismes de défense et à être attentif aux émotions et aux besoins qui se cachent derrière ces mécanismes. C'est d'ailleurs ce que doit favoriser tout psychothérapeute qui veut augmenter le développement de l'autonomie chez son client de sorte que ce dernier puisse avoir une connaissance suffisamment grande de son fonctionnement personnel et relationnel pour qu'il puisse régler lui-même et à mesure ses problèmes et ses conflits dans ses relations affectives.

Vu dans cette perspective, le mécanisme de défense devient une porte d'entrée sur la profondeur de l'être. Le psychothérapeute qui n'est pas conscient de cette réalité risque de réagir lui-même défensivement au comportement défensif de son client et risque d'entretenir un échange dans lequel rien n'est vraiment élucidé, un échange où l'aidant et l'aidé ne seront plus en relation. Approfondissons ces affirmations par un exemple.

Parce que Stéphane ne s'était pas présenté à sa séance de psychothérapie sans prévenir son thérapeute, ce dernier exigea que, se-

260

lon les ententes établies lors de leur première rencontre, il défraie quand même le coût de la séance. Comme il n'avait pas appris à respecter ses engagements, Stéphane réagit en accusant son psychothérapeute d'être injuste, profiteur et malhonnête. Visiblement affecté par cette agression défensive, ce dernier aurait facilement pu réagir défensivement aux accusations portées contre lui, en se justifiant, en réexpliquant les faits, ou même, en lui faisant la morale. Un des plus grands écueils professionnels des aidants est, dans le feu de l'action, d'entrer eux-mêmes dans une attitude défensive lorsqu'ils sont émotivement touchés et inconscients des subtilités de leur vécu du moment.

Dans de tels cas, il est important que l'aidant prenne toujours le temps d'écouter l'aidé et d'identifier ce qui se passe en lui-même, quitte à vivre avec lui des instants de silence plutôt que d'intervenir trop vite et de mal gérer ses réactions. Le seul moyen d'apprendre à son client à récupérer le pouvoir sur sa vie est d'intervenir par une réponse verbale qui reflète clairement le vécu de ce dernier, qui montre la sincérité de celui qui écoute et qui exprime nettement qu'il a été entendu comme le montre le propos suivant : «Je constate que tu es très en colère, que tu m'en veux et que tu as même le sentiment que je suis injuste envers toi.» Il est essentiel ici que l'aidé ait bien perçu qu'il a été vraiment écouté par son psychothérapeute qui devrait, avant de faire toute autre intervention, manifester avoir bien entendu et bien reformuleé, sans les déformer et sans les juger, les émotions de son client. Dans un tel cas, ses besoins d'être écouté et reconnu étant satisfaits, l'aidé cesse généralement d'être sur la défensive et devient plus disponible à la suite des interventions. Si l'aidant va trop vite et ne prend pas le temps de s'assurer que l'aidé se sent bien entendu et respecté, il continue d'entretenir chez lui un comportement défensif et l'empêche ainsi d'être vraiment réceptif aux interventions qu'il fera par la suite.

Quand la relation est rétablie, il est important que le psychothérapeute poursuive sa démarche et qu'il se fasse entendre lui-même pour obtenir de son client le même respect qu'il lui a témoigné. Sans l'exigence de ce respect, ses interventions n'auront plus de poids. Il est donc fondamental qu'il rappelle à l'aidé les ententes établies au départ et qu'il pose comme condition à la poursuite du travail, le respect des engagements et ce, sans le juger, sans le ménager. En fait, le bon thérapeute est capable de se dire avec sensibilité, authenticité et professionnalisme de façon à ne pas soulever les mécanismes de défense de l'aidé. Et si, malgré sa qualité d'intervention, ce dernier se défend toujours, l'intervenant compétent saura qu'il ne doit pas à son tour réagir à un moyen de défense par une attitude défensive. Il saura aussi que le langage des mécanismes de défense révèle toujours des émotions et des besoins qu'il devrait être en mesure d'observer et de reformuler avec le plus de précision et de justesse possible. Ceci dit, comme aucun aidant n'est parfait, il arrive que l'éducateur ou le psychothérapeute réagisse défensivement devant un éduqué ou un aidé qui est lui-même sur la défensive. L'erreur n'est cependant jamais aliénante quand elle est identifiée et reconnue.

## Le droit à l'erreur et à l'imperfection

Le plus grand écueil que rencontrent un éducateur ou un psychothérapeute est de ne pas se donner le droit à l'erreur et à l'imperfection et d'offrir à l'aidé ou à l'éduqué une image idéale sur les plans de l'être, du faire et du savoir qui entretient, par le biais de l'idéalisation, le sentiment d'infériorité et qui, par le fait même, ne lui permet pas de vivre l'expérience libératrice de la relation authentique. Avec un parent qui se croit ou se montre parfait ou un parent qui exige la perfection, l'enfant n'apprendra jamais à être lui-même et ne connaîtra jamais de grandes satisfactions.

C'est le cas d'Adrien qui a reçu une éducation fondée sur le perfectionnisme et la performance. Quand il recevait ses résultats scolaires, son père ne savait jamais lui montrer sa reconnaissance pour ses notes exceptionnelles dans presque toutes les matières. Seules attiraient son attention la faiblesse et l'erreur. Autant cet homme était vigilant quand il s'agissait de pointer les imperfections, les impairs et les fautes des autres, autant il refusait d'admettre ses propres erreurs.

Nous retrouvons cette attitude chez de nombreux éducateurs qui ont appris, tout comme ils l'enseignent à leurs enfants, par influence inconsciente, que pour être aimé et reconnu il faut être parfait. La recherche compulsive de la perfection est, en fait, l'expression défensive de certains besoins non identifiés. Elle est une projection sur le monde extérieur de critères subjectifs à propos du comportement idéal, de principes idéaux, de valeurs idéales qui naissent de l'éducation qu'ils ont reçue et qu'ils imposent d'une façon générale sans vraiment tenir compte des caractéristiques personnelles de l'enfant, sans vraiment tenir compte de son vécu, de ses besoins, de ses désirs parce qu'ils ont appris à rejeter les parties d'eux-mêmes qui ont été jugées, critiquées ou réprimées par leurs premiers éducateurs. Leur recherche compulsive de la perfection résulte donc de la non- acceptation de ce qu'ils sont et de la non-acceptation des éduqués tels qu'ils sont. Aussi seront-ils intolérants par rapport à tout ce qui ne répond pas à leurs critères subjectifs de perfection et le considéreront-ils comme une erreur. Ils croiront que pour être aimés et reconnus il faut obéir à des références extérieures plutôt qu'être à l'écoute de leur vie intérieure. Ils prendront leur valeur dans le «faire» et le «savoir» plutôt que dans «l'être».

Voilà pourquoi il est si difficile pour ces éducateurs de dire : «Je ne sais pas» ou «je me suis trompé». L'admettre, c'est risquer de perdre l'amour ou la reconnaissance des autres. Ils sont donc emprisonnés dans le perfectionnisme et leur personnage et ils emprisonnent les autres tout comme le faisait le père d'Adrien dont la vie avait été marquée par des événements sur lesquels il n'ait eu aucun pouvoir. Son fils, qui n'arrivait jamais à satisfaire les exigences de son père, s'est un jour découragé et a de moins en moins investi dans ses études. D'enfant modèle, il est progressivement devenu un adolescent délinquant qui tentait constamment de provoquer son père et de lui faire honte.

À titre de pédagogue et de psychothérapeute, j'ai souvent remarqué que la vie est la meilleure école d'apprentissage et que de nombreux parents, qui étaient enfermés dans des critères subjectifs de perfection, se sont vus confrontés, par le biais de leurs enfants, à des situations qui les ont forcés à se remettre en question. Mon expérience personnelle et professionnelle m'a profondément convaincue qu'un problème dure tant et aussi longtemps que nous n'avons pas appris ce pour quoi il arrive dans notre vie, tant et aussi longtemps que nous n'avons pas compris l'essence de son message qui est de nous rappeler que nous sommes des hommes, tant et aussi longtemps que nous sommes dépendants du regard d'autrui, tant et aussi longtemps que nous resterons éloignés de notre vérité profonde et que nous ne nous montrerons pas tels que nous sommes. Les dépressions, les surmenages et les échecs professionnels, les pertes, les enfants récalcitrants, délinquants, névrosés ou psychotiques sont très souvent, pour les parents, des révélateurs de vérité, des arracheurs de masques et des briseurs de personnages qui, derrière la souffrance qu'ils génèrent, sont porteurs de liberté.

Quand Émilien est venu me consulter, il voulait que je lui donne la solution à un problème assez important avec son fils Léonard. Ce dernier était, depuis quelques mois, très renfermé, s'isolait dans sa chambre et refusait de rencontrer ses amis et de parler avec ses parents. Incapable de le sortir de son mutisme, Émilien le forçait à prendre ses repas avec sa famille et à poursuivre ses études. Obéissant en apparence, Léonard faisait tout ce qu'exigeait son père comme un automate sans âme et sans intérêt. Les idées suicidaires de son fils, découvertes par hasard dans son journal, angoissaient Émilien au plus haut point. Il voulait donc que j'intervienne pour aider son enfant et que je m'adresse aussi à sa mère qui, d'après lui, avait des comportements qui étaient à l'origine des difficultés de leur adolescent. J'ai tout de suite constaté qu'Émilien voulait régler son problème sans parler de lui, sans se remettre en question et qu'il cherchait un moyen de contrôler la vie des autres plutôt que de changer la sienne.

C'est le cas de nombreux parents quand un problème se pose avec un enfant dans une famille ; ils tentent de se placer en observateurs, en connaisseurs, en contrôleurs, en juges et en accusateurs plutôt que de s'observer eux-mêmes. Quand j'ai dit à Émilien que je ne pouvais intervenir auprès de son épouse et de son fils que si eux-mêmes le souhaitaient et que, par contre, je pouvais l'aider, lui, à découvrir en lui-même les ressources et les moyens de se connaître et de développer une attitude qui favorise la relation dans la vie familiale, il a cru que je n'avais pas compris ce qu'il m'avait demandé.

Aucun éducateur ne peut aider un éduqué à trouver l'équilibre psychique, à se réaliser, à avoir des relations satisfaisantes et à devenir libre d'être entièrement lui-même s'il est incapable de se remettre en question et de se changer d'abord lui-même quand il fait face à un problème aussi important que celui d'Adrien ou celui de Léonard. C'est sa capacité à reconnaître ses faiblesses et ses erreurs qui pouvait permettre à Émilien de prendre sa vie en main et de développer le respect de lui-même, essentiel pour créer avec son fils un lien relationnel.

C'est parce qu'il était désespéré et qu'il avait tout essayé sans obtenir de résultat que ce père prit enfin la décision d'entreprendre une démarche suivie avec moi. Chaque fois qu'il me parlait de son épouse ou de son fils, je m'intéressais à ce qu'il vivait par rapport à eux plutôt qu'à ce qu'il disait d'eux. Le thérapeute qui se laisse emporter par le discours que les aidés font à propos des personnes qui déclenchent leurs difficultés, leurs insatisfactions et leurs malaises leur apprend inconsciemment à laisser le pouvoir sur leur vie au monde extérieur et les empêche de trouver en eux la source de la résolution de leurs problèmes. Aussi ce n'est pas en mettant l'accent sur les faits et sur les autres que je pouvais aider Émilien mais en le ramenant constamment à lui-même. Il découvrit ainsi qu'il avait, durant toute sa vie, rejeté sa vie émotionnelle et qu'il avait jugé et critiqué sa femme et son fils parce qu'il les considérait un peu comme des handicapés psychiques à cause de leur vulnérabilité, qu'il voyait d'ailleurs comme une faiblesse et une grave imperfection. Aussi, avait-il tenté de régler le problème de Léonard en agissant sur ses comportements plutôt qu'en étant à l'écoute de sa souffrance. En voulant former un homme solide, inébranlable et qui réussit bien socialement, il n'avait pas respecté la nature sensible et artiste de son enfant qui, pour ne pas être jugé, rejeté et dirigé sur des chemins qui brimaient sa liberté, s'était retiré dans l'isolement et le silence. Par son obéissance d'automate, il avait réussi à échapper au contrôle de son père.

Nous voyons par cet exemple à quel point le besoin de liberté est puissant chez l'être humain. Quand les éducateurs cherchent trop à priver l'enfant de sa liberté d'être lui-même et qu'ils ont perdu le sens de l'humain au profit de principes désincarnés qui n'admettent pas la différence et l'erreur, il n'est pas rare que les enfants réagissent par la provocation, la confrontation, la délinquance, par la fuite dans leur monde imaginaire ou encore par ce mécanisme de défense ultime qu'est la psychose.

Au contraire, quand ces mêmes éducateurs sont soucieux d'être humains et authentiques, de respecter les éduqués tels qu'ils sont et de s'assumer comme autorité, il contribuent à former des êtres équilibrés, capables d'être en relation et créateurs de leur vie et de leurs rêves.

## L'autorité assumée

Nous ne pouvons parler d'éducation et de relation d'aide sans soulever le problème de l'autorité. Au sens où ce mot est souvent compris, l'autorité est incompatible avec la liberté. Cependant, sur le plan étymologique, le mot autorité vient du latin «auctor» qui signifie «celui qui accroît, qui fonde» ; l'auctor est celui qui est à l'origine d'une chose, un fondateur, un initiateur, un responsable. Il n'est pas un dominateur, un oppresseur ou un dictateur mais un être d'influence, un leader, un créateur, un éclaireur.

Malheureusement, de nombreuses personnes en position d'autorité se servent de leur rôle ou de leur fonction pour user de pouvoir sur les autres par des moyens tels le contrôle, l'attitude de supériorité, la domination, le chantage, la manipulation ou l'envahissement, ce qui a pour conséquence de brimer la liberté. D'autres, par manque d'affirmation et par peur de déplaire ou d'être contestés, sont plutôt adeptes du laisser-faire sous prétexte de favoriser l'initiative et la créativité. Ils ne sont généralement pas conscients que leur manque de structure déclenche une insécurité qui est plutôt source de désordre et de confusion que de création.

La réhabilitation de l'autorité doit passer par la formation des personnes. Si cette formation n'a pas été acquise par l'éducation comme c'est souvent le cas, elle devrait être enseignée. C'est l'un des éléments fondamentaux sur lesquels repose la formation des psychothérapeutes non directifs créateurs au Centre de Relation d'Aide de Montréal Inc. et à l'École Internationale de Formation à l'ANDC Inc. Les parents, les enseignants, les psychothérapeutes qui n'ont pas intégré cet état, qui devrait faire partie de ce qu'ils sont et non être greffé à leur personnalité, présentent trop souvent une approche dichotomique de la relation d'aide et de l'éducation, qui a pour effet de créer des êtres qui rejettent l'autorité, s'y soumettent sans s'affirmer ou cherchent la familiarité pour la contourner.

Apprendre à «être une autorité» plutôt que d'«avoir de l'autorité», c'est, en plus d'être compétent, avoir appris à se connaître et à s'accepter suffisamment pour être vraiment soi-même et être profondément humain d'une part, et, d'autre part, être capable de s'affirmer, de poser ses limites et d'assumer l'encadrement nécessaire à toute forme d'éducation et de travail sur soi. Pour mieux illustrer ce que j'avance, voici un exemple.

Quand Huguette décida d'entreprendre une psychothérapie, elle a délibérément choisi un spécialiste qui utilisait une approche non directive parce qu'elle ne supportait pas l'autorité sous aucune forme. L'autorité de son père et de la plupart de ses professeurs lui avait causé beaucoup de souffrances. L'accueil chaleureux de son thérapeute et le respect profond de ce qu'elle était vraiment la plaça dans des dispositions favorables au point qu'elle fut surprise d'être si réceptive lorsque, vers la fin de la première séance, il fit clairement le point à propos de sa philosophie de l'aide psychologique, de son approche psychothérapeutique, de ses exigences professionnelles et de ses limites personnelles appliquées dans un cadre professionnel. Elle fut étonnée de n'avoir pas réagi agressivement comme elle l'avait fait avec ses deux précédents thérapeutes. Son étonnement fut d'autant plus grand que cette thérapeute si attentive et si présente, dont les interventions reflétaient si justement sa réalité intérieure, avait établi avec assurance, directivité et précision, la structure de la démarche qu'elle entreprendrait avec elle et ce, sans qu'elle se sente dominée.

En réalité, les problèmes avec l'autorité en dehors des cas réels de transfert, se posent beaucoup moins quand le thérapeute assume l'encadrement tout en restant humain. Il n'est malheureusement pas toujours facile de rencontrer un aidant qui a intégré ces deux aspects fondamentaux d'une approche psychothérapeutique ou éducative.

Vraisemblablement Huguette avait été référée à un psychothérapeute qui s'assumait comme autorité en ce sens qu'étaient liés harmonieusement en lui-même la sensibilité et la fermeté, l'authenticité et le leadership. Cette personne savait lui laisser la liberté totale de l'expression de ses émotions, de ses goûts, de ses désirs, de ses besoins, de ses mécanismes de défense, de ses choix, de ses valeurs, et de ses intérêts sans les juger. Elle savait aussi que si le contenant de son approche n'était pas défini, elle placerait sa cliente sur un terrain porteur d'insécurité ce qui l'empêcherait de savoir vraiment ce qu'elle voulait et ce qu'elle était. Aussi, a-t-elle clairement fixé les conditions de temps et d'espace de la démarche, lui a-t-elle expliqué les grandes lignes de son approche et exposé ses exigences quant au fonctionnement. De cette façon, Huguette avait assez d'informations pour faire le choix éclairé de s'engager ou non dans un processus psychothérapeutique.

Lorsqu'un psychothérapeute n'est pas clair sur la philosophie de son approche, les règles à suivre et les limites à respecter, il ne peut favoriser chez son client le développement de l'autonomie ni rendre à l'aidé la liberté de choisir, en toute connaissance, si cette approche lui convient ou non.

Le même phénomène se produit en éducation. Un parent qui n'assume pas ses limites, ses valeurs et ses besoins n'apprend pas à son enfant à trouver les siens et à les définir. Cet enfant-là grandit avec un modèle de parent qui n'a ni corps ni structure. Il est donc ballotté au gré du vent, c'est-à-dire au gré de ses impulsions et du monde extérieur. Il existe malheureusement un trop grand nombre de spécialistes de la psychologie et de l'éducation qui, sous prétexte qu'ils veulent être ouverts à toutes les approches et qu'ils ne veulent pas brimer les libertés, n'arrivent pas à se définir. En enlevant à leur approche les repères dont ont besoin les aidés pour avoir une vision d'ensemble nette et globale de ce qui leur est offert, ils ne leur donnent pas l'éclairage indispensable pour leur permettre d'arrêter le choix qui leur convient. Nous vivons à une époque où, pour apaiser leur souffrance, de nombreuses personnes se perdent dans le vague, croyant ainsi garder leur liberté et respecter celle des autres. Elles ne sont pas conscientes que leur imprécision les prive du discernement de celui qui n'a pas encore appris à être à l'écoute de lui-même et qui, par conséquent, ne peut faire les choix les plus appropriés à sa libération. À l'opposé, se trouvent les psychothérapeutes qui prétendent détenir la Vérité et dont la vision étroite de la psychothérapie, trop souvent réduite à une théorie ou à une technique, les empêche d'ouvrir leur esprit à tout ce qui est étranger à leur approche. Ouvrir son esprit à d'autres approches ne signifie pas qu'il faille modifier la sienne en devenant une marionnette qui change de visage selon les besoins et les critiques du monde extérieur. Ouvrir son esprit, c'est plutôt re-connaître la valeur des autres approches tout en faisant respecter la sienne par une pratique empreinte de compétence et de professionnalisme.

Éviter ou refuser de fournir des précisions concernant son acte professionnel sous quelque prétexte que ce soit, c'est entretenir le chaos intérieur du client par l'insécurité qu'une telle attitude génère et tenter, inconsciemment ou non, de garder sur ce dernier une forme bien spécifique de pouvoir en le maintenant dans une ignorance qui ralentira de toute évidence son évolution personnelle. De plus, le psychothérapeute qui ne cerne pas les caractéristiques de son approche tout comme celui qui n'admet la valeur d'aucune approche en dehors de la sienne démontre lui-même sa propre ignorance, voire son incompétence. Ce qui sous-tend généralement une consultation psychothérapeutique, c'est la recherche presque toujours consciente, d'une meilleure connaissance de soi et du monde. Selon la compétence du professionnel, cette recherche devrait normalement déboucher sur une meilleure connaissance et acceptation de soi et du monde et, dans les faits, sur plus de liberté, résultat de l'acquisition d'une plus grande authenticité, d'une meilleure unification personnelle et d'une bien meilleure capacité à affirmer ses idées, ses valeurs et à définir ses besoins. Pour arriver à un tel résultat, le client a besoin d'un psychothérapeute qui se place lui-même dans une attitude de respect et qui ne s'enferme pas, par insécurité inavouée, dans sa tour d'ivoire ou derrière les murs de la forteresse érigée par les bien-pensants de la profession.

Croyez-moi, l'ouverture réelle d'un aidant ne se trouve pas dans l'imprécision volontaire ou involontaire, ni dans l'élitisme hautain, rejetant et infériorisant de certains personnages incrustés et cristallisés des castes professionnelles. Elle se trouve dans son acceptation de la réelle différence des autres, en l'occurrence celle de son client, autant que dans la reconnaissance du droit fondamental qu'a ce dernier d'être ce qu'il est et dans la capacité à accepter la réalité incontestable qu'il ne détient pas la vérité universelle ni, étant donné son expérience et sa compétence, la vérité du vécu de l'autre. Les psychothérapeutes et les éducateurs qui sont le plus en mesure de faire avancer les aidés et les éduqués sur le chemin de leur liberté sont ceux qui se donnent eux-mêmes la liberté d'exposer clairement le «contenant» de l'approche, sans nier leur sensibilité, de reconnaître leurs limites sans trahir leur vérité profonde et sans contrôler celle des autres. Ceux-là sont des autorités qui contribueront vraiment à créer des êtres vrais, capables eux aussi de s'affirmer dans le respect d'eux-mêmes et des autres, en un mot des êtres fondamentalement libres.

# CONCLUSION

Pour gagner la liberté, des hommes se battent, d'autres désertent, des amis s'affrontent, des couples se séparent, des nations se déchirent, des êtres humains meurent, des enfants rejettent leurs parents, des parents abandonnent leurs enfants. Pour être libres, des hommes et des femmes répriment leur monde émotionnel, croyant ainsi échapper à la souffrance. Pour être libres, certains sacrifient leur besoin d'amour, de reconnaissance et de sécurité, d'autres choisissent délibérément la solitude, l'éloignement ou la mort.

Se priver de nourritures affectives, essentielles à l'équilibre psychique, c'est payer très cher cette forme illusoire de liberté. Celui qui croit pouvoir trouver sa liberté dans la négation de sa nature profonde se leurre complètement et s'engage sur une voie qui ne mène qu'à l'insatisfaction, l'insatiabilité et la souffrance stérile.

La véritable liberté n'existe que dans le respect de l'essence même de l'homme dont l'humanité tient à sa nature d'être pensant et sensible qui est né de la relation, se nourrit de la relation, se crée par la relation et trouve sa finalité dans la relation.

Accueillir notre nature d'être humain, c'est reconnaître que nous ne sommes pas solitaires mais reliés aux autres et au reste du monde. Celui qui a assumé cette réalité incontournable a déjà trouvé les fondements de la liberté. Au lieu de lutter contre l'attachement pour échapper à la souffrance et à sa peur de l'esclavage, il saura que la vraie liberté n'existe pas en dehors de la relation affective et qu'il la trouvera grâce à cette relation parce que le lien affectif est le terrain par excellence pour se connaître, affirmer sa différence et prendre sa vie en main. C'est donc dire que l'amour et la liberté sont indissociables. L'être humain ne pourra se sentir libre s'il sacrifie son besoin d'amour parce qu'il deviendra alors esclave de son manque affectif. Inversement, personne ne peut aimer vraiment ni accueillir l'amour s'il n'est pas fondamentalement libre. Pour atteindre la satisfaction de ces deux besoins fondamentaux, le chemin le plus court et le plus sûr est celui de l'amour de soi.

L'amour de soi n'est pas égoïste. Celui qui s'aime vraiment est capable d'aimer l'autre en profondeur. Il est aussi capable de recevoir et de donner, capable de s'engager, capable de se respecter et de respecter. Sa liberté n'est jamais menacée par l'être aimé parce qu'il sait faire confiance à sa capacité de traverser les écueils d'une relation et parce que sa fidélité à lui-même l'empêchera de se perdre dans les besoins, les désirs et le regard de l'autre.

Celui qui a développé l'amour réel de lui-même devient progressivement autonome, unique et de plus en plus libre. Il est en permanence propulsé par une passion de vivre, un degré d'intensité qui lui donne le désir d'apprendre, le désir de se dépasser, le désir d'être en relation, le désir de créer. Cet être-là a un rayonnement qui rend sa présence bienfaisante. Il sème dans le cœur des autres, tout simplement par ce qu'il est, le besoin d'être vrai et le désir de ressentir l'effervescence de la liberté. Avec lui, l'attachement et le détachement, l'amour de soi et l'amour de l'autre, le respect de soi et le respect de l'autre, l'engagement et la liberté ne sont plus des réalités incompatibles mais cohérentes, qu'il saura intégrer dans une approche globale de lui-même et de ses relations affectives. Cette intégration harmonieuse des contradictions apparentes que véhiculent la personne et la dualité relationnelle est un exceptionnel facteur de liberté dont chacun a besoin pour grandir et pour trouver la paix.

L'évolution actuelle de l'homme, disait Jean Lerède, s'exprimera davantage par des changements psychologiques, des changements de l'âme et du cœur que par des changements morphologiques et biologiques. C'est au cœur de l'être que réside la source des plus grandes transformations que connaîtra l'humanité. Pour évoluer, le monde a besoin de liberté intérieure, de cette liberté qui naît de la relation authentique entre les personnes et entre les nations, de cette liberté qui est faite d'ouverture aux différences de cultures, de races, de croyances, de mentalités, de convictions, de cette liberté qui reconnaît dans l'homme de toutes origines, le besoin d'amour, de tendresse et d'authenticité.

Pour évoluer, le monde a aussi besoin de leaders totalement libres, de ces hommes et de ces femmes qui ne cherchent pas à dominer, à contrôler, à moraliser, à prendre en charge et qui ne prétendent pas détenir la vérité, mais de ces éclaireurs et de ces bâtisseurs que nous avons envie de suivre parce qu'ils ont intégré le sens de l'accueil, de l'écoute, de l'amour et du respect.

Pour évoluer, le monde a besoin de vous.

Vous êtes ces leaders que l'homme cherche à suivre dans sa quête de bonheur. Vous êtes ces êtres au potentiel créateur illimité qui portez en vous les germes de la joie véritable.

Si vous êtes malheureux, c'est que vous vous êtes trompés de route et que vous avez pris la voie stérile du pouvoir, de l'irresponsabilité et de la dépendance. Pour retrouver votre chemin, il est essentiel de tourner votre regard vers l'intérieur, d'accueillir votre vérité, de développer l'amour de vous-mêmes, de créer des liens affectifs et de les entretenir. C'est votre seule façon de redevenir des personnes humaines porteuses de bonheur, d'amour et de liberté, richesses qui rejailliront inéluctablement sur vos relations affectives.

275

# BIBLIOGRAPHIE

ASSAGIOLI, Roberto. *Psychosynthèse, principes et techniques*, Traduit par Marie Panizza, Paris, Épi, 1983, 286 pages.

CHAMPAGNE, Guylaine. *L'envahissement par manque d'affirmation*, Mémoire de DESA, Montréal, Centre de Relation d'Aide de Montréal, 1996, 90 pages. (inédit)

FILLOUX, Jean-Claude. *L'inconscient*, Paris, PUF, 1980, 128 pages. (Collection Que sais-je ?)

FINLEY, Guy. *Les clés pour le lâcher-prise*, Traduit de l'américain par Louise Drolet, Montréal, Le Jour, 1995, 196 pages.

FREEMAN, Lucy. *L'histoire d'Anna O.*, Paris, PUF, 1977, 326 pages.

FREUD, Anna. *Le moi et les mécanismes de défense*, 2e éd., Traduit de l'allemand par Anne Berman, Paris, PUF, 1982, 163 pages.

FREUD, Sigmund et BREUER, Joseph, *Études sur l'hystérie*, Paris, PUF, 1981, 255 pages.

FREUD, Sigmund. *Abrégé de psychanalyse*, 9e éd., Traduit de l'allemand par Anne Berman, Paris, PUF, 1978, 84 pages.

FROMM, Erich. *Avoir et être : un choix dont dépend l'avenir de l'homme*, Traduit de l'américain par Théo Carlier, Paris, Robert Laffont, 1978, 243 pages.

JANET, Pierre. *L'automatisme psychologique*, Paris, Société Pierre Janet, 1973, 463 pages.

JUNG, Carl-Gustav. *L'âme et la vie*, Textes essentiels réunis et présenté par Jolande Jacob, Traduit de l'allemand par le Dr Roland Cahen et Yves Le Loy, Paris, Éditions Buchet/Chastel, 1963, 533 pages.

JUNG, Carl-Gustav. *Présent et avenir*, Traduit de l'allemand par Roland Cahen, Paris, Éditions Buchet/Chastel, 1977, 213 pages.

JUNG, Carl-Gustav. *Psychologie de l'inconscient*, 4e éd., préfacée, traduite et annotée par Roland Cahen, Genève, Librairie de l'Université Georg et Cie SA, 1978, 220 pages.

JUNG, Carl-Gustav. *Dialectique du Moi et l'inconscient*, Traduit de l'allemand et annoté par Roland Cahen, Paris, Gallimard, 1964, 287 pages. (Collection Folio/Essais)

KRISHNAMURTI. *Le vol de l'aigle*, Neuchâtel-Paris, Delachaux Niestlé, 1988, 243 pages.

KRISHNAMURTI. *Se libérer du connu*, Londres, Éditions Stock, 1994, 158 pages.

LALONDE, Pierre, GRUNBERG, Frédéric et autres. *Psychiatrie clinique : approche bio-psycho-sociale*, Boucherville, Gaétan Morin Éditeur, 1988, 1348 pages.

LERÈDE, Jean. *Les troupeaux de l'aurore*, Boucherville, Éditions de Mortagne, 1980, 285 pages.

LOBROT, Michel. *L'anti-freud*, Paris, PUF, 1996, 192 pages.

LOBROT, Michel. «*La recherche en sciences de l'éducation*», La recherche en éducation, de Yves Guyot, Claude Pujade-Renaud et Daniel Zimmerman, Paris, ESF, 1978, p. 128 à 139.

LOBROT, Michel. *Les forces profondes du moi*, Paris, Économica, 1983, 322 pages.

LOZANOV, Georgi. *Suggestologie et éléments de suggestopédie*, Traduit du bulgare par Pascal Broussard, Montréal, Éditions Science et culture, 1984, 388 pages.

PAGÈS, Max. *Le travail amoureux : l'éloge de l'incertitude*, Paris, Dunod, 1977, 131 pages.

PECK, Scott. *Le chemin le moins fréquenté : apprendre à vivre avec la vie*, Traduit de l'américain par Laurence Minard, Paris, Robert Laffont, 1987, 378 pages.

RACLE, Gabriel. *La pédagogie interactive: au croisement de la psychologie moderne et de la pédagogie*, Paris, Retz, 1983, 202 pages.

SILLAMY, Norbert. *Dictionnaire usuel de psychologie*, Paris, Bordas, 1983, 768 pages.

WINNICOTT, Donald Woods. *Processus de maturation chez l'enfant: développement affectif et environnement*, Paris, PBPayot, 1980, 264 pages.

# TABLE DES MATIÈRES

# RELATION D'AIDE ET AMOUR DE SOI

**B**est-seller des six dernières années, **Relation d'aide et amour de so**i est un livre bien pensé et juste. Il propose de la relation humaine aidante une approche cohérente, complète, structurée et guidée dans le processus. Dans la continuation des travaux de Carl Rogers, l'auteur met l'accent sur la congruence et la connaissance, le respect, l'amour et l'expression de soi. L'amour de soi, et de l'autre, passe par l'écoute des besoins, des émotions et des complexes via un saisissant processus des mécanismes psychiques clairement décrit. Simple et solide, c'est un livre grand public et professionnel, sérieux et profond, stimulant et enrichissant.

# LA COMMUNICATION AUTHENTIQUE

**A**ussi populaire que le livre précédent, **La communication authentique** montre, en plus d'«avoir de bonnes relations», comment «être en relation», i.e. comment, par un entraînement de soi, gagner en profondeur, en authenticité, en qualité. L'auteur y traite du phénomène émotionnel dans les relations, des éléments et des niveaux de la communication, de ses obstacles et de ses facilitateurs. Elle montre l'essentiel qui mène à la liberté. Passionnant, ce livre, tout comme le précédent, s'adresse aux couples, aux parents, aux enseignants, aux praticiens et professionnels de la relation d'aide. Ses lignes sont remplies d'une sève et d'une richesse qui touchent quel que soi le niveau où l'on se trouve soi-même.

Inspiré des commentaires de Philippe Augendre de la revue VIE ET SANTÉ, les numéros de juillet/août 1994 et juin 1996.

**ALSO AVAILABLE IN ENGLISH**

# 8 cassettes audio du
# Dr Colette Portelance

- Les obstacles à la communication
- L'importance des parents et des enseignants dans la relation éducative
- La place des émotions dans les relations affectives
- L'éducation par la responsabilité
- La communication authentique
- Les systèmes relationnels
- L'aidant et la relation d'aide non directive créatrice
- La liberté dans la relation affective

*Disponible chez votre libraire.*

Centre de
*Relation*
*d'Aide*
*de Montréal* inc.

*Formation professionnelle*
*à la*
*relation d'aide psychologique*
*par l'approche non directive créatrice*MC (ANDCMC)

**P**our se créer des relations affectives durables et satisfaisantes.

**P**our devenir un psychothérapeute compétent et un spécialiste des relations humaines dans les milieux de travail.

**P**our intégrer la communication authentique dans sa vie personnelle et professionnelle.

# Une formation de 1200 heures en 3 certificats

## PROGRAMME NATIONAL

Formation de 3 ans comprenant environ 10 week-ends et un stage intensif par année.

## PROGRAMME INTERNATIONAL

Formation intensive d'été pour les personnes de pays étrangers et des régions éloignées du Québec et d'ailleurs.

**DEMANDEZ NOS PROGRAMMES DÉTAILLÉS:**
1030, rue Cherrier, bureau 205, Montréal (Québec)  H2L 1H9
Tél.: (514) 598-7758 / Fax.: (514) 598-8788 / Internet: http://www.cram-eif.org